佐藤文俊＋加藤千幸［編］

ソフトウェア開発実践

科学技術シミュレーションソフトの設計

Software Development in Practice

東京大学出版会

Software Development in Practice

Software Development in Practice:
Specific design of high-performance simulation software
for science and technology
Fumitoshi SATO and Chisachi KATO, Editors
University of Tokyo Press, 2015
ISBN978-4-13-062455-8

序文　実践的シミュレーションソフトウェア開発のすすめ

　　　　"人はふつう，自分自身で見つけた理由によるほうが，他人の精神のなかで生まれた理由
　　　　によるよりも，いっそうよく納得するものである．"

ブレーズ・パスカル『パンセ』断章 10
前田陽一・由木康訳，中公文庫

　本書を手に取った方には，オーソドックスなシミュレーションソフトウェアの紹介は不要だろう．ここでは，少し異なる観点から本書の趣旨を述べたい．

シミュレーション法は発展し続ける

　科学技術のシミュレーションに興味のある方であれば，同じ物理化学，同じ基礎方程式に基づいていても，様々なシミュレーション法があることをご存知だろう．一般に，基礎方程式には厳密に解ける系に限界が存在する．そのため，コンピュータの手を借りて「実験」を行う．これがコンピュータシミュレーションの定義である．基礎方程式からコンピュータプログラムへとコード化する前には，いくつかの工程がある．たとえば，数値計算に用いる方程式，数値解析・数値計算の方法，具体的な解き方やアルゴリズム，計算モデルなどの決定である．これが，世に多岐にわたるシミュレーション法が存在する理由である．

　このような各種の決定に伴って，明に暗に仮定や近似が生じる．これらの仮定・近似は，起因する工程のステージが異なっていても，また概念が複合的でも，方法（メソッド）と一括りに呼ばれることが多い．シミュレーションが役に立たないという話を聞くことがあるが，基礎方程式そのものの誤りでない限り，仮定が成り立つ範囲を越えた方法を用いたことが原因である．逆に言えば，理解したい現象やリアル実験の解析対象に対して，いかに合理的な仮定・近似に基づく方法を駆使したかに，シミュレーション研究のオリジナリティがある．広範囲に成り立つ近似のもと，辻褄の合った解析結果を与えるシミュレーション法へと進化するほど信頼性が増してゆき，リアル実験と対をなすバーチャル実験による予測や設計といった道が拓かれる．そのため，今でも新しい方法に関する研究開発が精力的に進められているのである．

　昨今の市販のシミュレーションソフトウェアは，使い勝手が良く，どんどん方法も増えて機能も高くなっている．しかし，大半の市販ソフトは，現場が今，直面している問題を解決するた

めに販売されたものではない．必ずしも満足のいく方法が用意されているとは限らないし，仮に満足できるのであれば，競合他社間における差別化ポイントはソフトの使いこなしの技量だけになってしまう．これでは知財化は望めない．新しい方法が開発されても，市販ソフトへの組込みはかなり後になるのが普通である．技術の発展は目覚ましく，情報の質が高品位化，先鋭化している分野ほど，市販ソフトの能力と現場の望む機能との間のギャップが広がる．ここで，能力の足りないソフトをブラックボックス的に利用し続けると，結果や解釈の誤導といった有害さえ生じる．果たして，市販ソフトにばかり頼っていてよいのであろうか．

シミュレーションソフトウェアの開発にはそれに適した方法がある

　高精度化がキーワードとなる新しい方法では，計算サイズの大規模化，計算数の大量化，大幅な計算時間短縮など，膨大な計算量を処理するものが多い．これは計算機の能力にも大いに依存する．事実，シミュレーション法は，計算機とともに成長してきた．昨今，クロック周波数の限界から登場した超並列計算機システムの性能を活かせないと，新しい方法の果実を享受できない時代が到来しつつある．新しい方法を研究する人材のみならず，複雑化するシミュレーションソフトウェアの開発を行い，維持・発展させる人材の育成が，益々重要となっていることを忘れてはならない．

　科学技術シミュレーションソフトウェアの開発には，どんな知識や技量が必要なのか．著者らは，その考察を行うために，そもそも「よい」シミュレーションソフトウェアとは何かを定義した．すなわち，(1) 意図した計算処理が正しく行われていること，(2) 実行時間がなるべく短いこと，(3) 完成するまでの手間がなるべく少ないこと，(4) ソースプログラムを当該研究分野で作者たちと同等レベルのスキルを有する者が理解できること，(5) プログラムの理解を助ける文書が作成されていること，そして (6) 他人がそのプログラムに関心を寄せるだけの魅力を持っていること，である．このような観点から，一般的な業務用ソフトウェア開発の要求に従うと過分なもの，あるいは逆に固有に必要となる，シミュレーションソフトウェアならではの知識・技術の特徴を浮き彫りにした．

　そして，この分野に関する著作がほとんど無いことから，これらを整理し，書き下ろしたのが，『ソフトウェア開発入門——シミュレーションソフト設計理論からプロジェクト管理まで』（東京大学出版会，2014 年）である．科学技術シミュレーションソフトウェア開発において，共通に定着すべき有用な知識・技術を収録した基礎編という位置づけである．

本書の位置づけと構成

　本書は，上記拙著の姉妹編である．前者は基礎編にあたるが，その考え方や技術に基づき，実際に HPC 計算分野の代表格である流体力学と分子動力学のシミュレーションソフトウェア開発を例に，その物理化学と基礎方程式から出発し，数値計算法やアルゴリズム，ソフトウェア設計までの一連の工程を具体的に解説している．シミュレーション法は，演習向けに 3000 ラ

イン程度で記述できる機能に落とし込んでいるものの，現在の HPC 計算機システムでは避けては通れない，計算律速の並列化プログラミング技術について詳説している．

　科学技術シミュレーションソフトウェア開発には，以下の知識や技術が必要である．① 計算機のハード・ソフトの知識，② 科学的知識とアイデア，③ データ構造を設計する技術，④ アルゴリズムを設計する技術，⑤ プログラム構造を設計する技術，⑥ 合理的なテスト方法を設計する技術，⑦ 文書化の技術，である．

　本書では，① において，特に並列計算機をターゲットにしたソフトウェア開発に必要な知識と技術について，第 1 章および付録で解説した．続いて，流体力学シミュレーションの設計を第 2 章と第 3 章で，分子動力学シミュレーションの設計を第 4 章と第 5 章で，それぞれ実践する．第 2 章と第 4 章は，各シミュレーションにおける ② を解説したものである．実際の現場では，② のさらなる役割として，差別化のポイントを抽出することも開発のモチベーションを共有・維持するのに有効である．第 3 章と第 5 章は，各シミュレーションにおける ③ 〜 ⑥ の詳細を，⑦ の実例というスタイルで記述した．その他にも，複雑なシミュレーションソフトウェアの開発，維持，発展には，複数人によるチーム開発管理が必要となる．役割分担や運営の仕方といった具体的な方法を，第 6 章にまとめて解説した．なお，どの章からでも独立に読むことができるよう工夫してある．

　「方法」にはしばしば人の名が付けられる一方で，ソフトウェアにはプログラム名が付けられる慣習が象徴するように，ソフトウェア開発は縁の下から支える地道な作業である．そこで本書では，微に入り細を穿つように，シミュレーションソフトウェア開発工程における 1 つ 1 つの作業を実践的に演習できること，丁寧な設計を施すことに力を注いだ．望むと望まざるを問わず，ソフトウェア開発の醍醐味を味わえるはずである．取り上げた例こそ既存の方法であるが，シミュレーションソフトウェア開発にとって肝要となる考え方や技術は共通であったり参考になったりする部分が多い．オリジナルソフトウェア開発においても必ず直面する過程を丹念にトレースし，どのように解決したらよいかを示したつもりである．本書の演習例を体験することは，貴方のシミュレーションソフトウェア開発にきっと役立つはずである．既刊の基礎編とともに，大学院教育のみならず，開発現場でも大いに活用していただきたい．

2015 年 9 月　筆者一同

目次

序文　実践的シミュレーションソフトウェア開発のすすめ

1　HPCとソフトウェア工学   1
  1.1　シミュレーションの世界 1
     1.1.1　コンピュータシミュレーションとは 1
     1.1.2　何の役に立つのか 1
     1.1.3　シミュレーションのこれから 3
  1.2　HPC 4
     1.2.1　HPCとは 4
     1.2.2　ハードウェアの特徴 4
     1.2.3　HPCシミュレーションソフトウェア開発に必要な技術 ... 8
  1.3　シミュレーションソフトウェア開発 9
     1.3.1　ソフトウェア構成とプレ・ポスト処理の重要性 9
     1.3.2　単体性能向上 10
     1.3.3　並列化プログラミング 10
  1.4　本書のねらいと構成 14
     1.4.1　現状の問題点 14
     1.4.2　シミュレーションソフトウェア工学 15

2　流れの数値シミュレーション   17
  2.1　基礎 17
     2.1.1　流れの数値シミュレーションとは 17
     2.1.2　流れの基礎方程式 18
     2.1.3　圧縮性流体と非圧縮性流体 19
     2.1.4　有限要素法 21
     2.1.5　2次元非圧縮粘性流れの非定常解析 26
     2.1.6　弱形式の導出 27
     2.1.7　弱形式の離散化 27
     2.1.8　四角形要素を用いる場合の離散化 29
     2.1.9　流速圧力同時緩和法 33

2.2	流れの数値シミュレーションの実際	36
	2.2.1　入出力ファイル	37
	2.2.2　計算格子	37
	2.2.3　境界条件と初期条件	38
	2.2.4　領域分割による並列化	39
	2.2.5　計算機の特徴とソフトウェアの特徴	39

3　ABMAC 法に基づく 2 次元流体並列シミュレーションプログラムの設計　41

3.1	開発の目的	41
3.2	プログラムの達成目標	41
	3.2.1　機能に関する目標	41
	3.2.2　性能に関する目標	42
3.3	プログラムが動作する計算機システムの構成	42
	3.3.1　システム構成	42
	3.3.2　前提ソフトウェア	42
3.4	計算対象の離散化表現	43
	3.4.1　有限要素法に基づく支配方程式の離散化	43
	3.4.2　四角形要素の場合の積分値	43
	3.4.3　流速圧力同時緩和法に基づく時間発展の計算	46
	3.4.4　流速圧力同時緩和法の全体の流れ	49
	3.4.5　事前計算すべきループ不変量の特定	49
3.5	並列化の方針	50
	3.5.1　ABMAC 法の領域分割に基づく並列化	50
	3.5.2　初期データの入力方法	51
	3.5.3　計算結果の出力方法	51
	3.5.4　時間発展ループの計算処理の概要	51
	3.5.5　並列処理のシーケンス図	51
3.6	プログラムの外部仕様	53
	3.6.1　入力データの検討	53
	3.6.2　各入力ファイルの形式	54
	3.6.3　出力データの検討	55
	3.6.4　各出力ファイルの形式	56
	3.6.5　実行手順	56
3.7	1 つのプロセスの処理内容	57
3.8	データモデル	58

- 3.8.1 データモデルの設計方針 59
  - 3.8.2 行列やベクトルを保持するクラス 59
  - 3.8.3 計算対象データを保持するクラス 60
  - 3.8.4 境界条件を表現するための構造 61
  - 3.8.5 物理計算処理と通信を分離するための構造 61
  - 3.8.6 シミュレーションパラメタを保持するクラス 61
  - 3.8.7 送受信データを保持するクラス 63
  - 3.8.8 自プロセスに関係する要素と節点の範囲を特定するための変数 ... 65
 - 3.9 1つのプロセスの処理シーケンス 68
 - 3.10 クラスモデル 70
  - 3.10.1 CfdDriver クラス 70
  - 3.10.2 Params, State クラス 70
  - 3.10.3 CfdProcData, Node, QuadElement, Boundary クラス ... 71
  - 3.10.4 CfdCommData, CfdCommPeerBuffer クラス 71
  - 3.10.5 CfdCommunicator クラス 72
 - 3.11 テスト方針 72
  - 3.11.1 機能に関するテスト 72
  - 3.11.2 性能に関するテスト 74
 - 3.12 プログラムソースのディレクトリ構造 74
 - 3.13 コンパイル手順 75

4 分子動力学シミュレーション 77
 - 4.1 基礎 77
  - 4.1.1 分子動力学シミュレーションとは 77
  - 4.1.2 Newton の運動方程式 78
  - 4.1.3 分子モデル 78
  - 4.1.4 Lennard–Jones ポテンシャル 79
  - 4.1.5 運動方程式の数値積分 81
  - 4.1.6 周期境界条件 83
  - 4.1.7 周期境界条件下での相互作用の取り扱い 86
  - 4.1.8 初期速度 89
 - 4.2 高速化技術 90
  - 4.2.1 分子動力学シミュレーション計算処理の流れ 90
  - 4.2.2 ブックキーピング法 91
  - 4.2.3 セルリンクリスト (Cell-linked List) 法 92

		4.2.4 簡易並列化	95
		4.2.5 領域分割による並列化	96

付記 99

- 1 Coulomb ポテンシャル 99
- 2 物質に特化したポテンシャル例 100
  - 2.1 Tersoff のポテンシャル 100
  - 2.2 Brenner のポテンシャル 102
- 3 生体分子系の分子力場 104
- 4 Zhang の差分方程式 105

5 領域分割を用いた分子動力学シミュレータの設計 109

- 5.1 プログラムの達成目標 109
  - 5.1.1 機能に関する目標 109
  - 5.1.2 性能に関する目標 110
- 5.2 プログラムが動作する計算機システムの構成 111
  - 5.2.1 システム構成 111
  - 5.2.2 前提ソフトウェア 111
- 5.3 計算対象の離散化表現 111
  - 5.3.1 Lennard–Jones ポテンシャル 111
  - 5.3.2 速度 Verlet 法による運動方程式の積分 112
  - 5.3.3 事前計算すべきループ不変量の特定 113
  - 5.3.4 カットオフ半径に基づく計算量の削減 114
  - 5.3.5 周期境界条件 115
  - 5.3.6 参考：3 粒子以上が関与するポテンシャルの扱い 115
- 5.4 並列化の方針 118
  - 5.4.1 データ配置と計算方法 118
  - 5.4.2 物理的な計算ノードへのプロセスの配置 120
  - 5.4.3 初期データの入力方法 120
  - 5.4.4 計算結果の出力方法 120
  - 5.4.5 並列処理のシーケンス図 121
  - 5.4.6 周辺セルの 2 通りの役割 122
  - 5.4.7 期待する処理性能 124
- 5.5 プログラムの外部仕様 124
  - 5.5.1 物理量の単位系 125
  - 5.5.2 入力データの検討 125

	5.5.3	各入力ファイルの形式	127
	5.5.4	出力データの検討	127
	5.5.5	各出力ファイルの形式	128
	5.5.6	実行時のディレクトリ構成	129
	5.5.7	プログラムの名称と起動パラメータ	129
	5.5.8	計算処理の時間刻みに関する制約	129
5.6	1つのプロセスの処理内容	130
5.7	データモデル	130
	5.7.1	データモデルの設計方針	130
	5.7.2	セルの座標系についての取り決め	131
	5.7.3	3次元ベクトルクラスと直方体領域クラス	132
	5.7.4	プロセッサ分割セルとカットオフセルの構造	132
	5.7.5	セルに関するループ処理を簡略化するためのイテレータ	135
	5.7.6	カットオフセルの構造	137
	5.7.7	LJ ポテンシャルの物性値の保持方法	141
	5.7.8	境界条件の保持方法	143
	5.7.9	計算条件の保持方法	144
	5.7.10	物理計算と通信を分離するための構造	145
	5.7.11	送受信データを保持するための構造	145
5.8	1つのプロセスの処理シーケンス	148
	5.8.1	初期化処理のシーケンス	148
	5.8.2	時間発展処理のシーケンス	150
	5.8.3	ローカルセルに対するループの処理	153
	5.8.4	隣接プロセス向けに送信データをバッファに集計する処理	156
	5.8.5	隣接プロセスとの送受信処理	157
5.9	クラスモデル	160
	5.9.1	CaseData クラス	160
	5.9.2	MdDriver クラス	161
	5.9.3	MdProcData と Cell と ParticleList クラス	161
	5.9.4	ParticleList と Particle クラス	162
	5.9.5	MdCommunicator と MdCommPeerData, MdCommPeerBuffer クラス	162
5.10	テスト方針	163
	5.10.1	機能に関するテスト	163
	5.10.2	性能に関するテスト	164
5.11	プログラムソースのディレクトリ構造	164

| | 5.12 コンパイル手順 . . . . 165 |

6 ソフトウェア開発のモデルとポイント   167
    6.1 シミュレーションソフトウェアの開発モデル 167
        6.1.1 概念モデルから計算モデルの導出 168
        6.1.2 シミュレーションソフトウェアの Validation 170
    6.2 シミュレーションソフトウェア開発時のポイント 171
        6.2.1 開発プロセスの設定 172
        6.2.2 開発者の役割の割り当て 174
        6.2.3 ソフトウェア開発環境の構築 177
        6.2.4 シミュレーションソフトウェアの Validation 185
    6.3 最後に 186

付録A MPI 概説   189
    1 MPI プログラムのコンパイル方法 189
    2 初期化と終了処理 190
    3 MPI コミュニケータの管理 191
        3.1 SPMD 191
        3.2 MPI を使った並列プログラミング 191
    4 1 対 1 (point-to-point) 通信 192
        4.1 ブロッキング通信とノンブロッキング通信 192
    5 グループ通信 197
        5.1 バリア同期 197
        5.2 放送 (ブロードキャスト) 通信 197
        5.3 データ収集と分配 198
        5.4 集計 202
    6 ユーザー定義データ型 (派生データ型) 203

付録B OpenMP 概説   207
    1 OpenMP プログラムのコンパイル 207
    2 OpenMP 指示構文 207
        2.1 パラレル構文 207
        2.2 shared 変数・private 変数 209
        2.3 ワークシェアリング構文 209
        2.4 指定節 214
        2.5 スレッドの同期 215

3	OpenMP 関数	216
4	OpenMP で使用する環境変数	219
5	MPI と OpenMP のハイブリッド並列	220

付録 C　行列演算演習 **223**

索引 **227**

執筆者紹介 **231**

1　HPCとソフトウェア工学

　科学技術分野のコンピュータシミュレーションは我々が生活する上でどのように利用されているのだろうか．そしてそのコンピュータシミュレーションソフトウェアはどのように開発・メンテナンスされ，運用されているのだろうか．これから科学技術分野のコンピュータシミュレーションソフトウェアを開発・実行する読者にとって，知っておきたい High Performance Computing (HPC) に関するハードウェア・ソフトウェアの基盤技術と，効率的なソフトウェア開発・保守をめざすソフトウェア工学を紹介しよう．

1.1　シミュレーションの世界

　我々の生活を豊かにしてくれる今日の科学技術では，コンピュータシミュレーションは欠かすことのできない技術となっている．これまで数々のコンピュータシミュレーションソフトウェアが開発・利用されており，今後ますます多様化していくだろう．コンピュータシミュレーションの概略とその使われ方について紹介し，コンピュータシミュレーションの必要性と期待を述べる．

1.1.1　コンピュータシミュレーションとは

　シミュレーションは実験・理論にならび，第三の科学と呼ばれる．実際に実験・観察をすることが技術的・経済的に困難・不可能であるもの，また様々な条件を選択し事象を予測することを研究する場合に，シミュレーションは有効な手法となる．精巧な模型をつかったシミュレーションは時間とお金が必要であるが，計算機を使ったコンピュータシミュレーションは比較的容易に試行錯誤を行うことができる．計算機の発展に伴い，数多くのシミュレーションソフトウェアが開発・公開されている．コンピュータシミュレーションは，学術分野における研究・開発のみならず，産業界においても実際の製品開発に積極的に利用・実用化され，欠かすことができなくなってきている．

1.1.2　何の役に立つのか

　シミュレーションはすでに我々の生活に欠かすことのできない技術になっているが，なかでも身近なコンピュータシミュレーションの1つは天気予報である．時々刻々と変化する気象デー

図 1.1 車体表面の渦度分布シミュレーション結果

タを蓄積・解析し，瞬時に天気を予測するために，気象庁は強力なスーパーコンピュータを導入している．航空機が安全に運航できるのも，台風や局地的な大雨がいつどれくらいの規模でやってくるかを知ることができるのも，コンピュータシミュレーションの恩恵の1つである．

　もう1つコンピュータシミュレーションが役立っている身近な例として，計算流体力学 (computational fluid dynamics: CFD) を用いたデザインが挙げられる（図 1.1）．航空機や鉄道車両，乗用車などの空力設計では，その重量や構造，安全性・操作性や燃費性能，そして製造技術やコストなどの制約のもと，空力形状をデザインする必要がある．コンピュータが実用的ではなかった時代，それらの設計にはクレイモデル（粘土模型）を使わざるをえなかった．クレイモデルの作成には時間と手間がかかるだけでなく，空力性能などのデータの解析も容易ではなかった．強烈な横風が着陸時に吹き付けた場合に航空機がどうなるかといった予測は，コンピュータシミュレーション無しには困難であろう．我々が安価に安心して旅行ができるのは，コンピュータシミュレーションのおかげといえる．CFD シミュレーションプログラム開発の一例として，その設計・実装は本書第 2 章・第 3 章に紹介している．

　新薬の開発や機能性材料開発でもシミュレーションが利用されている（図 1.2）．治療に有効かつ副作用の少ない新薬を開発するために化学物質が体内でどのように作用するのか，また充放電で劣化しない蓄電池を開発するために電極表面で電解質・添加剤がどのように振る舞っているのか，どちらの場合も分子レベルで現象を理解する必要がある．実験ではなかなか原子・分子の振る舞いを観察できない場合，シミュレーションは原子・分子の現象を理解する手助けになる．分子シミュレーション開発の例は本書第 4 章・第 5 章に紹介している．

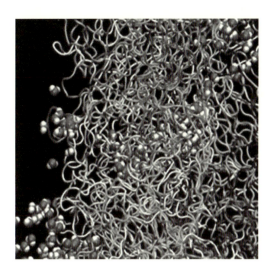

図 1.2　ウィルスカプシドの分子動力学計算結果 (提供：岡崎進氏：http://tcci.ims.ac.jp/tcci/software/modylas.html)

1.1.3　シミュレーションのこれから

　天気予報をシミュレーションによって最初に試みたのはイギリスのRichardsonである．まだコンピュータが実用的でない1920年頃であったため，6時間予報を1ヵ月以上かけて手計算（紙と鉛筆）で行った．結局この試みは失敗に終わったのだが，Richardsonは6万4000人を集め1人の指揮者のもとに計算を行えば，リアルタイムに予測計算ができると見積もった．「Richardsonの夢」として知られるこの方法は，まさに後述する現在のスーパーコンピュータの形である．

　スーパーコンピュータが実用的になった現在，実現困難と思われてきたシミュレーションでも実行可能になりつつある．今となってはシミュレーション無しには解析・判断ができなくなってきている．20世紀後半がコンピュータの革新的な進歩とシミュレーション技術を確立・検証してきた時代としてコンピュータシミュレーションの黎明期とするならば，今はコンピュータシミュレーションの実用化という意味で全盛期に移りつつあるといえるのではないだろうか．

　本書ではシミュレーション開発の具体例として，流体シミュレーションソフトウェアと分子シミュレーションソフトウェアの基礎を取り扱った．コンピュータシミュレーションを最大限に活用するならば，シミュレーションのベースとなる理論，演算に必要なハードウェア，そして実際にシミュレーションを動かすソフトウェアの3つが必要となる．これらは三位一体であり，1つとして欠かすことができない．

1.2 HPC

コンピュータの発展とともに科学技術コンピュータシミュレーションも飛躍的に発展してきた．コンピュータが高性能になることによって，はじめて実用段階となったコンピュータシミュレーションも多い．また現時点では計算が難しいシミュレーションでも，今後のコンピュータ技術の発展によって実用化されるものもあるだろう．ここでは，コンピュータシミュレーションを実際に利用・計算するときに用いられるハードウェアと，そのハードウェアを上手に活用するためのソフトウェア開発に必要な基礎的技術を紹介する．

1.2.1 HPCとは

HPC（High-Performance Computing: 高性能計算）は，主に計算量の多い自然科学シミュレーションに必要な，数理モデルからコンピュータ技術まで幅広い領域をカバーする科学技術である．コンピュータの応用範囲は非常に多岐にわたっているが，HPCは自然科学シミュレーションを望む精度でいかに高速に処理するかという点に注目したコンピュータの使い方といえる．すなわち，入力された巨大・大量のデータをいかに短時間で数値計算し，出力するかということに特化している．HPCによるシミュレーションによって得られた，実験や観測が困難な事象の解析や性能予測は，前述で紹介した気象予測や航空機・自動車設計などのシミュレーションのほか，物質・材料の物性解析や，遺伝子解析，ライフサイエンス，環境，防災，航空・宇宙，原子力など，我々の安全かつ快適な暮らしに役立っている．

HPCに対する開発・利用・教育は国際競争力に直結するため，日米欧それぞれが戦略的かつ積極的に推進している．欧州20ヵ国はPRACE (Partnership for Advanced Computing in Europe) に参加し，各国のスーパーコンピュータを連携するインフラを構築し，最先端のHPCアプリケーションを開発，産業利用のためのユーザーコミュニティを形成するとともに，若手研究者・開発者を教育する仕組みを作り上げている [1]．米国でもアメリカ国立科学財団が中心となって，XSEDE (the eXtreme Science and Engineering Discovery Environment) を構築し，17の研究機関が連携した組織を作り上げている [2]．一方，我が国日本では，「京」を中核として全国の主要なスーパーコンピュータを接続し，革新的ハイパフォーマンス・コンピューティング・インフラ (HPCI) を構築している [3]．スーパーコンピュータの設計・開発・調達，シミュレーションソフトウェアの開発・整備，そして開発者・利用者の育成は，まさに国家戦略なのである．

1.2.2 ハードウェアの特徴

HPCではその計算手段として，最新技術が搭載された最高性能のコンピュータ，いわゆるスーパーコンピュータを利用することが多い．20世紀末のスーパーコンピュータといえば，1つ

図 1.3　スーパーコンピュータ「京」

の命令で複数のデータ列を処理することのできるベクトル型 CPU を用いたスーパーコンピュータが主流であった．コンピュートニクショックとして有名な地球シミュレータもベクトル型である．ベクトル型 CPU は大きなメモリを搭載して大量の配列処理が得意であり，読み込み・計算・書き込みの処理を非常に効率よく処理することができる．ベクトル型 CPU は高性能な反面，高価であった．一方，パーソナルコンピュータ (PC) などに使われる一般的な CPU は，ベクトル型 CPU に対し，スカラー型と呼ばれる．近年のスーパーコンピュータの主流は，スカラー型 CPU を搭載したマシン（計算ノード）を並列接続した，スカラー型スーパーコンピュータである．スカラー型スーパーコンピュータは，PC で使われた設計・製造技術・部品を流用できるため，安価に構築できるメリットがある．ただし，それぞれの計算ノードの計算で必要な情報は，ネットワークを介して他ノードのメモリ内容にアクセスするため，分散メモリ型計算機とも呼ばれる．神戸の理化学研究所に設置されたスーパーコンピュータ「京」（図 1.3）もスカラー型に分類される．「京」の CPU には，SPARC64 VIIIfx と呼ばれるスカラー型 CPU が利用されているためである．「京」での成功を踏まえ，そして「京」で培われたハードウェア・ソフトウェア資産を活かすことを期待し，「京」の後継機もまた同様に分散メモリ型計算機が採用されるようである．

コラム　コンピュートニク

　2002 年，圧倒的な実行性能を持つ世界最速の地球シミュレータが登場したとき，一般紙『ニューヨーク・タイムズ』の一面に「コンピュートニク」と紹介された [4]．これは，米ソが宇宙開発で競い合っていた際の 1957 年にソ連の人工衛星「スプートニク」が打ち上げ成功したときの衝撃（スプートニクショック）になぞらえたものである．スーパーコンピュータを軍事利用しているアメリカにとって，スーパーコンピュータは重要な国家基幹技術の中核として位置づけられていることを物語っている．

　現在のスーパーコンピュータを構成する 1 つ 1 つの基本構成は，パーソナルコンピュータ (PC) とほぼ同じである（図 1.4）．CPU，メモリ，ハードディスクが搭載され，オペレーティングシステム (OS) によってユーザは簡単に利用することができる．1 つの OS で管理される

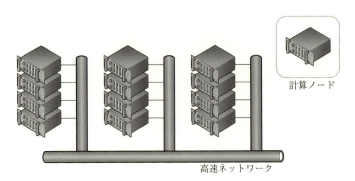

図 1.4 分散メモリ型並列計算機の概略図

PC1 台に相当する計算単位は（計算）ノードと呼ばれる．「京」の場合は，約 10 万計算ノードから構成されている．PC との違いは，計算ノードが超高速ネットワークによって接続され，効率的な並列処理が可能になっていることだけといって過言ではない．もちろん，大量の計算ノードを管理する仕組みなど，PC には搭載されない特殊な機能がスパコンに備わっているが，分散並列型スパコンのおおよその特徴はこのイメージである．

スーパーコンピュータの性能を評価する指標のうち，もっともよく使われるのは FLOPS 値である．FLOPS は Floating-point Operations Per Second の略であり，1 秒間にどれだけ浮動小数点演算ができるかを表した値である．浮動小数点とは，実数をコンピュータで取り扱うときに利用される表現方式であり，自然科学シミュレーションでは多く利用されている．したがって，FLOPS 値が大きいコンピュータほど，高速に自然科学シミュレーションを行うことができるとみなせる．スパコン「京」の理論 FLOPS 値は約 10 ペタ FLOPS（ペタは 10 の 15 乗）であり，これが「京」の名前の由来にもなっている（京は 10 の 16 乗を表す単位）．

ちなみに，CPU のクロック周波数がわかれば，以下の式により，CPU の FLOPS 理論値（ピーク性能）は簡単に概算できる．

$$\text{FLOPS} = [\text{CPU コア数}] \times [\text{クロック周波数}] \times [\text{浮動小数点演算器の数}]$$

現在主流の CPU は，複数のプロセッサ・コアがパッケージされたマルチコア・プロセッサである．プロセッサ・コアは CPU の中心となる演算処理を実際に行う場所である．歴史的に CPU といえば，1 つのプロセッサ・コアのみが搭載されたシングルコア・プロセッサのみであった．しかし，発熱・消費電力の増加，クロック周波数向上の限界などの課題を克服するために，2000年中頃からマルチコア・プロセッサが一般的となった．CPU コア数とは，1 つの CPU パッケージの中に含まれているプロセッサ・コアの数のことである．

CPU のクロック周波数（動作周波数）とは，CPU が処理を行う際に基準となる同期信号のタイミングである．周波数が大きいほど，1 秒当たりの処理回数が向上するため，CPU の処理速度が向上する．

今日のCPUでは1クロックに4演算可能（Intel AVXは8，AVX2では16）であるので，たとえば2.5 GHzのCPUコアであれば，10 GFLOPSと求められる．コア当たりのFLOPS値が求められれば，あとは単純な積でCPUソケット当たり，1ノード当たり，さらにはクラスタ全体の理論FLOPS値が求められる．

実際のFLOPS値（実測値）は理論値よりも低下してしまう．これは，メモリバンド幅，ネットワークのレイテンシやスループットなどいくつかの要因がボトルネック（足枷）になるためであり，その性能低下は避けられない．理論上のピーク性能（R_{peak}）と実測値（R_{max}）の比（$R_{\mathrm{max}}/R_{\mathrm{peak}}$）が高いほど効率の良いコンピュータといえる．スパコンコンテストTOP500ではLINPACKベンチマーク[5]を用いて実測値を測定している．LINPACKベンチマーク（HPLinpack）は，巨大な密行列$n \times n$の連立方程式$Ax = b$の解を並列計算により求める時間を計測するプログラムである．TOP500に掲載されている多くのスパコンでは，並列化効率はおよそ75〜90%にあり，中には50%を切るものもある．「京」の並列化効率は93%を超えており特筆に値する．システム全体の設計から，ネットワークの最適化，ソフトウェアのチューニングまで，徹底した最適化と技術力がなければこの並列化効率は達成できない．

近年では，3Dグラフィックスを目的とした行列演算を大量に高速処理できるグラフィックスチップ（GPU）を，汎用処理に利用するGPGPU (General-Purpose computing on GPU) と呼ばれる技術が確立してきた．GPUはCPUに比べて条件分岐処理が不得手であるが，大量の数値演算を短時間で処理できる能力がある．GPUは比較的安価であり，また計算処理量に対する消費電力や発熱量を低く抑えられるメリットもある．また，Intel社は1つのボードにたくさんのCPUコアを搭載したMIC (Many Integrated Core) と呼ばれるHPC用のアクセラレータを開発・発表している．CPUだけでなく，GPUやアクセラレータが混在した計算資源をヘテロジニアスアーキテクチャと呼ぶ．低消費電力で高速化を達成するために，CPUとGPUを連結したヘテロジニアスアーキテクチャは今後のHPCの主流になるであろう．

コラム　スパコンの性能評価方法

スーパーコンピュータの性能を示す指標はFLOPS値の他に，メモリバンド幅もよく用いられる．メモリバンド幅とは，狭義にはCPUやGPUとメモリ間の帯域を，広義には計算ノード間の帯域を表したものであり，データの転送速度に関わる重要な計算機の要素である．CPUが高速に処理できたとしても処理すべきデータをCPUに送り込まなければ，また処理したデータをメモリに格納しなければ，データ処理が完結したことにならない．データ転送要求(Byte)を浮動小数点演算数(FLOPS)で割ったByte/Flops値（B/F値）が高いアプリケーションでは，CPUの演算性能よりもメモリバンド幅が高速な計算機の方がより良い演算性能を発揮できる．

1.2.3 HPCシミュレーションソフトウェア開発に必要な技術

いくら高性能なスーパーコンピュータがあっても，それをうまく使いこなせなければ価値がない．ハードウェアとソフトウェアは両輪となって設計・開発されなければ，性能を十分に発揮できないのである．目的とするシミュレーションに合わせて，ハードウェア・ソフトウェアを選択すべきだろう．

スーパーコンピュータの多くは，複数のユーザが同時に使えるようにマルチタスク・マルチユーザーのオペレーティングシステム (OS) を採用している．OS は基本ソフトウェアとも呼ばれる（これに対し，基本ソフトウェア上で動作するアプリケーションソフトウェアは，応用ソフトウェアと呼ばれる）．古くはスーパーコンピュータのベンダーがそれぞれ提供する Unix 系の OS を採用しているシステムが多かったが，2000 年頃からの主流は Linux である．Linux が主流となった原因は，IBM などの主要メーカーが Linux の開発・利用に注力したこと，オープンソースの Linux は低価格 PC クラスタに採用され実績が評価されたこと，などが挙げられる．スーパーコンピュータのハードウェアの違いは多くの場合 OS(Linux) が吸収するため，応用ソフトウェアであるシミュレーションソフトウェアは通常問題なく動作する．PC Linux 上で開発された応用ソフトウェアが，ほぼそのままスーパーコンピュータでも動作することはなかなか感慨深い．

とはいえ，スーパーコンピュータは最新の技術が搭載された挑戦的・先駆的な計算機であるために，搭載されているスクリプト言語や利用するライブラリのバージョンが最新のものではないことがある．スーパーコンピュータによって各ノードに搭載されているメモリ量が異なり，またディスクの共有方法も異なるために，HPC 応用ソフトウェアのソースコードの書き換えが必要になるなど，ポーティングと呼ばれる作業が必要な場合もある．

つまり，同じシミュレーションソフトウェアでも動作環境が異なるためにシミュレーション結果が異なる場合がある．したがって，HPC シミュレーションソフトウェアに求められる機能として，その計算結果が正しいことを保証する，正常動作が確認できるテスト機能（検証機能）が挙げられる．インストールされたシミュレーションソフトウェアが正しく動作し，計算結果がでたらめではないか，チェックする仕組みが必要なのである．

HPC ソフトウェアが持つべきもう 1 つの機能は，ハードウェアの性能を最大限に活かすことである．具体的には，ハードウェアが備える浮動小数点演算性能（FLOPS 値）に対し，10%以上の性能を達成することが 1 つの目安になる．そのために，CPU とメインメモリとの間の速度差を緩衝するキャッシュメモリを有効に利用するプログラミングや，1 回の命令で複数の浮動小数点演算を同時に行う SIMD(single instruction multiple data) 命令をより多く使用するプログラミングを行うことが求められる．

CPU だけではない．たとえば，スーパーコンピュータ「京」のネットワークは 3 次元トーラ

ス構造になっている．隣のノードとの通信は高速に処理できる性質がある．この性質を活かしたシミュレーションソフトウェア開発が必要であろう．

また，GPUやアクセラレータボードを搭載したヘテロジニアス環境では，これらを最大限に活用したソフトウェアであることが望まれる．これらはCPUよりも大量の配列処理を一度に行えることに利点がある．GPUやアクセラレータボードをプログラムから利用するためには，特別に専用のコードを書かなければならない．CUDA[6]やOpenCL[7]といったプログラミング技術を用いることによって，GPUを比較的容易に利用することができるものの，GPUの特徴を意識したコーディングが求められる．OpenMP[8]のようにディレクティブベースでGPUを利用可能にするOpenACC[9]と呼ばれる標準化仕様も提案されている．今後シミュレーションソフトウェアは，先鋭的なハードウェアを効果的に使うように設計・実装されるべきであろう．そして，シミュレーションのニーズからそれに適したハードウェアがデザインされることを望みたい．

1.3 シミュレーションソフトウェア開発

最新鋭のスーパーコンピュータを活かすも殺すもシミュレーションソフトウェア次第である．シミュレーションソフトウェア開発には，コンピュータ性能を最大限に活かしたプログラミングが求められる．本節では近年不可欠な技術となっている並列プログラムの評価方法とプログラミングの基礎技術を紹介する．

1.3.1 ソフトウェア構成とプレ・ポスト処理の重要性

一般にシミュレーションには，スーパーコンピュータを使うような計算量の多い数値シミュレーションの前後に，モデリング・メッシュ作成など入力データを作成するプレ処理と，計算から得られた結果を解析・可視化するポスト処理が含まれる．最も計算量が要求される処理をスーパーコンピュータ上に最適化したソフトウェア（ソルバー）に任せ，人の手を介さねばならない入出力処理にグラフィックスなどを用いたユーザーフレンドリーなユーザーインターフェース(GUI)を提供するソフトウェア（フロントエンド）を使うことは理にかなっている．

フロントエンドはユーザーと対話する時間が多いため，シミュレーション全体の使い勝手を決定づける．プレ・ポスト処理の仕方によってシミュレーションの結果が大きく左右されることがある．一種の職人芸ともいえるテクニックが求められる場合があり，それを実現できるフロントエンドが好まれる．したがって，プレ・ポスト処理を行うフロントエンドの開発にはシミュレーション内容だけでなくGUI開発部分の素養も求められる．本書ではシミュレーションソフトウェアの開発に注力し，プレ・ポスト処理フロントエンド開発の取り扱いは割愛するが，プレ・ポスト処理は粗雑にできない重要な要素であることを強調したい．

1.3.2 単体性能向上

いくら並列型のスーパーコンピュータを使っても，プログラムの計算効率が悪ければ並列化しても遅い．プログラムの処理時間をプロファイラなどで計測し，ボトルネックとなっている箇所は何が原因なのかを追究しなければならない．科学シミュレーションプログラムでは，計算処理の特徴をよく考え，データのメモリ配置やループの仕方を工夫することによって演算性能が大きく変わったり，アルゴリズムの工夫により演算回数を大きく減らしたりすることができる．並列化が必要と思われた重い処理でも，データ配置やアルゴリズムの変更で並列化の必要がないほど高速処理が可能になるケースもある．具体的な手法の一部は前著に記述されている [10]．並列化に取り組む前に，単体性能の優れたプログラム設計技術が求められる．

1.3.3 並列化プログラミング

2005 年頃から使われ始めた，"The free lunch is over（フリーランチは終わった）" という言葉は，現在の HPC の状況を適確に表している．図 1.5 に CPU の発表された年月とクロック周波数の関係を示した．2000 年代初めまで，CPU は単体の性能（≒クロック周波数）を向上する方針で開発が進められていた．このときまでは，新しい CPU を使うことで既存のプログラムは何もしなくても速く動作していた．つまり，新しい CPU によってプログラマは努力せずともプログラムは高速化されていた，"タダ飯を食べていた" ということになる．

しかし，プロセスルールや歩留まり，発熱などの問題からクロック周波数の向上が限界に近づき，CPU 単体性能の劇的な向上は見込めなくなった [11]．CPU ベンダーは，CPU 単体性能の向上よりも，1 プロセッサユニット（ソケット）に CPU コアを複数搭載するマルチコア技術の方針に大きく舵を切った．もはや最新の CPU を使えば，計算処理結果が速く得られる時代は終わったのである．プログラムは並列処理ができるように書き換えなければ，高速に処理することができない．ユーザーは並列処理に対応した新しいプログラムを使わなければ，性能向上は望めなくなった．まさにプログラマにとってもユーザーにとっても，"The free lunch is over" なのである．

今後のプログラムにとって，単体の性能向上だけでなく，並列性能の向上も期待されることになってしまった．4 台のコンピュータで動作させた場合は，1 台のときと比べて処理時間が 1/4 になって欲しいのである．

プログラムを並列動作させた場合の性能評価指標として，台数効果（高速化率）が知られている．T_s を 1 台 (serial) における実行時間，T_p を複数台 (parallel) での実行時間とすると，台数効果 S_p は以下の式で表すことができる．

$$S_p = \frac{T_s}{T_p}$$

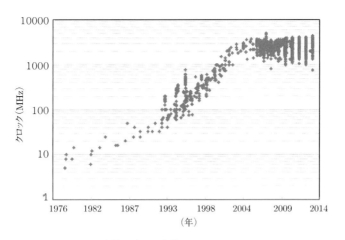

図 **1.5** CPU のクロック周波数の変遷 (出典: CPUDB, http://cpudb.stanford.edu/)

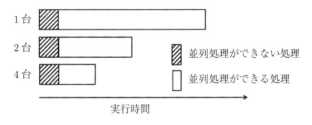

図 **1.6** 台数効果

台数効果 S_p は並列計算によってどれだけ速く処理できるようになったかを示す指標となる．S_p の値が並列数 P と等しくなることが理想であるが，多くの場合 $S_p < P$ となってしまう．S_p を P で割った割合 E_p，

$$E_p = \frac{S_p}{P} \times 100(\%)$$

は並列化効率と呼ばれ，並列化がどれだけ効率良く行われているかを示す指標となる．いかに並列化効率が高いプログラムを作成するかがプログラマに問われている．

どんなプログラムでも並列処理することで高速に処理できるのであれば，ありったけの CPU を使って並列計算すればよいことになる．ところが話はそう単純ではない．ファイルの読み書き，モニタ画面への出力など，どうしても並列処理できない処理は発生してしまうのである．1 台での実行時間 T_s のうち，並列処理が可能な部分（並列化率）を α とすると P 台での実行時間 T_p は

$$T_p = \alpha \frac{T_s}{P} + (1-\alpha) T_s$$

となる (図 1.6)．

したがって台数効果は

$$S_p = \frac{T_s}{T_p} = 1 / \left(\frac{\alpha}{P} + (1-\alpha) \right)$$

となり，無限台使った $(P \to \infty)$ としても台数効果は $1/(1-\alpha)$ しか出せないのである．計算時間全体の 90% を並列化したプログラムでは，どんなに台数を増やしても台数効果は 10 にしかならない．すなわち計算時間は 1/10 にしかならないということである．これをアムダールの法則という．100 台の PC クラスタで 90% の並列化効率を達成するには，並列化率 α を 99% にしなければならない．1000 台では並列化率 99.9% が必要である．なお，稀にスーパーリニア速度向上と呼ばれる，並列化効率が 1 を超える（台数効果が台数を超える）現象がある．この要因はいくつか考えられるが，演算の入出力に必要なデータがキャッシュ内に収まるほど分割できたときに見られることが多い．

コラム　超並列時代の並列プログラム

100 台の PC クラスタで 90% の並列化効率を達成するには，並列化率 α を 99% にしなければならない．1000 台では並列化率 99.9% が必要である．100 万 CPU コア（スパコン「京」相当）で理想的な並列化効率 (90%) を達成するには，プログラムの並列化率 α をどれくらいにしなければならないだろうか？　各自で考えてみよう．

では，プログラムを並列化する，すなわち並列プログラミングは具体的にどのように行われるのだろうか．現在，HPC で主流となっている並列プログラミングは，MPI[12] と OpenMP[8] を使用したハイブリッド並列プログラミングである．並列プログラミングを紹介する前に，ハードウェア構成を把握する必要がある．

現在，主流の分散メモリ型並列計算機は，SMP(Symmetric MultiProcessing) 型計算ノードをネットワークで接続して構成されている（図 1.7）．SMP 計算機は，計算機に搭載されたすべての CPU に対して物理メモリを共有する構成になっている．このため，SMP 方式の計算機は，共有メモリ型計算機とも呼ばれる．1 つのアプリケーション（プロセス）が持つメモリ領域を複数の CPU で共有することができる．512, 1024 CPU を搭載した大規模 SMP 計算機も開発されているが，数千，数万 CPU を搭載した SMP 計算機の開発はいまだに難しい．現在，多数の SMP 計算機をネットワークで接続することによって，数千，数万 CPU 規模の並列計算機を達成している．

SMP 計算機ではそれぞれの CPU コアが 1 つのメモリにアクセスすることができる．分散メモリ型計算機は，ネットワークを介して複数の SMP 計算機を接続することで構築される．

MPI [12] は Message Passing Interface の略であり，メッセージをやり取りすることで複数のプロセスが協調して動作することができる，標準化規格である．協調動作するプロセスは，同一計算ノード上でも，ネットワークに接続された計算ノード上でも構わないため，分散型スパコンではほぼ標準として利用されている．MPI はインターフェースが標準化され，ライブラリとして提供されているため，MPI ライブラリを呼び出すソースコードは MPI の実装によらずビルドすることができる可搬性がある．プログラマはプロセスごとの MPI メッセージの授

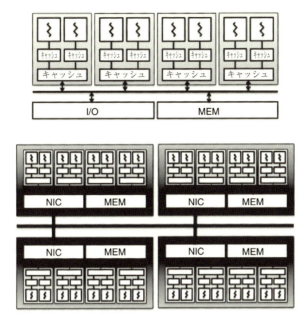

図 1.7 一般的な SMP 計算機（上図）と SMP 計算機をクラスタ型に配置した分散メモリ型計算機（下図）の模式図

受を明確に意識してコーディングする必要があるため，難易度は比較的高い．

一方，OpenMP [8] はディレクティブベースの並列化プログラミング手法に分類される．（C/C++ や Fortran のソースコードに並列化をコンパイラに指示する命令である）ディレクティブを挿入することによって，コンパイラが自動的に並列化したプログラムを作成する．このため，並列化に要する作業は大幅に軽減される．OpenMP のディレクティブに対応していないコンパイラは，そのディレクティブを無視するため，非並列環境でも同じソースコードでコンパイルすることができる．

MPI と OpenMP の決定的な違いは，MPI がプロセス間の並列化であるのに対し，OpenMP はスレッド間の並列化ということである．プロセスもスレッドもどちらも実行単位という点では同じである．プロセスはそれぞれ OS から固有のメモリ空間を与えられた，プログラムの実行単位である．プロセスは固有のメモリ空間を持つので，あるプロセスが持つメモリ上の情報に他のプロセスがアクセスすることは，通常 OS で禁じられている．プロセスが情報を共有するためには，プロセス間通信の仕組みを使う必要がある．プロセスは 1 つ以上のスレッドを持っている．プロセスに属するそれぞれのスレッドは，プロセスのメモリ空間を共有できる．

繰り返しになるが，OpenMP はスレッドによる並列化技術である．つまり OpenMP で並列化されたプログラムは，1 つのプロセス内で複数スレッドが並列実行される．したがって共有メモリ型並列計算機で用いられ，複数ノードにまたがる並列処理は異なる OS のプロセス間の通信になるので OpenMP による並列処理は実行できない．複数の SMP 計算機をネットワー

クで接続した，現在主流のスパコンでは，ノード間プロセス通信に MPI を，ノード内スレッド間通信には OpenMP を用いたハイブリッド並列プログラミングを行うことが多い．

プロセス間通信を行う並列プログラミングにおいて常に意識しなければならないことは，計算ノード上に配置されたプロセスのメモリ空間がそれぞれ異なることである．MPI では，メッセージの授受によって異なるプロセスのメモリ内容を伝達している．

このプログラマにとって煩雑な手続きを軽減するのが，区分化大域アドレス空間モデルを提供するプログラミング技術である．ここでは列挙するに留めるが，Unified Parallel C[13] や Co-array Fortran[14] といったプログラミング言語や，Global Arrays ライブラリ [15] は，区分化大域アドレス空間モデルに基づいた並列化技術である．HPC 分野において MPI ほど並列プログラミングの主流になっているとは言えないが，今後の動向に注目したい．

1.4　本書のねらいと構成

科学技術コンピュータシミュレーションを開発するにあたり，基盤となる HPC 技術を簡単に紹介した．近い将来シミュレーションソフトは数万から数百万単位の CPU コアを取り扱う必要性が生じ，自ずとソフトウェアは大規模なものになるに違いない．もはや場当たり的なプログラミングでは性能向上やメンテナンスに限界が生じ，いずれ死蔵してしまうだろう．そうならないためにも，ソフトウェア工学の知見を活かし，設計段階からデータ構造・アルゴリズムの選択やドキュメント管理を周到に用意すべきである．

1.4.1　現状の問題点

これまでに示してきたように，現在の HPC においてシミュレーションプログラムの並列化は避けることができない．そしてハードウェアの構成や並列プログラミングの技術・手法はめまぐるしく変化しており，一度プログラムが完成してしまえばずっと使い続けられるというわけではない．

アムダールの法則にあるように，並列数が増えれば増えるほど並列化率を高める必要がある．数千 CPU コアを超える大規模で高い並列化率を達成するためには，これまでの数十〜数百 CPU コアの計算機で最適であると考えられてきたデータ構造やアルゴリズムを，大幅に見直した方がよい場合もある．ソースコードの設計からやり直す場合もあるだろう．

加えて，一般に並列プログラミングのデバッグは困難である．並列化によって新たに生じるバグもある．処理に気をつけなければ並列計算に伴う数値誤差も大きくなる．大規模並列に用いるテストデータセットの大きなデータサイズになる場合もあり，実行できるチャンスが少なかったり，バグを再現するために数時間待たされたり，デバッガによる追跡も一苦労である．

大規模並列プログラミングは，単体プログラミングとは異なる類の難しさがあることを覚悟しなければならない．最新のスーパーコンピュータを使いこなし，最高のパフォーマンスを発

揮するためには，ハードウェアの変化に応じて，適したデータ構造・アルゴリズムを採用したプログラミングが求められる．そのためには何よりソフトウェアの設計が重要であることに気付かされるはずである．

1.4.2 シミュレーションソフトウェア工学

このような背景から，HPC を利用した自然科学シミュレーションソフトウェアは，多くの場合ソースコードとしても開発予算としても，大規模なものになるだろう．1 人で設計・開発を進めるケースは稀であり，複数人での開発・保守を行う場合が多い．ハードウェアが複雑化し，開発スピードが加速するほど，今後ますますシミュレーションソフトウェアの開発プロジェクトは大規模化するだろう．

大規模化したプロジェクトを成功に導くには，プロジェクトを系統的に管理し，運用する仕組みが求められる．シミュレーションに用いる理論からソフトウェア設計を起こし，プログラムを実装，テストを行う．そして，リリース後も見つかったバグの対処や，最適化作業が必要であり，それに伴うドキュメントの作成・管理が必要なのである．複数人が協調して開発するためには，ルールとコミュニケーションが必要である．これらの管理・運用を手助けしてくれるのがソフトウェア工学である．

本書第 1 章では，シミュレーションソフトウェアを開発する上で必要なハードウェア・ソフトウェアの知識，設計技術，データモデルについて紹介した．第 2〜5 章では，具体的な例として流体力学シミュレーションと分子動力学シミュレーションを紹介した．第 6 章では，複数のメンバで研究開発する際のプロジェクト管理の方法を記した．

10 年後の HPC のトレンドを予測するのは困難である．今から 10 年後のハードウェアに最適化されたシミュレーションソフトウェアを開発することは難しい．しかし，ハードウェアの変化に備えて，ソフトウェア工学を取り入れた開発・保守により，10 年後でも柔軟に対応できる大規模シミュレーションソフトウェアを開発することができるだろう．

参考文献

[1] PRACE, http://www.prace-project.eu/
[2] XSEDE, https://www.xsede.org/
[3] HPCI, https://www.hpci-office.jp/
[4] 佐藤哲也．未来を予測する技術，ソフトバンククリエイティブ，2007．
[5] J. J. Dongarra, P. Luszczek and A. Petitet. "The LINPACK Benchmark: past, present and future," *Concurrency Computat.: Pract. Exper.*, **15**, 803–820, 2003.
[6] CUDA, http://www.nvidia.com/object/cuda_home_new.html
[7] OpenCL, http://www.khronos.org/opencl/

[8] OpenMP, http://openmp.org/wp/

[9] OpenACC, http://www.openacc-standard.org/

[10] 佐藤文俊・加藤千幸 編. ソフトウェア開発入門——シミュレーションソフト設計理論からプロジェクト管理まで, 東京大学出版会, 2014.

[11] Hisa Ando. プロセッサを支える技術——果てしなくスピードを追求する世界, 技術評論社, 2011.

[12] Message Passing Interface Forum, http://www.mpi-forum.org/

[13] Unified Parallel C, http://upc.gwu.edu/

[14] Co-Array Fortran, http://www.co-array.org/

[15] Global Arrays Toolkit, http://www.emsl.pnl.gov/docs/global/

2 流れの数値シミュレーション

2.1 基礎

2.1.1 流れの数値シミュレーションとは

流れの数値シミュレーションとは，流れの基礎方程式を基に対象とする流れ現象を的確に表す方程式に変換し，その方程式を各種の計算法により代数方程式にすることで，計算機が扱えるようにして，その流れ現象を予測することである．その予測結果から，実験では計測困難な流れ現象のメカニズムを解明するなどの手段として活用されている．

たとえば，流れの途中に凹みがあるキャビティ流れでは，自励振動による強いピーク音が発生することがある．このような自励振動の発生メカニズムとして，キャビティ上流端部から流れが剥離し，キャビティ内に大規模な渦が形成され，それが下流端部に衝突することで音波が発生し，その音波が上流端部において再び渦の発生を誘発するといったフィードバックループが存在する．このようなメカニズムを詳細に解明するには，流れの数値シミュレーションは大変有効な手段となる．圧縮性 Navier–Stokes 方程式に基づく直接計算を行うことで，フィードバックを伴う流体音を予測することが可能で，大規模な渦構造や音波の発生メカニズムを明らかにした例を図 2.1 に示す．

本章では，大規模並列計算機による本格的な流れの数値シミュレーションを視野に入れながら，その基礎として有限要素法による 2 次元非圧縮粘性流れの非定常解析の数値シミュレーションについて紹介する．

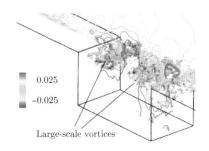

図 2.1 乱流境界層内のキャビティ音発生におけるフィードバック機構 [1]

流体，すなわち気体や液体は変形することが容易であるという特性を持っている．流体の流れ現象のなかで，真空工学やマイクロエレクトロニクスの分野における低圧力下の流れや，宇宙工学の分野における成層圏などの環境下の流れでは，流れが希薄になり，Knudsen 数 ($Kn = \lambda/l$, λ：平均自由行程, l：代表長さ）が 0.01 以上になると，個々の原子・分子の運動に目を向けた分子運動論に基づいた解析が必要となる．しかし，日常経験する状況下では代表長さが分子間距離や平均自由行程に比べて十分大きく，流体を連続体として捉えることができる．実際，空気や水の性質は，連続でゆっくりした変化をしているため，連続体として取り扱うことは有効な仮定といえる．本書で述べる流体とは，連続体として取り扱うことができる流体を対象とする．

2.1.2 流れの基礎方程式

流れの領域内に，図 2.2 に示す検査体積を考えて，その検査体積内での物理量の収支から基礎方程式を求める．ここでは質量，運動量，全エネルギーの保存則を考える．詳しくは，文献 [2] を参照されたい．

質量保存則

流れ場において，固定された検査体積を考える．その検査体積の体積を V，表面を S，表面における外向きの単位法線ベクトルを $\boldsymbol{n}$，時間を t，密度を ρ，流速を $\boldsymbol{u}$ とする．検査体積における質量の時間変化は，表面を通過して流入する $\boldsymbol{n} \cdot (\rho \boldsymbol{u})$ の表面積分と釣り合う．

$$\frac{\partial}{\partial t} \iiint_V \rho \, dV = \iiint_V \frac{\partial \rho}{\partial t} dV = -\iint_S \boldsymbol{n} \cdot (\rho \boldsymbol{u}) \, dS \tag{2.1}$$

Gauss の定理を用いれば，以下のように体積積分にまとめることができる．

$$\iiint_V \left\{ \frac{\partial \rho}{\partial t} + \nabla \cdot (\rho \boldsymbol{u}) \right\} dV = 0 \tag{2.2}$$

これは質量保存則の積分型表示である．任意の検査体積で式 (2.2) が成立しなければならないから，被積分関数も 0 である．

$$\frac{\partial \rho}{\partial t} + \nabla \cdot (\rho \boldsymbol{u}) = 0 \tag{2.3}$$

これは質量保存則の微分型表示である．

図 **2.2** 保存則の検査体積

運動量保存則

同様に運動量保存について考えて，積分型で表示する．

$$\iiint_V \left\{ \frac{\partial \rho \boldsymbol{u}}{\partial t} + \nabla \cdot (\rho \boldsymbol{u}\boldsymbol{u} - \boldsymbol{T}) - \rho \boldsymbol{f} \right\} dV = 0 \tag{2.4}$$

ここで，$\boldsymbol{u}\boldsymbol{u}$ はテンソル積 $\boldsymbol{u} \otimes \boldsymbol{u}$ の略記であり，流体力学の分野では省略されることが多い．$\boldsymbol{T}$ は応力テンソル，$\boldsymbol{f}$ は単位質量当たりに働く外力である．$\boldsymbol{T}$ を以下に書き表す．

$$\boldsymbol{T} = -p\boldsymbol{I} + 2\mu \left(\boldsymbol{D} - \frac{1}{3}\boldsymbol{I} \nabla \cdot \boldsymbol{u} \right) \tag{2.5}$$

$$\boldsymbol{D} = \frac{1}{2} \left\{ (\nabla \boldsymbol{u})^T + \nabla \boldsymbol{u} \right\} \tag{2.6}$$

p は圧力，$\boldsymbol{I}$ は基本テンソル，μ は粘性係数，$\boldsymbol{D}$ はひずみ速度テンソル，$(\ )^T$ は転置を表す．

式 (2.4) のように，物理量の対流が流束の発散で表されている式は保存型と呼ばれる．ほかに物理量の対流が対流速度と物理量の勾配の積で表されている式は非保存型と呼ばれる．非保存型を用いた場合，離散化方法によっては物理量が保存されないことがあるので注意が必要である．

エネルギー保存則

同様に，単位体積当たりの運動エネルギーと内部エネルギーの和として，全エネルギー E の保存について考えて，積分型で書き表す．

$$\iiint_V \left\{ \frac{\partial \rho E}{\partial t} + \nabla \cdot (\rho E \boldsymbol{u} - \boldsymbol{T} \cdot \boldsymbol{u} + q) - \rho \boldsymbol{u} \cdot \boldsymbol{f} \right\} dV = 0 \tag{2.7}$$

q は熱流束であり，フーリエの関係を用いると以下のようになる．

$$q = -k\nabla T \tag{2.8}$$

k は熱伝導率，T は絶対温度を表す．

以上，式 (2.2)，(2.4)，(2.7) の 3 つの式が流れの基礎方程式となる．

2.1.3 圧縮性流体と非圧縮性流体

対象とする流れ現象によって基礎方程式が異なることを紹介する．気体と液体とでは，圧力が変化するときに体積が変化する度合い，すなわち圧縮性に大きな違いがある．実際，空気は水より 2 万倍も圧縮性が高い．このように考えると，空気の流れと水の流れは根本的に異なるように想像されるが，実際には必ずしもそうではない．そこで，圧縮性の影響を支配する無次元数を考える．流体に働く力について，流速 U，体積弾性係数 K，音速 $a \left(= \sqrt{K/\rho} \right)$ を用いると，慣性力は $\rho U^2 l^2$，弾性力は $K l^2$ で表せる．これらの比から求まる無次元数をマッハ数 Ma と呼ぶ．

$$\frac{\rho U^2 l^2}{K l^2} = \frac{U^2}{K/\rho} = \frac{U^2}{a^2}, \quad \frac{U}{a} = Ma \tag{2.9}$$

一般に $Ma < 0.3$ では，流れ現象で密度が変化する度合いは無視できるほど小さく，圧縮性は影響を及ぼさない．$Ma < 0.3$ であれば，空気の流れと水の流れは同じく非圧縮性流体として取り扱うことができる．

高マッハ数の流れ現象を対象とする場合は，圧縮性流体としてモデル化し，流れの基礎方程式をそのまま基礎方程式とし，圧力は状態方程式から解くことになる．また，流れの速度が遅く $Ma < 0.3$ の流れであっても，圧縮性が重要な場合は圧縮性流体として解くことになる．例としては，流れに影響を与えるフィードバックを伴う流体音を予測したい場合などである．圧縮性流体を対象とする場合，衝撃波に代表される物理量の不連続の取り扱いが重要となる．なぜならば，衝撃波の厚みは分子の平均自由行程と同程度の厚みであるため，連続体の視点からは不連続とみえてしまうからである．

ところで，$Ma < 0.3$ の流れ現象であれば，非圧縮性流体としてモデル化することができる．この場合，密度が一定に保たれるため，以下の関係式が成り立つ．

$$\frac{D\rho}{Dt} = \frac{\partial \rho}{\partial t} + \boldsymbol{u} \cdot \nabla \rho = 0 \tag{2.10}$$

この関係式から，連続の式は以下のように表される．

$$\nabla \cdot \boldsymbol{u} = 0 \tag{2.11}$$

式 (2.11) には時間項がなく，あらゆる瞬間において体積流量の収支がとれていることを意味する．また，式 (2.5) の応力テンソルは以下のように表せる．

$$\boldsymbol{T} = -p\boldsymbol{I} + 2\mu\boldsymbol{D} \tag{2.12}$$

よって，運動量保存則の式は以下のように表される．

$$\rho \left\{ \frac{\partial \boldsymbol{u}}{\partial t} + \nabla \cdot (\boldsymbol{uu}) \right\} = -\nabla p + \nabla \cdot (2\mu\boldsymbol{D}) + \rho \boldsymbol{f} \tag{2.13}$$

粘性係数を一定とすると以下のように書き表せる．

$$\frac{\partial \boldsymbol{u}}{\partial t} + \nabla \cdot (\boldsymbol{uu}) = -\frac{\nabla p}{\rho} + \nu \nabla^2 \boldsymbol{u} + \boldsymbol{f} \tag{2.14}$$

ここで，$\nu = \mu/\rho$ は動粘性係数である．式 (2.11)，(2.14) が非圧縮粘性流れの基礎方程式となる．式 (2.14) の両辺に ∇ を内積して発散をとり，式 (2.11) を用いると楕円型偏微分方程式である圧力方程式が求まる．

$$\nabla^2 \frac{p}{\rho} = -\nabla \cdot \nabla \cdot (\boldsymbol{uu}) + \nabla \cdot \boldsymbol{f} \tag{2.15}$$

圧縮性粘性流れの場合，圧力は状態方程式から熱力学的に求まるのに対して，非圧縮性流体の圧力は熱力学的に求まらず，式 (2.15) のような楕円型偏微分方程式で，境界値問題として解かれる場合がある．別の観点から式をみると，非圧縮性粘性流れの速度場は瞬時の体積流量の保存に制約され，圧力場は瞬時の流れ場から決定されるといえる．

2.1.4 有限要素法

対象とする流れ現象を適切にモデル化した基礎方程式を基に，様々な数値解析法を用いて離散化し，計算領域をその手法に則した計算格子や有限要素などに分割し，境界条件や初期条件を与えることで代数方程式を導き，計算機を用いて代数方程式の数値解を求める．この節では有限要素法について概説するが，それ以外の数値解析法についてはコラムで紹介する．

> **コラム 様々な数値解析法**
> 数値解析法には，次に紹介する方法がある．有限差分法，有限体積法，有限要素法，渦法，境界要素法，スペクトル法である．詳しくは，文献 [3] を参照されたい．

有限要素法による流れの数値シミュレーション

最初に，有限要素法による流れの数値シミュレーションの特徴を述べる．有限要素法では，基礎方程式の微分方程式を，重み付き残差法に基づいて，計算領域における元の問題と等価な積分方程式に変換し，その積分範囲を要素と称する三角形や四角形や四面体や六面体の部分小領域に分割し，要素ごとに積分したのちに重ね合わせにより代数方程式を得る．直接，微分方程式に Taylor 展開を適用して代数方程式を得る差分法に比べて，数学的な手続きが多く必要になるが，境界条件においては，差分法では扱いにくい，微係数で与えられる Neumann 型境界条件が弱形式を導く途中で自然に導入されるため，特別な配慮を要しない．また，並列計算機への対応も含めて汎用プログラムがつくりやすいなどの利点を有する．

以下，有限要素法の基本的な考え方を紹介する．詳しくは，文献 [4] を参照されたい．

有限要素法の基本的な考え方

有限要素法は，流れの基礎方程式に重み関数を導入し部分積分を施すことで，2 階の微分方程式を 1 階微分だけが含まれた積分方程式に変形することを活用する．これは，求める関数を 2 階微分可能で滑らかな関数（強形式）から，1 階微分可能な関数（弱形式）にすることで，近

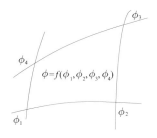

図 **2.3** 有限要素法の離散化の概念図

似解に対する微分可能性の要求が弱められ，離散化により計算領域を微小な領域（要素）に分割した際，その要素内の近似解を（1次元の場合，xの）1次多項式で扱うことができ，計算を簡略化することができることを意味する．

理解を容易にするため，2階の常微分方程式を例にする．

$$\frac{d^2u}{dx^2} - \lambda = 0 \qquad (0 \leq x \leq L) \tag{2.16}$$

境界条件として，Dirichlet 型境界条件と Neumann 型境界条件を与える．

$$u = \hat{u}(0) \qquad (x = 0) \tag{2.17}$$

$$\frac{du}{dx} = 0 \qquad (x = L) \tag{2.18}$$

ここに，$\hat{u}(x)$ は，Dirichlet 型境界条件で与えられた $u(x)$ の値を意味する．

式 (2.16) に恒等的に 0 ではないある関数 $u^*(x)$ を両辺にかける．

$$u^*(x)\left(\frac{d^2u}{dx^2} - \lambda\right) = 0 \tag{2.19}$$

Dirichlet 型境界条件が与えられる境界上では，重み関数 $u^*(x)$ の値を 0 にするという拘束条件を課す．

$$u^*(x) = 0 \quad (x = 0) \tag{2.20}$$

式 (2.19) を x から L にわたり積分すると，

$$\int_0^L u^*(x)\left(\frac{d^2u}{dx^2} - \lambda\right)dx = 0 \tag{2.21}$$

ここで，部分積分を施す．

$$-\int_0^L \left(\frac{du^*}{dx}\frac{du}{dx} + u^*\lambda\right)dx + \left[u^*\frac{du}{dx}\right]_0^L = 0 \tag{2.22}$$

境界条件から左辺第 2 項は 0 となり，以下のように書き表せる．

$$\int_0^L \left(\frac{du^*}{dx}\frac{du}{dx} + u^*\lambda\right)dx = 0 \tag{2.23}$$

次に，この弱形式に変形された基礎方程式の離散化を考える．

式 (2.23) の関数 $u(x)$ を近似関数 $\tilde{u}(x)$ と仮定する．

$$\int_0^L \left(\frac{du^*}{dx}\frac{d\tilde{u}}{dx} + u^*\lambda\right)dx = 0 \tag{2.24}$$

境界条件

$$\tilde{u} = \hat{u}(0) \qquad (x = 0) \tag{2.25}$$

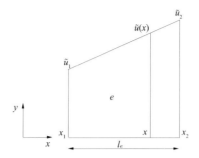

図 **2.4** 要素 e における $\tilde{u}(x)$ の 1 次多項式近似

範囲 $0 \leq x \leq L$ において，N 個の要素に分割する．

$$\sum_{e=1}^{N} \left[\int_{x_1}^{x_2} \left(\frac{du^*}{dx} \frac{d\tilde{u}}{dx} + u^* \lambda \right) dx \right] = 0 \tag{2.26}$$

$x_1 \leq x \leq x_2$ で定義される要素 e 内の近似関数 $\tilde{u}(x)$ は，x の 1 次多項式で書き表せるとする．

$$\tilde{u}(x) = a_e + b_e x \tag{2.27}$$

ここで，添え字 e は要素 e を基準に考えた変数，変数ベクトル，変数行列を意味する．

要素 e の両端点 (節点) x_1, x_2 での関係を用いると，次式が求まる．

$$\begin{pmatrix} \tilde{u}_1 \\ \tilde{u}_2 \end{pmatrix} = \begin{bmatrix} 1 & x_1 \\ 1 & x_2 \end{bmatrix} \begin{pmatrix} a_e \\ b_e \end{pmatrix} \tag{2.28}$$

この関係を用いて，a_e, b_e について解く．

$$\begin{pmatrix} a_e \\ b_e \end{pmatrix} = \begin{bmatrix} 1 & x_1 \\ 1 & x_2 \end{bmatrix}^{-1} \begin{pmatrix} \tilde{u}_1 \\ \tilde{u}_2 \end{pmatrix} = \frac{1}{x_2 - x_1} \begin{bmatrix} x_2 & -x_1 \\ -1 & 1 \end{bmatrix} \begin{pmatrix} \tilde{u}_1 \\ \tilde{u}_2 \end{pmatrix} \tag{2.29}$$

要素 e の長さ l_e を用いると，近似関数 $\tilde{u}(x)$ は以下のように書き表せる．

$$\tilde{u}(x) = \begin{pmatrix} \dfrac{x_2 - x}{l_e} & \dfrac{x - x_1}{l_e} \end{pmatrix} \begin{pmatrix} \tilde{u}_1 \\ \tilde{u}_2 \end{pmatrix} = \boldsymbol{N}_e^{\mathrm{T}} \tilde{\boldsymbol{U}}_e \tag{2.30}$$

有限要素法では，N_e^{T} を形状関数ベクトルと呼ぶ．式 (2.30) から，$\tilde{u}(x)$ の 1 階微分が計算される．

$$\begin{aligned} \frac{d\tilde{u}}{dx} &= \left[\frac{d}{dx}\left(\frac{x_2 - x}{l_e} \right) \frac{d}{dx}\left(\frac{x - x_1}{l_e} \right) \right] \begin{pmatrix} \tilde{u}_1 \\ \tilde{u}_2 \end{pmatrix} \\ &= \begin{bmatrix} -\dfrac{1}{l_e} & \dfrac{1}{l_e} \end{bmatrix} \tilde{\boldsymbol{U}}_e = \boldsymbol{L}_e^{\mathrm{T}} \tilde{\boldsymbol{U}}_e \end{aligned} \tag{2.31}$$

Galerkin 有限要素法では重み関数 $u^*(x)$ も式 (2.30), (2.31) と同様に書き表せるとする.

$$u^*(x) = \begin{pmatrix} \dfrac{x_2-x}{l_e} & \dfrac{x-x_1}{l_e} \end{pmatrix} \begin{pmatrix} u_1^* \\ u_2^* \end{pmatrix} = \boldsymbol{N}_e^{\mathrm{T}} \boldsymbol{U}_e^* \tag{2.32}$$

$$\frac{du^*}{dx} = \begin{bmatrix} -\dfrac{1}{l_e} & \dfrac{1}{l_e} \end{bmatrix} \boldsymbol{U}_e^* = \boldsymbol{L}_e^{\mathrm{T}} \boldsymbol{U}_e^* \tag{2.33}$$

式 (2.30), (2.31), (2.32), (2.33) を用いて, 式 (2.24) の積分部分を書き表す.

$$\int_{x_1}^{x_2} \left(\frac{du^*}{dx} \frac{d\tilde{u}}{dx} + u^*\lambda \right) dx$$
$$= \int_{x_1}^{x_2} \left(\boldsymbol{L}_e^{\mathrm{T}} \boldsymbol{U}_e^* \boldsymbol{L}_e^{\mathrm{T}} \tilde{\boldsymbol{U}}_e + \boldsymbol{N}_e^{\mathrm{T}} \boldsymbol{U}_e^* \lambda \right) dx \tag{2.34}$$

ここで, $\boldsymbol{N}_e^{\mathrm{T}} \boldsymbol{U}_e^*$ や $\boldsymbol{L}_e^{\mathrm{T}} \boldsymbol{U}_e^*$ はスカラーである. よって以下のように変形することができる.

$$\boldsymbol{N}_e^{\mathrm{T}} \boldsymbol{U}_e^* = \left(\boldsymbol{N}_e^{\mathrm{T}} \boldsymbol{U}_e^* \right)^{\mathrm{T}} = (\boldsymbol{U}_e^*)^{\mathrm{T}} \boldsymbol{N}_e \tag{2.35}$$

$$\boldsymbol{L}_e^{\mathrm{T}} \boldsymbol{U}_e^* = \left(\boldsymbol{L}_e^{\mathrm{T}} \boldsymbol{U}_e^* \right)^{\mathrm{T}} = (\boldsymbol{U}_e^*)^{\mathrm{T}} \boldsymbol{L}_e \tag{2.36}$$

これらの関係を用いると, 式 (2.34) は以下のように変形することができる.

$$\int_{x_1}^{x_2} \left(\boldsymbol{L}_e^{\mathrm{T}} \boldsymbol{U}_e^* \boldsymbol{L}_e^{\mathrm{T}} \tilde{\boldsymbol{U}}_e + \boldsymbol{N}_e^{\mathrm{T}} \boldsymbol{U}_e^* \lambda \right) dx$$
$$= \int_{x_1}^{x_2} \left[(\boldsymbol{U}_e^*)^{\mathrm{T}} \boldsymbol{L}_e \boldsymbol{L}_e^{\mathrm{T}} \tilde{\boldsymbol{U}}_e + (\boldsymbol{U}_e^*)^{\mathrm{T}} \boldsymbol{N}_e \lambda \right] dx$$
$$= (\boldsymbol{U}_e^*)^{\mathrm{T}} \boldsymbol{L}_e \boldsymbol{L}_e^{\mathrm{T}} \tilde{\boldsymbol{U}}_e \int_{x_1}^{x_2} dx + (\boldsymbol{U}_e^*)^{\mathrm{T}} \lambda \int_{x_1}^{x_2} \boldsymbol{N}_e dx$$
$$= (\boldsymbol{U}_e^*)^{\mathrm{T}} \left[\boldsymbol{L}_e \boldsymbol{L}_e^{\mathrm{T}} l_e \tilde{\boldsymbol{U}}_e + \lambda \int_{x_1}^{x_2} \boldsymbol{N}_e dx \right]$$
$$= (\boldsymbol{U}_e^*)^{\mathrm{T}} \left(\boldsymbol{A}_e \tilde{\boldsymbol{U}}_e + \boldsymbol{B}_e \right) \tag{2.37}$$

ここで, $\boldsymbol{A}_e$, $\boldsymbol{B}_e$ は以下のように書き表せる.

$$\boldsymbol{A}_e = \boldsymbol{L}_e \boldsymbol{L}_e^{\mathrm{T}} l_e = \frac{1}{l_e} \begin{pmatrix} 1 & -1 \\ -1 & 1 \end{pmatrix} \tag{2.38}$$

$$\boldsymbol{B}_e = \lambda \int_{x_1}^{x_2} \boldsymbol{N}_e dx = \frac{\lambda l_e}{2} \begin{pmatrix} 1 \\ 1 \end{pmatrix} \tag{2.39}$$

式 (2.34), (2.37) を式 (2.26) に代入すると, 離散化された弱形式が求まる.

$$\sum_{e=1}^{N} (\boldsymbol{U}_e^*)^{\mathrm{T}} \left(\boldsymbol{A}_e \tilde{\boldsymbol{U}}_e + \boldsymbol{B}_e \right) = 0 \tag{2.40}$$

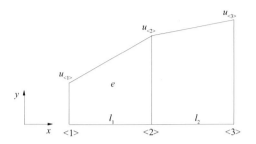

図 2.5 計算領域における節点の位置

ここで，各要素での値 r_e を用いる．

$$r_e = (\boldsymbol{U}_e^*)^{\mathrm{T}} \left(\boldsymbol{A}_e \tilde{\boldsymbol{U}}_e + \boldsymbol{B}_e \right) \tag{2.41}$$

ここから，具体的に要素ごとに考えて，重ね合わせを説明する．理解を容易にするために領域を 2 分割する．

$$r_1 = \begin{pmatrix} u_1^* & u_2^* \end{pmatrix} \left[\begin{pmatrix} 1/l_1 & -1/l_1 \\ -1/l_1 & 1/l_1 \end{pmatrix} \begin{pmatrix} \tilde{u}_1 \\ \tilde{u}_2 \end{pmatrix} + \begin{pmatrix} \lambda l_1/2 \\ \lambda l_1/2 \end{pmatrix} \right] \tag{2.42}$$

$$r_2 = \begin{pmatrix} u_2^* & u_3^* \end{pmatrix} \left[\begin{pmatrix} 1/l_2 & -1/l_2 \\ -1/l_2 & 1/l_2 \end{pmatrix} \begin{pmatrix} \tilde{u}_2 \\ \tilde{u}_3 \end{pmatrix} + \begin{pmatrix} \lambda l_2/2 \\ \lambda l_2/2 \end{pmatrix} \right] \tag{2.43}$$

式 (2.42),(2.43) を書き直すと，以下のように書き表せる．

$$r_1 = \begin{pmatrix} u_{<1>}^* & u_{<2>}^* & u_{<3>}^* \end{pmatrix} \left[\begin{pmatrix} 1/l_1 & -1/l_1 & 0 \\ -1/l_1 & 1/l_1 & 0 \\ 0 & 0 & 0 \end{pmatrix} \begin{pmatrix} \tilde{u}_{<1>} \\ \tilde{u}_{<2>} \\ \tilde{u}_{<3>} \end{pmatrix} + \begin{pmatrix} \lambda l_1/2 \\ \lambda l_1/2 \\ 0 \end{pmatrix} \right] \tag{2.44}$$

$$r_2 = \begin{pmatrix} u_{<1>}^* & u_{<2>}^* & u_{<3>}^* \end{pmatrix} \left[\begin{pmatrix} 0 & 0 & 0 \\ 0 & 1/l_2 & -1/l_2 \\ 0 & -1/l_2 & 1/l_2 \end{pmatrix} \begin{pmatrix} \tilde{u}_{<1>} \\ \tilde{u}_{<2>} \\ \tilde{u}_{<3>} \end{pmatrix} + \begin{pmatrix} 0 \\ \lambda l_2/2 \\ \lambda l_2/2 \end{pmatrix} \right]$$
$$\tag{2.45}$$

$$r_1 + r_2 = 0 \tag{2.46}$$

式 (2.44),(2.45),(2.46) をまとめると，次のように書き表せる．

$$\begin{pmatrix} u_{<1>}^* & u_{<2>}^* & u_{<3>}^* \end{pmatrix} \left[\begin{pmatrix} 1/l_1 & -1/l_1 & 0 \\ -1/l_1 & 1/l_2 & -1/l_2 \\ 0 & -1/l_2 & 1/l_2 \end{pmatrix} \begin{pmatrix} \tilde{u}_{<1>} \\ \tilde{u}_{<2>} \\ \tilde{u}_{<3>} \end{pmatrix} + \begin{pmatrix} \lambda l_1/2 \\ \lambda l_1/2 + \lambda l_2/2 \\ \lambda l_2/2 \end{pmatrix} \right] = 0 \tag{2.47}$$

重み関数の任意性から，以下の代数方程式が求まる．

$$\begin{pmatrix} 1/l_1 & -1/l_1 & 0 \\ -1/l_1 & 1/l_2 & -1/l_2 \\ 0 & -1/l_2 & 1/l_2 \end{pmatrix} \begin{pmatrix} \tilde{u}_{<1>} \\ \tilde{u}_{<2>} \\ \tilde{u}_{<3>} \end{pmatrix} + \begin{pmatrix} \lambda l_1/2 \\ \lambda l_1/2 + \lambda l_2/2 \\ \lambda l_2/2 \end{pmatrix} = \begin{pmatrix} 0 \\ 0 \\ 0 \end{pmatrix} \quad (2.48)$$

ここで，境界条件 [式 (2.17), (2.18)] を考慮してまとめると，求める代数方程式は以下のようになる．

$$\begin{pmatrix} 1 & 0 & 0 \\ -1/l_1 & 1/l_2 + 1/l_2 & -1/l_2 \\ 0 & -1/l_2 & 1/l_2 \end{pmatrix} \begin{pmatrix} \tilde{u}_{<1>} \\ \tilde{u}_{<2>} \\ \tilde{u}_{<3>} \end{pmatrix} + \begin{pmatrix} -\hat{u}(0) \\ \lambda l_1/2 + \lambda l_2/2 \\ \lambda l_2/2 \end{pmatrix} = \begin{pmatrix} 0 \\ 0 \\ 0 \end{pmatrix} \quad (2.49)$$

この代数方程式は，Gauss の掃き出し法などを用いて近似解を求めることができる．

2.1.5　2 次元非圧縮粘性流れの非定常解析

本書では，ABMAC 法の 1 つである流速圧力同時緩和法 [5] を用いた 2 次元非圧縮性粘性流れの非定常解析について述べることにする．離散化に用いる要素は四角形とし，速度を節点，圧力を要素内一定と定義する Q1-P0 要素を選択する．空間方向の離散化手法は有限要素法であり，時間方向の離散化手法は差分法を用いる．

まずは，代表長さ l，代表速度 U を用いて，変数を無次元化する．

$$\begin{aligned} t' = \frac{t}{l/U}, \quad u' = \frac{u}{U}, \quad v' = \frac{v}{U}, \quad x' = \frac{x}{l}, \quad y' = \frac{y}{l}, \\ p' = \frac{p}{\rho U^2}, \quad Re = \frac{Ul}{\nu}, \quad f'_x = \frac{f_x}{U^2/l}, \quad f'_y = \frac{f_y}{U^2/l} \end{aligned} \quad (2.50)$$

変数を無次元化することにより，2 次元非圧縮粘性流れの基礎方程式（非保存型）は以下のように書き表せる．

$$\frac{\partial u'}{\partial x'} + \frac{\partial v'}{\partial y'} = 0 \quad (2.51)$$

$$\frac{\partial u'}{\partial t'} + u'\frac{\partial u'}{\partial x'} + v'\frac{\partial u'}{\partial y'} + \frac{\partial p'}{\partial x'} - \frac{1}{Re}\left(\frac{\partial^2 u'}{\partial x'^2} + \frac{\partial^2 u'}{\partial y'^2}\right) - f'_x = 0 \quad (2.52)$$

$$\frac{\partial v'}{\partial t'} + u'\frac{\partial v'}{\partial x'} + v'\frac{\partial v'}{\partial y'} + \frac{\partial p'}{\partial y'} - \frac{1}{Re}\left(\frac{\partial^2 v'}{\partial x'^2} + \frac{\partial^2 v'}{\partial y'^2}\right) - f'_y = 0 \quad (2.53)$$

これ以降，式を見やすくするため，無次元化された変数 ϕ' を ϕ で表記する．

$$\frac{\partial u}{\partial x} + \frac{\partial v}{\partial y} = 0 \quad (2.54)$$

$$\frac{\partial u}{\partial t} + u\frac{\partial u}{\partial x} + v\frac{\partial u}{\partial y} + \frac{\partial p}{\partial x} - \frac{1}{Re}\left(\frac{\partial^2 u}{\partial x^2} + \frac{\partial^2 u}{\partial y^2}\right) - f_x = 0 \quad (2.55)$$

$$\frac{\partial v}{\partial t} + u\frac{\partial v}{\partial x} + v\frac{\partial v}{\partial y} + \frac{\partial p}{\partial y} - \frac{1}{Re}\left(\frac{\partial^2 v}{\partial x^2} + \frac{\partial^2 v}{\partial y^2}\right) - f_y = 0 \tag{2.56}$$

式 (2.54), (2.55), (2.56) が表しているのは,幾何学的に相似な 2 つの領域に対して, Re が等しければ,たとえ代表速度や代表長さが異なっていても,流体の種類が空気や水など種類が異なっていても,2 つの流れは幾何学的にも力学的にも相似であると言えることである.

境界条件は以下のように書き表せる.

$$u = \hat{u}, \quad v = \hat{v} \qquad (\Gamma_0 上) \tag{2.57}$$

$$-pn_x + \frac{1}{Re}\frac{\partial u}{\partial n} = -pn_y + \frac{1}{Re}\frac{\partial v}{\partial n} = 0 \qquad (\Gamma_1 上) \tag{2.58}$$

2.1.6 弱形式の導出

2 次元非圧縮粘性流れの基礎方程式 (2.54), (2.55), (2.56) に重み関数 u^*, v^*, p^* をかけて,計算領域 Ω において積分し,Gauss の発散定理を用いて,圧力項と粘性項に部分積分を施して,境界条件 [式 (2.57), (2.58)] を考慮することで,弱形式が導出される.

$$\iint_\Omega p^*\left(\frac{\partial u}{\partial x} + \frac{\partial v}{\partial y}\right)dxdy = 0 \tag{2.59}$$

$$\iint_\Omega u^*\left[\frac{\partial u}{\partial t} + u\frac{\partial u}{\partial x} + v\frac{\partial u}{\partial y}\right]dxdy - \iint_\Omega \frac{\partial u^*}{\partial x}pdxdy$$

$$+ \frac{1}{Re}\iint_\Omega \left(\frac{\partial u^*}{\partial x}\frac{\partial u}{\partial x} + \frac{\partial u^*}{\partial y}\frac{\partial u}{\partial y}\right)dxdy - \iint_\Omega u^* f_x dxdy = 0 \tag{2.60}$$

$$\iint_\Omega v^*\left[\frac{\partial v}{\partial t} + u\frac{\partial v}{\partial x} + v\frac{\partial v}{\partial y}\right]dxdy - \iint_\Omega \frac{\partial v^*}{\partial y}pdxdy$$

$$+ \frac{1}{Re}\iint_\Omega \left(\frac{\partial v^*}{\partial x}\frac{\partial v}{\partial x} + \frac{\partial v^*}{\partial y}\frac{\partial v}{\partial y}\right)dxdy - \iint_\Omega v^* f_y dxdy = 0 \tag{2.61}$$

式 (2.59), (2.60), (2.61) が 2 次元非圧縮粘性流れの求める弱形式である.

2.1.7 弱形式の離散化

計算領域 Ω を N 個の微小な要素に分割し,その要素 e の領域 Ω_e 内で面積分を施したのち,総和をとる.

$$\sum_{e=1}^{N}\left[\iint_{\Omega_e} p^*\left(\frac{\partial u}{\partial x} + \frac{\partial v}{\partial y}\right)dxdy\right] = 0 \tag{2.62}$$

$$\sum_{e=1}^{N}\left[\iint_{\Omega_e} u^*\left[\frac{\partial u}{\partial t} + u\frac{\partial u}{\partial x} + v\frac{\partial u}{\partial y}\right]dxdy - \iint_{\Omega_e}\frac{\partial u^*}{\partial x}pdxdy\right.$$
$$\left.+\frac{1}{Re}\iint_{\Omega_e}\left(\frac{\partial u^*}{\partial x}\frac{\partial u}{\partial x} + \frac{\partial u^*}{\partial y}\frac{\partial u}{\partial y}\right)dxdy - \iint_{\Omega_e}u^*f_x dxdy\right] = 0 \quad (2.63)$$

$$\sum_{e=1}^{N}\left[\iint_{\Omega_e} v^*\left[\frac{\partial v}{\partial t} + u\frac{\partial v}{\partial x} + v\frac{\partial v}{\partial y}\right]dxdy - \iint_{\Omega_e}\frac{\partial v^*}{\partial y}pdxdy\right.$$
$$\left.+\frac{1}{Re}\iint_{\Omega_e}\left(\frac{\partial v^*}{\partial x}\frac{\partial v}{\partial x} + \frac{\partial v^*}{\partial y}\frac{\partial v}{\partial y}\right)dxdy - \iint_{\Omega_e}v^*f_y dxdy\right] = 0 \quad (2.64)$$

ここで，形状関数ベクトルを導入する．

$$u = \boldsymbol{N}_e^{\mathrm{T}}\boldsymbol{U}_e, \ v = \boldsymbol{N}_e^{\mathrm{T}}\boldsymbol{V}_e, \ p = \boldsymbol{K}_e^{\mathrm{T}}\boldsymbol{P}_e, \ f_x = \boldsymbol{N}_e^{\mathrm{T}}\boldsymbol{F}_e^x, \ f_y = \boldsymbol{N}_e^{\mathrm{T}}\boldsymbol{F}_e^y \quad (2.65)$$

$$u^* = \boldsymbol{N}_e^{\mathrm{T}}\boldsymbol{U}_e^*, \ v^* = \boldsymbol{N}_e^{\mathrm{T}}\boldsymbol{V}_e^*, \ p^* = \boldsymbol{K}_e^{\mathrm{T}}\boldsymbol{P}_e^*, \ f_x^* = \boldsymbol{N}_e^{\mathrm{T}}\boldsymbol{F}_e^{x*}, \ f_x^* = \boldsymbol{N}_e^{\mathrm{T}}\boldsymbol{F}_e^{y*} \quad (2.66)$$

ここで，圧力 p に対する形状関数ベクトル k_e^{T} とする．

$$\sum_{e=1}^{N}(\boldsymbol{P}_e^*)^{\mathrm{T}}\left[\boldsymbol{H}_{xe}^{\mathrm{T}}\boldsymbol{U}_e + \boldsymbol{H}_{ye}^{\mathrm{T}}\boldsymbol{V}_e\right] = 0 \quad (2.67)$$

$$\sum_{e=1}^{N}(\boldsymbol{U}_e^*)^{\mathrm{T}}\left[\boldsymbol{M}_e\frac{d\boldsymbol{U}_e}{dt} + \boldsymbol{A}_e(\boldsymbol{U}_e, \boldsymbol{V}_e)\boldsymbol{U}_e - \boldsymbol{H}_{xe}\boldsymbol{P}_e + \boldsymbol{D}_e\boldsymbol{U}_e - \boldsymbol{F}_{xe}\right] = 0 \quad (2.68)$$

$$\sum_{e=1}^{N}(\boldsymbol{V}_e^*)^{\mathrm{T}}\left[\boldsymbol{M}_e\frac{d\boldsymbol{V}_e}{dt} + \boldsymbol{A}_e(\boldsymbol{U}_e, \boldsymbol{V}_e)\boldsymbol{V}_e - \boldsymbol{H}_{ye}\boldsymbol{P}_e + \boldsymbol{D}_e\boldsymbol{V}_e - \boldsymbol{F}_{ye}\right] = 0 \quad (2.69)$$

ここに，式中の要素行列と要素ベクトルは次のように定義される．

$$\boldsymbol{H}_{xe} = \iint_{\Omega_e}\frac{\partial \boldsymbol{N}_e}{\partial x}dxdy, \quad \boldsymbol{H}_{ye} = \iint_{\Omega_e}\frac{\partial \boldsymbol{N}_e}{\partial y}dxdy \quad (2.70)$$

$$\boldsymbol{M}_e = \iint_{\Omega_e}\boldsymbol{N}_e\boldsymbol{N}_e^{\mathrm{T}}dxdy \quad (2.71)$$

$$\boldsymbol{A}_e(\boldsymbol{U}_e, \boldsymbol{V}_e) = \iint_{\Omega_e}\boldsymbol{N}_e\left(\boldsymbol{N}_e^{\mathrm{T}}\boldsymbol{U}_e\frac{\partial \boldsymbol{N}_e^{\mathrm{T}}}{\partial x} + \boldsymbol{N}_e^{\mathrm{T}}\boldsymbol{V}_e\frac{\partial \boldsymbol{N}_e^{\mathrm{T}}}{\partial y}\right)dxdy \quad (2.72)$$

$$\boldsymbol{D}_e = \frac{1}{Re}\iint_{\Omega_e}\left(\frac{\partial \boldsymbol{N}_e}{\partial x}\frac{\partial \boldsymbol{N}_e^{\mathrm{T}}}{\partial x} + \frac{\partial \boldsymbol{N}_e}{\partial y}\frac{\partial \boldsymbol{N}_e^{\mathrm{T}}}{\partial y}\right)dxdy \quad (2.73)$$

$$\boldsymbol{F}_{xe} = \iint_{\Omega_e} \boldsymbol{N}_e \boldsymbol{N}_e^{\mathrm{T}} \boldsymbol{F}_e^x dxdy, \quad \boldsymbol{F}_{ye} = \iint_{\Omega_e} \boldsymbol{N}_e \boldsymbol{N}_e^{\mathrm{T}} \boldsymbol{F}_e^y dxdy \tag{2.74}$$

重ね合わせ操作をすることで，代数方程式が求まる．ここで，要素ベクトル，要素行列の添え字 e がない表現は，重ね合わせの操作後のベクトル，行列を意味する．

$$\boldsymbol{H}_x^{\mathrm{T}} \boldsymbol{U} + \boldsymbol{H}_y^{\mathrm{T}} \boldsymbol{V} = 0 \tag{2.75}$$

$$\boldsymbol{M} \frac{d\boldsymbol{U}}{dt} + \boldsymbol{A}(\boldsymbol{U}, \boldsymbol{V})\boldsymbol{U} - \boldsymbol{H}_x \boldsymbol{P} + \boldsymbol{D}\boldsymbol{U} - \boldsymbol{F}_x = 0 \tag{2.76}$$

$$\boldsymbol{M} \frac{d\boldsymbol{V}}{dt} + \boldsymbol{A}(\boldsymbol{U}, \boldsymbol{V})\boldsymbol{V} - \boldsymbol{H}_y \boldsymbol{P} + \boldsymbol{D}\boldsymbol{V} - \boldsymbol{F}_y = 0 \tag{2.77}$$

2.1.8 四角形要素を用いる場合の離散化

四角形要素の面積分を施すには，図 2.6 に示す写像を利用する．
ここで，形状関数ベクトルを用いる．

$$x = \boldsymbol{N}_e^{\mathrm{T}} \boldsymbol{x}_e, \quad y = \boldsymbol{N}_e^{\mathrm{T}} \boldsymbol{y}_e \tag{2.78}$$

形状関数は次式で書き表せる．

$$\boldsymbol{N}_e^{\mathrm{T}} = \begin{bmatrix} N_1(\xi, \eta) & N_2(\xi, \eta) & N_3(\xi, \eta) & N_4(\xi, \eta) \end{bmatrix} \tag{2.79}$$

ここで，

$$N_1(\xi, \eta) = \frac{1}{4}(1-\xi)(1-\eta), \quad N_2(\xi, \eta) = \frac{1}{4}(1+\xi)(1-\eta) \tag{2.80}$$

$$N_3(\xi, \eta) = \frac{1}{4}(1+\xi)(1+\eta), \quad N_4(\xi, \eta) = \frac{1}{4}(1-\xi)(1+\eta) \tag{2.81}$$

$$\boldsymbol{x}_e = \begin{pmatrix} x_1 \\ x_2 \\ x_3 \\ x_4 \end{pmatrix}, \quad \boldsymbol{y}_e = \begin{pmatrix} y_1 \\ y_2 \\ y_3 \\ y_4 \end{pmatrix} \tag{2.82}$$

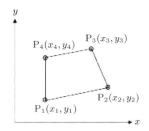

図 2.6 四角形要素の写像の利用

この写像のヤコビアンを求める.

$$
\begin{aligned}
J_{xy} &= \begin{vmatrix} \frac{\partial x}{\partial \xi} & \frac{\partial y}{\partial \xi} \\ \frac{\partial x}{\partial \eta} & \frac{\partial y}{\partial \eta} \end{vmatrix} = \frac{\partial x}{\partial \xi}\frac{\partial y}{\partial \eta} - \frac{\partial x}{\partial \eta}\frac{\partial y}{\partial \xi} \\
&= \frac{\partial \boldsymbol{N}_e^{\mathrm{T}} \boldsymbol{x}_e}{\partial \xi}\frac{\partial \boldsymbol{N}_e^{\mathrm{T}} \boldsymbol{y}_e}{\partial \eta} - \frac{\partial \boldsymbol{N}_e^{\mathrm{T}} \boldsymbol{x}_e}{\partial \eta}\frac{\partial \boldsymbol{N}_e^{\mathrm{T}} \boldsymbol{y}_e}{\partial \xi} \\
&= \boldsymbol{x}_e^{\mathrm{T}} \left(\frac{\partial \boldsymbol{N}_e}{\partial \xi}\frac{\partial \boldsymbol{N}_e^{\mathrm{T}}}{\partial \eta} - \frac{\partial \boldsymbol{N}_e}{\partial \eta}\frac{\partial \boldsymbol{N}_e^{\mathrm{T}}}{\partial \xi} \right) \boldsymbol{y}_e \\
&= \boldsymbol{x}_e^{\mathrm{T}} \frac{1}{8} \begin{bmatrix} 0 & 1-\eta & \eta-\xi & \xi-1 \\ \eta-1 & 0 & 1+\xi & -(\xi+\eta) \\ \xi-\eta & -(1+\xi) & 0 & 1+\eta \\ 1-\xi & \xi+\eta & -(1+\eta) & 0 \end{bmatrix} \boldsymbol{y}_e \\
&= \frac{1}{8}\left(\alpha_{xy} + \beta_{xy}\xi + \gamma_{xy}\eta \right)
\end{aligned}
\tag{2.83}
$$

ここで,

$$\alpha_{xy} = (x_1 - x_3)(y_2 - y_4) + (x_2 - x_4)(y_3 - y_1) \tag{2.84}$$

$$\beta_{xy} = (x_3 - x_4)(y_1 - y_2) + (x_1 - x_2)(y_4 - y_3) \tag{2.85}$$

$$\gamma_{xy} = (x_2 - x_3)(y_1 - y_4) + (x_1 - x_4)(y_3 - y_2) \tag{2.86}$$

これらの関係を基に,Q1-P0 要素に対応する式 (2.70)〜(2.74) を求める.Q1-P0 要素では,速度を四角形要素の 4 項点の節点値から ξ, η の双 1 次多項式で近似し,圧力を要素内一定とするものである.通常,Gauss–Legendre の積分公式を用いて面積分を求めるが,本書では解析的に積分計算から求めることにする.詳しくは,文献 [4] を参照されたい.

行列 $\boldsymbol{M}_e$ の i 行 j 列成分 m_{ij} は,以下のように書き表せる.

$$
\begin{aligned}
m_{ij} =\ & \alpha_{xy} \left[\frac{1}{2}a_i a_j + \frac{1}{6}(b_i b_j + c_i c_j) + \frac{1}{18}d_i d_j \right] \\
& + \beta_{xy} \left[\frac{1}{6}(a_i b_j + b_i a_j) + \frac{1}{18}(c_i d_j + d_i c_j) \right] \\
& + \gamma_{xy} \left[\frac{1}{6}(a_i c_j + c_i a_j) + \frac{1}{18}(b_i d_j + d_i b_j) \right]
\end{aligned}
\tag{2.87}
$$

ここで,行列 $\boldsymbol{M}$ は質量行列と呼ばれ,集中化という操作によって,近似することがある.本書でも集中化を利用する.これは,N 行 N 列の行列 $\boldsymbol{M}$ の i 行 j 列成分を m_{aij} とするときに,$\boldsymbol{M}$ を次式のような対角行列 $\bar{\boldsymbol{M}}$ で置き換える操作である.

表 2.1 形状関数行列に出てくる係数の値

i	a_i	b_i	c_i	d_i
1	1/4	$-1/4$	$-1/4$	1/4
2	1/4	1/4	$-1/4$	$-1/4$
3	1/4	1/4	1/4	1/4
4	1/4	$-1/4$	1/4	$-1/4$

$$\bar{\boldsymbol{M}} = \begin{pmatrix} \sum_{j=1}^{N} m_{a1j} & & & & 0 \\ & \sum_{j=1}^{N} m_{a2j} & & & \\ & & \sum_{j=1}^{N} m_{a3j} & & \\ & & & \ddots & \\ 0 & & & & \sum_{j=1}^{N} m_{aNj} \end{pmatrix} \quad (2.88)$$

このような行列 $\bar{\boldsymbol{M}}$ を集中化行列という．集中化行列の逆行列は，各対角成分の逆数を計算するだけで求められるため，計算時間の短縮につながる．また，集中化行列の配列は対角成分の 1 次元配列を用意すればよく，メモリの節約にもなる．また，時刻 t^{n+1} での節点 i における値 ϕ_i^{n+1} は，同時刻のほかの節点 j における値 ϕ_j^{n+1} とは独立に，時刻 t^n の値のみで計算できる．

重ね合わせ操作する前の要素 e の集中化行列 $\bar{\boldsymbol{M}}_e$ の i 行 i 列成分 $\bar{m}_i$ は，以下の式で表せる．

$$\bar{m}_i = \sum_{j=1}^{4} m_{ij} = \frac{1}{6} \left(3\alpha_{xy} a_i + \beta_{xy} b_i + \gamma_{xy} c_i \right) \quad (2.89)$$

行列 $\boldsymbol{A}_e \left(\boldsymbol{U}_e, \boldsymbol{V}_e \right)$ の i 行 j 列成分を $a_{ij}^{(x)} + a_{ij}^{(y)}$ とする．

$$a_{ij}^{(x)} = \iint_{\Omega_e} \boldsymbol{N}_i \boldsymbol{N}_e^{\mathrm{T}} \boldsymbol{U}_e \frac{\partial \boldsymbol{N}_j}{\partial x} = \int_{-1}^{1} \int_{-1}^{1} \boldsymbol{N}_i \boldsymbol{N}_e^{\mathrm{T}} \boldsymbol{U}_e \frac{\partial \boldsymbol{N}_j}{\partial x} J_{xy} d\xi d\eta \quad (2.90)$$

$$a_{ij}^{(y)} = \iint_{\Omega_e} \boldsymbol{N}_i \boldsymbol{N}_e^{\mathrm{T}} \boldsymbol{U}_e \frac{\partial \boldsymbol{N}_j}{\partial y} = \int_{-1}^{1} \int_{-1}^{1} \boldsymbol{N}_i \boldsymbol{N}_e^{\mathrm{T}} \boldsymbol{V}_e \frac{\partial \boldsymbol{N}_j}{\partial y} J_{xy} d\xi d\eta \quad (2.91)$$

$$\begin{aligned} a_{ij}^{(x)} = \frac{1}{18} \{ & 9 a_i A_u \alpha_{N_j y} + 3 \left[(b_i B_u + c_i C_u) \alpha_{N_j y} \right. \\ & \left. + (a_i B_u + b_i A_u) \beta_{N_j y} + (a_i C_u + c_i A_u) \gamma_{N_j y} \right] \\ & + d_i D_u \alpha_{N_j y} + (d_i C_u + c_i D_u) \beta_{N_j y} + (d_i B_u + b_i D_u) \gamma_{N_j y} \} \end{aligned} \quad (2.92)$$

$$a_{ij}^{(y)} = -\frac{1}{18}\left\{9a_i A_v \alpha_{N_j x} + 3\left[(b_i B_v + c_i C_v)\alpha_{N_j x}\right.\right.$$
$$\left. + (a_i B_v + b_i A_v)\beta_{N_j x} + (a_i C_v + c_i A_v)\gamma_{N_j x}\right]$$
$$\left. + d_i D_v \alpha_{N_j x} + (d_i C_v + c_i D_v)\beta_{N_j x} + (d_i B_v + b_i D_v)\gamma_{N_j x}\right\} \quad (2.93)$$

ここで,

$$A_u = \sum_{i=1}^{4} a_i u_i, \quad B_u = \sum_{i=1}^{4} b_i u_i, \quad C_u = \sum_{i=1}^{4} c_i u_i, \quad D_u = \sum_{i=1}^{4} d_i u_i \quad (2.94)$$

$$A_v = \sum_{i=1}^{4} a_i v_i, \quad B_v = \sum_{i=1}^{4} b_i v_i, \quad C_v = \sum_{i=1}^{4} c_i v_i, \quad D_v = \sum_{i=1}^{4} d_i v_i \quad (2.95)$$

$$\alpha_{N_j y} = [N_j(\xi_1, \eta_1) - N_j(\xi_3, \eta_3)](y_2 - y_4)$$
$$+ [N_j(\xi_2, \eta_2) - N_j(\xi_4, \eta_4)](y_3 - y_1) \quad (2.96)$$

$$\beta_{N_j y} = [N_j(\xi_3, \eta_3) - N_j(\xi_4, \eta_4)](y_1 - y_2)$$
$$+ [N_j(\xi_1, \eta_1) - N_j(\xi_2, \eta_2)](y_4 - y_3) \quad (2.97)$$

$$\gamma_{N_j y} = [N_j(\xi_2, \eta_2) - N_j(\xi_3, \eta_3)](y_1 - y_4)$$
$$+ [N_j(\xi_1, \eta_1) - N_j(\xi_4, \eta_4)](y_3 - y_2) \quad (2.98)$$

行列 $\boldsymbol{D}_e$ の i 行 j 列成分を d_{ij} とする.

$$d_{ij} = \frac{1}{Re}\frac{1}{6\alpha_{xy}}\left[3\alpha_{N_i y}\alpha_{N_j y} + \beta_{N_i y}\beta_{N_j y} + \gamma_{N_i y}\gamma_{N_j y} + 3\alpha_{N_i x}\alpha_{N_j x} + \beta_{N_i x}\beta_{N_j x}\right.$$
$$+ \gamma_{N_i x}\gamma_{N_j x} - \frac{\beta_{xy}}{\alpha_{xy}}\left(\alpha_{N_i y}\beta_{N_j y} + \alpha_{N_j y}\beta_{N_i y} + \alpha_{N_i x}\beta_{N_j x} + \alpha_{N_j x}\beta_{N_i x}\right)$$
$$\left. - \frac{\gamma_{xy}}{\alpha_{xy}}\left(\alpha_{N_i y}\gamma_{N_j y} + \alpha_{N_j y}\gamma_{N_i y} + \alpha_{N_i x}\gamma_{N_j x} + \alpha_{N_j x}\gamma_{N_i x}\right)\right] \quad (2.99)$$

Q1-P0 要素では,式 (2.68),式 (2.69) の $\boldsymbol{H}_{xe}\boldsymbol{P}_e$,$\boldsymbol{H}_{ye}\boldsymbol{P}_e$ を $\boldsymbol{H}_{xe}\boldsymbol{P}_e$,$\boldsymbol{H}_{ye}\boldsymbol{P}_e$ に置き換えることになる.

ベクトル $\boldsymbol{H}_{xe}$ の第 i 成分を h_{xi} とする.

$$h_{xi} = \int_{-1}^{1}\int_{-1}^{1}\frac{J_{N_i y}}{J_{xy}}J_{xy}d\xi d\eta = \int_{-1}^{1}\int_{-1}^{1}\frac{1}{8}\left(\alpha_{N_i y} + \beta_{N_i y}\xi + \gamma_{N_i y}\eta\right)d\xi d\eta$$
$$= \int_{-1}^{1}\int_{-1}^{1}\frac{1}{8}\alpha_{N_i y}d\xi d\eta = \frac{1}{2}\alpha_{N_i y} \quad (2.100)$$

同様に，

$$h_{yi} = \int_{-1}^{1}\int_{-1}^{1}\left(-\frac{J_{N_i x}}{J_{xy}}\right)J_{xy}d\xi d\eta = -\int_{-1}^{1}\int_{-1}^{1}\frac{1}{8}\left(\alpha_{N_i x}+\beta_{N_i x}\xi+\gamma_{N_i x}\eta\right)d\xi d\eta$$

$$= -\int_{-1}^{1}\int_{-1}^{1}\frac{1}{8}\alpha_{N_i x}d\xi d\eta = -\frac{1}{2}\alpha_{N_i x} \tag{2.101}$$

行列 $\boldsymbol{F}_{xe}$

$$\boldsymbol{F}_{xe} = \left(\iint_{\Omega_e}\boldsymbol{N}_e\boldsymbol{N}_e^{\mathrm{T}}dxdy\right)\boldsymbol{F}_e^x = \boldsymbol{M}_e\boldsymbol{F}_e^x \tag{2.102}$$

同様に，

$$\boldsymbol{F}_{ye} = \left(\iint_{\Omega_e}\boldsymbol{N}_e\boldsymbol{N}_e^{\mathrm{T}}dxdy\right)\boldsymbol{F}_e^y = \boldsymbol{M}_e\boldsymbol{F}_e^y \tag{2.103}$$

2.1.9 流速圧力同時緩和法

これから，流速圧力同時緩和法について紹介する．まずは式 (2.76), (2.77) の時間の離散化について差分法を用いる．

$$\bar{\boldsymbol{M}}\frac{\boldsymbol{U}^{n+1}-\boldsymbol{U}^n}{\Delta t} + \boldsymbol{A}\left(\boldsymbol{U}^n,\boldsymbol{V}^n\right)\boldsymbol{U}^n - \boldsymbol{H}_x\boldsymbol{P}^n + \boldsymbol{D}\boldsymbol{U}^n - \boldsymbol{F}_x = 0 \tag{2.104}$$

$$\bar{\boldsymbol{M}}\frac{\boldsymbol{V}^{n+1}-\boldsymbol{V}^n}{\Delta t} + \boldsymbol{A}\left(\boldsymbol{U}^n,\boldsymbol{V}^n\right)\boldsymbol{V}^n - \boldsymbol{H}_y\boldsymbol{P}^n + \boldsymbol{D}\boldsymbol{V}^n - \boldsymbol{F}_y = 0 \tag{2.105}$$

行列 $\bar{\boldsymbol{M}}$ は集中化行列なので，逆行列が容易に求まる．

$$\boldsymbol{U}^{n+1} = \boldsymbol{U}^n - \Delta t\bar{\boldsymbol{M}}^{-1}\left\{\boldsymbol{A}\left(\boldsymbol{U}^n,\boldsymbol{V}^n\right)\boldsymbol{U}^n - \boldsymbol{H}_x\boldsymbol{P}^n + \boldsymbol{D}\boldsymbol{U}^n - \boldsymbol{F}_x\right\} \tag{2.106}$$

$$\boldsymbol{V}^{n+1} = \boldsymbol{V}^n - \Delta t\bar{\boldsymbol{M}}^{-1}\left\{\boldsymbol{A}\left(\boldsymbol{U}^n,\boldsymbol{V}^n\right)\boldsymbol{V}^n - \boldsymbol{H}_y\boldsymbol{P}^n + \boldsymbol{D}\boldsymbol{V}^n - \boldsymbol{F}_y\right\} \tag{2.107}$$

新しい時刻 $n+1$ の速度成分が連続の式を満たしているかは不明であるため，流速圧力同時緩和法では，以下のように 2 段階の計算過程を経て時間を進める．

まず，速度成分の予測値 $\tilde{\boldsymbol{U}}$, $\tilde{\boldsymbol{V}}$ について，以下の式を用いて計算する．

$$\tilde{\boldsymbol{U}} = \boldsymbol{U}^n - \Delta t\bar{\boldsymbol{M}}^{-1}\left\{\boldsymbol{A}\left(\boldsymbol{U}^n,\boldsymbol{V}^n\right)\boldsymbol{U}^n - \boldsymbol{H}_x\boldsymbol{P}^n + \boldsymbol{D}\boldsymbol{U}^n - \boldsymbol{F}_x\right\} \tag{2.108}$$

$$\tilde{\boldsymbol{V}} = \boldsymbol{V}^n - \Delta t\bar{\boldsymbol{M}}^{-1}\left\{\boldsymbol{A}\left(\boldsymbol{U}^n,\boldsymbol{V}^n\right)\boldsymbol{V}^n - \boldsymbol{H}_y\boldsymbol{P}^n + \boldsymbol{D}\boldsymbol{V}^n - \boldsymbol{F}_y\right\} \tag{2.109}$$

ここで，右辺第 2 項は速度成分の変化量に対応するため，$\delta\boldsymbol{U}$, $\delta\boldsymbol{V}$ を用いて書き表せる．

$$\tilde{\boldsymbol{U}} = \boldsymbol{U}^n + \delta\boldsymbol{U} \tag{2.110}$$

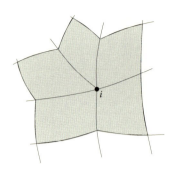

図 **2.7** 節点 i 周りの要素からの足し込み

$$\tilde{V} = V^n + \delta V \tag{2.111}$$

ここで，δU, δV の節点 i における変化量 δu_i, δv_i について考える．用いられる変数はすべて時刻 n の値なので，重ね合わせの操作が節点 i 周りの要素における項を足し込み，時間刻み幅とその節点における質量行列 $\bar{m}_i$ の逆数をかけることで求まる．図 2.7 に示すように，節点 i 周りの要素のことを $(e \in \mathrm{surr}(i))$ と書き表す．

$$\delta u_i = -\frac{\Delta t}{\bar{m}_i} \sum_{e \in \mathrm{surr}(i)} \{\bm{A}_{e,i}(\bm{U}_e, \bm{V}_e)\bm{U}_e - \bm{H}_{xe,i}P_e + \bm{D}_{e,i}\bm{U}_e - \bm{F}_{xe,i}\} \tag{2.112}$$

$$\delta v_i = -\frac{\Delta t}{\bar{m}_i} \sum_{e \in \mathrm{surr}(i)} \{\bm{A}_{e,i}(\bm{U}_e, \bm{V}_e)\bm{V}_e - \bm{H}_{ye,i}P_e + \bm{D}_{e,i}\bm{V}_e - \bm{F}_{ye,i}\} \tag{2.113}$$

次に，反復計算で行うために，初期値を次式で与える．

$$\bm{U}^{n+1,(0)} = \tilde{\bm{U}}, \quad \bm{V}^{n+1,(0)} = \tilde{\bm{V}}, \quad \bm{P}^{n+1,(0)} = \bm{P}^n \tag{2.114}$$

連続の式が満たされるように圧力を更新し速度を修正する．各要素について，連続の式に相当する $D_e^{(k)}$ の絶対値を算出し，その値が閾値 ε より小さければ，連続の式が満たされたとして，圧力の更新と速度の修正を終える．質量保存が成立していない場合は，その要素で圧力の更新を行う．

$$D_e^{(k)} = \frac{1}{\Delta_e} \left[\bm{H}_{xe}^{\mathrm{T}} \bm{U}_e^{n+1,(k)} + \bm{H}_{ye}^{\mathrm{T}} \bm{V}_e^{n+1,(k)} \right] \tag{2.115}$$

$$\Delta p_e^{(k)} = -\lambda_e D_e^{(k)} \tag{2.116}$$

$$p_e^{n+1,(k+1)} = p_e^{n+1,(k)} + \Delta p_e^{(k)} \tag{2.117}$$

ここで，Δ_e は要素 e の面積を表す．係数 λ_e は以下の値を用いる．

$$\lambda_e = \frac{\Delta_e}{\Delta t \left(\bm{H}_{xe}^{\mathrm{T}} \left[\bar{\bm{M}}^{-1}\right]_e \bm{H}_{xe} + \bm{H}_{ye}^{\mathrm{T}} \left[\bar{\bm{M}}^{-1}\right]_e \bm{H}_{ye} \right)} \tag{2.118}$$

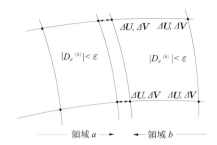

図 2.8 領域分割による並列計算のときの速度の修正の注意点

ここで，$\left[\bar{M}^{-1}\right]_e$ は，行列 $\bar{M}^{-1}$ の成分のうち，要素 e の節点 i に対応する成分だけを取り出した 4×4 の小対角行列である．

また，その要素の節点の速度成分を圧力の更新値に従い修正する．その際，その要素に関係する値のみを使うので，各節点に修正量を加えるのみで計算を進めることができる．この一連の操作を全要素にわたって各要素につき 1 回ずつ行う．

$$\Delta \boldsymbol{U}_e^{n+1,(k)} = \Delta t \left[\bar{M}^{-1}\right]_e \boldsymbol{H}_{xe} \Delta p_e^{(k)} \tag{2.119}$$

$$\boldsymbol{U}_e^{n+1,(k+1)} = \boldsymbol{U}_e^{n+1,(k)} + \Delta \boldsymbol{U}_e^{n+1,(k)} \tag{2.120}$$

$$\Delta \boldsymbol{V}_e^{n+1,(k)} = \Delta t \left[\bar{M}^{-1}\right]_e \boldsymbol{H}_{ye} \Delta p_e^{(k)} \tag{2.121}$$

$$\boldsymbol{V}_e^{n+1,(k+1)} = \boldsymbol{V}_e^{n+1,(k)} + \Delta \boldsymbol{V}_e^{n+1,(k)} \tag{2.122}$$

反復計算が α 回で全要素において $\left|D_e^{(k)}\right| < \varepsilon$ が成立，すなわち質量保存が成立した時点で次の時間ステップへ進むことができる．

$$\boldsymbol{U}^{n+1} = \boldsymbol{U}^{n+1,(\alpha)},\ \boldsymbol{V}^{n+1} = \boldsymbol{V}^{n+1,(\alpha)},\ \boldsymbol{P}^{n+1} = \boldsymbol{P}^{n+1,(\alpha)} \tag{2.123}$$

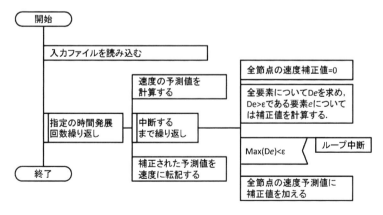

図 2.9 流速圧力同時緩和法の処理全体の PAD 図

領域分割による並列化において，異なる領域の隣接する要素から節点の速度成分の修正値がある場合，領域間で速度成分の修正値の授受が必要になる点に注意する必要がある（図 2.8）.

2 次元非圧縮粘性流れの非定常計算を流速圧力同時緩和法により求める際の PAD 図を紹介する（図 2.9）.

2.2 流れの数値シミュレーションの実際

ある流れを数値シミュレーションで予測する場合，格子幅を見積もることは重要である．たとえば，標準状態の空気の流れで，代表速度 $U = 30\,[\mathrm{m/s}]$ の場合，$Ma = 0.09$ となり，非圧縮粘性流れとして基礎方程式 (2.11), (2.14) を解くことになる．ここで，渦の散逸長さスケール l_d は Kolmogora 長さスケール l_k と同程度と見積もることができる．l_k は，動粘性係数 ν，エネルギー散逸率 ε を用いて以下のように表せる．

$$l_d \approx l_k \equiv \left(\frac{\nu^3}{\varepsilon}\right)^{1/4} \tag{2.124}$$

単位時間に散逸されるエネルギーの大きさは，運動成分で流れ場に加えられるエネルギー量で規定されるため，U, l を用いて以下のように評価される．

$$\varepsilon = \frac{U^3}{l} \tag{2.125}$$

よって，渦の散逸スケールと代表長さの関係が得られる．

$$\frac{l_d}{l} = Re^{-3/4} \tag{2.126}$$

直接，基礎式 (2.11), (2.14) を解く場合，格子間隔は l_d と同程度であることが必要である．3 次元の流れシミュレーションのための格子数 (要素数) N は以下の式で見積もることができる．

$$N = \left(\frac{l}{l_d}\right)^3 = Re^{9/4} \tag{2.127}$$

代表長さ $l = 0.1\,[\mathrm{m}]$ の場合，$Re = 2.0 \times 10^5$，$l_d = 11\,[\mu\mathrm{m}]$ となり，約 8500 億要素が必要になる．2015 年現在の計算機環境では，この流れを対象にして直接基礎式 (2.11), (2.14) を解く，直接数値計算 (Direct Numerical Simulation: DNS) を遂行することは困難である．これまで，このような計算機環境のもと，流れの重要と思われる成分に注目して，残りの成分をモデル化 (粗視化) する種々の乱流モデルが存在する (コラム参照).

> **コラム　乱流モデル**
>
> 　乱流モデルには，大きく分けて平均操作による粗視化とフィルタ操作による粗視化がある．前者は RANS モデル (Reynolds-averaged Navier-Stokes equation model)，後者は LES (Large Eddy Simulation) と呼ばれる．RANS モデルの中には，渦粘性型乱流モデル，応力方程式乱流モデルがあり，LES の中には，サブグリッドスケール (Subgrid Scale: SGS) モデル，ダイナミック SGS モデルがある．詳しくは，文献 [3] を参照されたい．

　ここで，乱流モデルの 1 つであるラージエディシミュレーション (Large Eddy Simulation: LES) の例を紹介する．LES では，乱流量の空間分布を空間フィルタリング操作（空間粗視化）によって，格子以上の成分 $\bar{u}_i$ (Grid scale) と，格子以下の成分 u'_i (Subgrid scale) に分離し，格子以下の成分を粗視化する．

　ここで具体例を紹介する．船舶の推進性能を予測することは船舶を設計するうえで重要である．これまでは曳航水槽試験が活用されていたが，320 億要素からなる LES による大規模数値シミュレーションを行うことで，$Re = 4.6 \times 10^6$ の曳航水槽試験の流れを再現することができ，推進性能である全抵抗係数を差 0.87% で再現できることを明らかにした [4]．この大規模数値シミュレーションは，神戸の理化学研究所に設置されているスカラー型スーパーコンピュータである「京」を活用し，数百億要素の計算格子を数十万領域に分割し，数万ノード（数十万コア）を用いている．

　これら，スカラー型スーパーコンピュータによる本格的な流れの数値シミュレーションを視野に入れながら，その基礎として有限要素法による 2 次元非圧縮粘性流れの非定常解析の数値シミュレーションを対象に実際の例を紹介する．

2.2.1　入出力ファイル

　入力ファイルとして考えられるのは，計算条件を与えるファイル，境界条件を定義するファイル，計算格子のファイル，必要に応じて初期の流れ場の入力データファイルなどがある．また，出力するファイルとして瞬時の流れ場のデータがあり，必要に応じて時系列のデータを出力する．大規模数値シミュレーションの場合，有用な可視化ソフトのフォーマットに合わせて出力することや，後処理することも重要である．

2.2.2　計算格子

　有限差分法や有限体積法を用いる場合でも，有限要素法を用いる場合でも，計算領域を多数の計算格子や要素に分割する．その多数の要素に分割された計算格子を基に，差分法では直接離散化した代数方程式を解き，有限要素法では，重み付き残差法に基づいて等価な積分方程式に変換され，要素ごとの積分をしたのちに全領域に重ね合わせをして代数方程式を解く．いずれにしても流れの数値シミュレーションにとって計算格子の生成は重要な部分を占める．さら

図 2.10 構造格子（境界適合格子）と非構造格子

に空間粗視化による LES を用いる場合，格子解像度は計算精度に大きく影響を及ぼす．ある流れ現象を数値シミュレーションで予測する場合，必要な格子解像度がなければ，主要な流れ現象を捉えることができないことは自明である．

計算格子の種類として大きく分けて 2 つに分けられる．1 つは要素が整然と規則正しく並んだ構造格子で，もう 1 つは反対に規則性を持たずに要素分割された非構造格子である．有限要素法が得意とする非構造格子を用いれば，容易に計算領域に適合した計算格子をつくることができる．差分法では構造格子が多く用いられ，高次の差分近似を空間方向に用いた離散化手法を可能としている．また，構造格子のなかでも，計算領域に適合した境界適合格子と，計算領域への適合をあまり考慮せず直交格子を用いた直交格子がある．

コラム　計算格子の細分化

数億要素を超える大規模数値シミュレーションを行うには，工夫が必要になってくる．直接格子生成するには要素数が多過ぎるため困難である．そこで，要素数が 1 億弱の格子を生成した後に，スカラー型スーパーコンピュータ上で格子を細分化する機能（リファイナー）を活用する．単純に 3 次元の 3 方向に細分（2 分）すれば，要素数は 2^3 で 8 倍になる．この機能を繰り返し行うことで数百億要素規模の計算格子がつくられる．

2.2.3　境界条件と初期条件

流れ現象をモデル化して数値解析によって流れ現象を予測するとき，計算領域の境界において条件を与える場合がある．境界において，直接変数の値を与える Dirichlet 型境界条件と，境界の法線方向微係数の値を与える Neumann 型境界条件がある．差分法で Neumann 型境界条件を適用する際には，計算領域の外に変数を設けて計算領域内の変数から領域外の変数を外挿することで実現する．有限要素法の場合は，Neumann 型境界条件が弱形式を導く途中の段階で導入されるため，特別な配慮を要しない．

有限要素法による 2 次元非圧縮性粘性流れの非定常解析の場合によく出てくる境界条件を以下に示す．

$$u = \hat{u}, \ v = \hat{v} \qquad (\varGamma_0 \text{ 上}) \qquad (2.128)$$

$$-pn_x + \frac{1}{Re}\frac{\partial u}{\partial n} = -pn_y + \frac{1}{Re}\frac{\partial v}{\partial n} = 0 \qquad (\Gamma_1 \text{上}) \tag{2.129}$$

初期条件として多く用いられるのは，時刻 0 において速度 0，圧力一定 (0) である．この状態から，時間刻み Δt 後に境界条件の速度 $u = u_0$, $v = v_0$ を与えると，境界に接する要素の $\left|D_e^{(k)}\right|$ [式 (2.115)] の値が大きくなりすぎて ABMAC 法では繰り返し回数中に収束しなくなる．そこで，境界条件の値を徐々に変化させることがある．たとえば以下の関数を用いることで実現できる．

$$f(t) = \begin{cases} \dfrac{1}{2}\left[1 - \cos\left(\dfrac{\pi t}{T_f}\right)\right] & (0 \leq t \leq T_f) \\ 1 & (T_f < t) \end{cases} \tag{2.130}$$

2.2.4 領域分割による並列化

スカラー型スーパーコンピュータを用いて，流れの数値シミュレーションにより流れを予測する場合，領域分割による並列化が用いられる．領域分割の方法について種々あるが，本書ではミネソタ大学の METIS を紹介する．METIS はマルチレベルグラフ理論に基づいた有限要素の領域を分割するソフトウェアで，分割された境界の通信量が少ないという特徴を持っている．領域分割による並列化を行うにあたり，領域分割の境界で行うデータの授受が節点周りだけですむ ABMAC 法を解法に選択した．そのため，通信コストが抑えられている．

2.2.5 計算機の特徴とソフトウェアの特徴

2012 年の半ばに，スーパーコンピュータ「京」の正式運用が開始された．ノード (CPU) が 8 万個以上あり，1 ノードの演算コア数が 8 コアで，64 万コア以上の計算機環境が実現された．このような計算機を最大限に利用するソフトウェアを開発するには，計算機の特徴とソフトウェアの特徴を把握することは重要である．

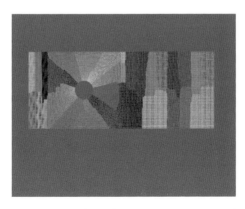

図 2.11　1 万 5000 要素の計算格子を METIS で 32 分割した例

「京」の演算コアは動作クロックが 2 GHz で，1 コア当たりの性能が 16 GFLOPS なので，全体で 10 PFLOPS を達成し，その名も「京」となっている．演算性能に着目しがちだが，メモリのデータ転送性能も重要な値である．1 コアごとに L1 キャッシュが 32 KB，1 ノードごとに L2 キャッシュが 6 MB，1 ノードのメモリは 16 GB あり，データ転送性能は，ノード当たり理論値で 64 GB/s となっている．また，ノードを越えて通信する場合のネットワーク性能は 1 方向当たり 5 GB/s である．このデータ転送性能 (Byte/s) と演算性能 (FLOPS) の比である B/F 値が計算機の重要な評価値になる．演算コアと L1 キャッシュの間の理論 B/F 値は 4，L1 キャッシュと L2 キャッシュの間の理論 B/F 値は 2，L2 キャッシュとメモリの間の理論 B/F 値は 0.5 で，実効 B/F 値は約 0.36 程度である．

たとえば，単精度実数である A，B，C を用いて A＝B＋C という演算を考えてみる．この計算をするには，B，C をメモリから読み込みしたのちに加算し，A に書き込みする操作が行われる．単精度実数は 4 Byte であり，2 回の読み込みと 1 回の書き込みでは 12 Byte のデータ転送が必要になる．一方，演算は 1 回なので，要求される B/F 値は 12 となる．流れの数値シミュレーションでは，要求される B/F 値は高い傾向にあるといわれている．このようなソフトウェアに対しては，演算性能を最大限使用するよりも，使用するメモリのデータ転送性能を最大限に使い切ることが重要である．その際の対策としてはプリフェッチの有効利用と，ラインアクセスの有効利用と，キャッシュの有効利用などがある．

参考文献

[1] 横山博史・加藤千幸．"乱流境界層内のキャビティ音発生におけるフィードバック機構（第 2 報，流体共鳴振動），" 日本機械学会論文集 B 編 76 (765), 2010.

[2] 梶島岳夫．乱流の数値シミュレーション，養賢堂，1999．

[3] 小林敏雄．数値流体力学ハンドブック，丸善，2003．

[4] 中山司．流れ解析のための有限要素法入門，東京大学出版会，2008．

[5] J. A. Viecelli, "A Method for Including Arbitrary External Boundaries in the MAC Incompressible Fluid Computing Technique," *Journal of Computational Physics*, **4**, 543-551, 1969.

[6] 中橋和博・藤井孝蔵．格子形成法とコンピュータグラフィックス，数値流体力学編集委員会 編，東京大学出版会，1995．

[7] T. Nishikawa, Yoshinobu Yamade, Masaru Sakuma and Chisachi Kato. "Fully Resolved Large Eddy Simulation as an Alternative to Towing Tank Resistance Tests – 32 Billion Cells Computation on K computer," 16th Numerical Towing Tank Symposium, Mülheim Germany, 2013.

3 ABMAC法に基づく2次元流体並列シミュレーションプログラムの設計

本章では，第2章で解説した流れの数値シミュレーションの考え方に従い，2次元非圧縮流体シミュレーションプログラムの具体的な設計例を示す．離散化手法としては，ABMAC法を用い，時間発展計算には，流速圧力同時緩和法を用いる．

本章の構成は，本書の姉妹編 [1] で紹介している，プログラム設計文書の章構成に従っている．読者が類似のプログラムを開発する際には，構成や記載内容，記載の程度について，参考としていただきたい．

3.1 開発の目的

本プログラムを開発する目的は，第2章で理論を紹介した，ABMAC法に基づく流体シミュレーションプログラムを実現することである．

3.2 プログラムの達成目標

本プログラムの達成目標を，機能に関する項目と，性能に関する項目とに分けて，以下に述べる．

3.2.1 機能に関する目標

(1) 2次元の非圧縮流体に関して，流れ場の時間変化（過渡応答）のシミュレーション計算を行えること．

(2) 離散化方式として，有限要素法を用い，速度と圧力場のカップリング法としてABMAC法を用いること．有限要素法については，四角形要素による計算が可能であること．流速圧力同時緩和法による時間発展計算が可能であること．

(3) メッシュ分割と領域分割が済んだデータを入力できること（自身ではメッシュ分割や領域分割の機能は持たない）．

(4) シミュレーション対象の形状はデータとして与えられた任意のものを扱えること．言い換えると，プログラムコードの中には特定の形状専用の記述はしないこと．

(5) MPIを用いた，領域分割による並列処理ができること．

(6) 計算結果は，ParaView [2] で表示可能な形式であること．また，アニメーション表示が可能であるように，指定のインターバルの時刻のデータも出力すること．

3.2.2 性能に関する目標

本プログラムの設計においては，性能に関する具体的な目標値を定めることはしない．しかし，処理方式から期待される性能特性の達成を目標とする．具体的には，以下の通りである．

(7) 他の条件が同一であれば，計算時間は要素数に比例すること．

(8) 他の条件が同一であれば，計算時間はプロセッサ数に反比例すること．

コラム　性能目標の実際

　実際に研究目的でプログラムを開発する場合には，ハードウェアの構成要素の性能値を考慮したチューニングを行うことが多い．たとえばプロセッサ性能，メモリ性能，ネットワーク転送性能などの性能値と，計算量やデータ転送量の比を考慮して，特定の要素が極端なボトルネックにならないように配慮することが行われる．本章の範囲ではそこまで踏み込んだ検討はしない．

3.3　プログラムが動作する計算機システムの構成

3.3.1　システム構成

本プログラムは，いずれかのMPIシステムが利用可能で，C++コンパイラが利用可能な計算機システムを対象とする．開発と実行はLinux上で行うことを想定するが他のOSでの実行も可能となるように，OS依存の記述は控える．

また，計算機システムの各ノード上ではネットワークファイルシステムなどにより，同一内容のファイルにアクセスできることを仮定する．

計算結果の速度場・圧力場の表示は，ビューワソフトであるParaViewを利用する．

3.3.2　前提ソフトウェア

- C++ コンパイラ

- C++ のライブラリ：STL を利用する．

- GNU Make

- テキストエディタなどの開発用ツール

- MPI の処理系

- ParaView（計算結果のビューワソフトとして必要）

3.4 計算対象の離散化表現

本プログラムが計算対象とする離散化手法は有限要素法であり，速度と圧力場のカップリング法として ABMAC 法，時間発展計算には，流速圧力同時緩和法を用いる．式の展開については第 2 章で紹介済みであるので，ここでは結果のみを示す．特に断りがなければ，それぞれの変数の定義は第 2 章に準ずる．

3.4.1 有限要素法に基づく支配方程式の離散化

2 次元の非圧縮流体の運動に関する支配方程式である Navier–Stokes 方程式は，有限要素法に基づく離散化では，要素を識別する変数を e として，以下の 3 式で表される（それぞれ第 2 章の式 (2.67)，(2.68)，(2.69) 参照）．

$$\boldsymbol{H}_{xe}^{\mathrm{T}}\boldsymbol{U}_e + \boldsymbol{H}_{ye}^{\mathrm{T}}\boldsymbol{V}_e = 0 \tag{3.1}$$

$$\boldsymbol{M}_e\frac{d\boldsymbol{U}_e}{dt} + \boldsymbol{A}_e\left(\boldsymbol{U}_e, \boldsymbol{V}_e\right)\boldsymbol{U}_e - \boldsymbol{H}_{xe}\boldsymbol{P}_e + \boldsymbol{D}_e\boldsymbol{U}_e - \boldsymbol{F}_{xe} = 0 \tag{3.2}$$

$$\boldsymbol{M}_e\frac{d\boldsymbol{V}_e}{dt} + \boldsymbol{A}_e\left(\boldsymbol{U}_e, \boldsymbol{V}_e\right)\boldsymbol{V}_e - \boldsymbol{H}_{ye}\boldsymbol{P}_e + \boldsymbol{D}_e\boldsymbol{V}_e - \boldsymbol{F}_{ye} = 0 \tag{3.3}$$

すべての e に対して，これら 3 式が解くべき方程式として与えられる．各要素に対する行列を重ね合わせた全体行列を用いると，これらは以下のように書き換えられる（それぞれ式 (2.75)，(2.76)，(2.77) 参照）．

$$\boldsymbol{H}_{x}^{\mathrm{T}}\boldsymbol{U} + \boldsymbol{H}_{y}^{\mathrm{T}}\boldsymbol{V} = 0 \tag{3.4}$$

$$\boldsymbol{M}\frac{d\boldsymbol{U}}{dt} + \boldsymbol{A}\left(\boldsymbol{U}, \boldsymbol{V}\right)\boldsymbol{U} - \boldsymbol{H}_{x}\boldsymbol{P} + \boldsymbol{D}\boldsymbol{U} - \boldsymbol{F}_{x} = 0 \tag{3.5}$$

$$\boldsymbol{M}\frac{d\boldsymbol{V}}{dt} + \boldsymbol{A}\left(\boldsymbol{U}, \boldsymbol{V}\right)\boldsymbol{V} - \boldsymbol{H}_{y}\boldsymbol{P} + \boldsymbol{D}\boldsymbol{V} - \boldsymbol{F}_{y} = 0 \tag{3.6}$$

3.4.2 四角形要素の場合の積分値

四角形要素を用いた場合に要素ごとの積分結果として得られる行列とベクトルの導出結果を示す．

形状関数

形状関数ベクトル $\boldsymbol{N}_e$ は,以下のように定義される(それぞれ式 (2.79),(2.80),(2.81) 参照).

$$\boldsymbol{N}_e = \left[N_1\left(\xi,\eta\right),\, N_2\left(\xi,\eta\right),\, N_3\left(\xi,\eta\right),\, N_4\left(\xi,\eta\right)\right]^{\mathrm{T}} \tag{3.7}$$

$$N_i\left(\xi,\eta\right) = a_i + b_i\xi + c_i\eta + d_i\xi\eta \tag{3.8}$$

各係数の値を表 3.1 に示す(表 2.1 参照).

表 **3.1** 形状関数の係数

i	a_i	b_i	c_i	d_i
1	1/4	$-1/4$	$-1/4$	1/4
2	1/4	1/4	$-1/4$	$-1/4$
3	1/4	1/4	1/4	1/4
4	1/4	$-1/4$	1/4	$-1/4$

形状関数のヤコビアンは,以下の ξ,η に関する 1 次式で表される(式 (2.83) 参照).

$$J\left(\xi,\eta\right) = \frac{1}{8}(\alpha_{xy} + \beta_{xy}\xi + \gamma_{xy}\eta) \tag{3.9}$$

ここで,

$$\alpha_{xy} = (x_1 - x_3)(y_2 - y_4) + (x_2 - x_4)(y_3 - y_1) \tag{3.10}$$

$$\beta_{xy} = (x_3 - x_4)(y_1 - y_2) + (x_1 - x_2)(y_4 - y_3) \tag{3.11}$$

$$\gamma_{xy} = (x_2 - x_3)(y_1 - y_4) + (x_1 - x_4)(y_3 - y_2) \tag{3.12}$$

である(それぞれ式 (2.84),(2.85),(2.86) 参照).

質量行列 $\boldsymbol{M}_e$

質量の集中対角化行列 $\bar{\boldsymbol{M}}_e$ の i 行 i 列成分 $\bar{m}_i$ を表すと,

$$\bar{m}_i = \frac{1}{6}(3\alpha_{xy}a_i + \beta_{xy}b_i + \gamma_{xy}c_i) \tag{3.13}$$

となる(式 (2.89) 参照).

移流項行列 $\boldsymbol{A}_e(\boldsymbol{U}_e,\,\boldsymbol{V}_e)$

移流項行列 $\boldsymbol{A}_e(\boldsymbol{U}_e,\boldsymbol{V}_e)$ の i 行 j 列要素 a_{ij} は,以下のように表される.

$$a_{ij} = a_{ij}^{(x)} + a_{ij}^{(y)} \tag{3.14}$$

ここで,

$$a_{ij}^{(x)} = \frac{1}{18} \{9a_i A_u \alpha_{N_j y} + 3\left[(b_i B_u + c_i C_u)\alpha_{N_j y} + (a_i B_u + b_i A_u)\beta_{N_j y}\right.$$
$$\left. + (a_i C_u + c_i A_u)\gamma_{N_j y}\right] + d_i D_u \alpha_{N_j y} + (d_i C_u + c_i D_u)\beta_{N_j y}$$
$$+ (d_i B_u + b_i D_u)\gamma_{N_j y}\} \tag{3.15}$$

$$a_{ij}^{(y)} = -\frac{1}{18} \{9a_i A_v \alpha_{N_j x} + 3\left[(b_i B_v + c_i C_v)\alpha_{N_j x} + (a_i B_v + b_i A_v)\beta_{N_j x}\right.$$
$$\left. + (a_i C_v + c_i A_v)\gamma_{N_j x}\right] + d_i D_v \alpha_{N_j x} + (d_i C_v + c_i D_v)\beta_{N_j x}$$
$$+ (d_i B_v + b_i D_v)\gamma_{N_j x}\} \tag{3.16}$$

$$A_u = \sum_{i=1}^{4} a_i u_i, \ B_u = \sum_{i=1}^{4} b_i u_i, \ C_u = \sum_{i=1}^{4} c_i u_i, \ D_u = \sum_{i=1}^{4} d_i u_i \tag{3.17}$$

$$A_v = \sum_{i=1}^{4} a_i v_i, \ B_v = \sum_{i=1}^{4} b_i v_i, \ C_v = \sum_{i=1}^{4} c_i v_i, \ D_v = \sum_{i=1}^{4} d_i v_i \tag{3.18}$$

である(それぞれ式 (2.92),(2.93),(2.94),(2.95) 参照).
また,

$$\alpha_{N_j y} = [N_j(\xi_1, \eta_1) - N_j(\xi_3, \eta_3)](y_2 - y_4) + [N_j(\xi_2, \eta_2) - N_j(\xi_4, \eta_4)](y_3 - y_1) \tag{3.19}$$

と,定義される(式 (2.96) 参照).

ここで,$N_j(\xi_i, \eta_i)$ は,その定義から,$i = j$ のときは 1,$i \neq j$ のときは 0 であるので,$N_{ij} = \{1 : i = j \text{ のとき},\ 0 : \text{それ以外}\}$ なる記号を導入すると,

$$\alpha_{N_j y} = (N_{1j} - N_{3j})(y_2 - y_4) + (N_{2j} - N_{4j})(y_3 - y_1) \tag{3.20}$$

と書くことができる.同様に,

$$\alpha_{N_j x} = (N_{1j} - N_{3j})(x_2 - x_4) + (N_{2j} - N_{4j})(x_3 - x_1) \tag{3.21}$$

$$\beta_{N_j y} = (N_{3j} - N_{4j})(y_1 - y_2) + (N_{1j} - N_{2j})(y_4 - y_3) \tag{3.22}$$

$$\beta_{N_j x} = (N_{3j} - N_{4j})(x_1 - x_2) + (N_{1j} - N_{2j})(x_4 - x_3) \tag{3.23}$$

$$\gamma_{N_j y} = (N_{2j} - N_{3j})(y_1 - y_4) + (N_{1j} - N_{4j})(y_3 - y_2) \tag{3.24}$$

$$\gamma_{N_j x} = (N_{2j} - N_{3j})(x_1 - x_4) + (N_{1j} - N_{4j})(x_3 - x_2) \tag{3.25}$$

と表せる.

拡散項行列 D_e

行列 D_e の i 行 j 列成分 d_{ij} は，以下のように表される（式 (2.99) 参照）．

$$d_{ij} = \frac{1}{Re} \cdot \frac{1}{6\alpha_{xy}} \Big[3\alpha_{N_iy}\alpha_{N_jy} + \beta_{N_iy}\beta_{N_jy} + \gamma_{N_iy}\gamma_{N_jy} + 3\alpha_{N_ix}\alpha_{N_jx} + \beta_{N_ix}\beta_{N_jx}$$
$$+ \gamma_{N_ix}\gamma_{N_jx} - \frac{\beta_{xy}}{\alpha_{xy}} \left(\alpha_{N_iy}\beta_{N_jy} + \alpha_{N_jy}\beta_{N_iy} + \alpha_{N_ix}\beta_{N_jx} + \alpha_{N_jx}\beta_{N_ix} \right)$$
$$- \frac{\gamma_{xy}}{\alpha_{xy}} \left(\alpha_{N_iy}\gamma_{N_jy} + \alpha_{N_jy}\gamma_{N_iy} + \alpha_{N_ix}\gamma_{N_jx} + \alpha_{N_jx}\gamma_{N_ix} \right) \Big] \tag{3.26}$$

圧力ベクトル H_{xe}，H_{ye}

H_{xe} の第 i 成分 h_{xi} と，H_{ye} の第 i 成分 h_{yi} はそれぞれ，以下のように表される（それぞれ式 (2.100)，(2.101) 参照）．

$$h_{xi} = \frac{1}{2}\alpha_{N_iy} \tag{3.27}$$

$$h_{yi} = -\frac{1}{2}\alpha_{N_ix} \tag{3.28}$$

3.4.3 流速圧力同時緩和法に基づく時間発展の計算

流速圧力同時緩和法では式 (3.5)，(3.6) を差分法に基づいて離散化し，速度の更新式を得る（それぞれ式 (2.106)，(2.107) 参照）．

$$U^{n+1} = U^n - \Delta t \bar{M}^{-1} \left\{ A(U^n, V^n) U^n - H_x P^n + DU^n - F_x \right\} \tag{3.29}$$

$$V^{n+1} = V^n - \Delta t \bar{M}^{-1} \left\{ A(U^n, V^n) V^n - H_y P^n + DV^n - F_y \right\} \tag{3.30}$$

ここで，計算を簡略化するために，質量行列 M を，対角成分に集中させた対角行列 $\bar{M}$ で近似した．$\bar{M}$ は次のように定義される．（式 (2.89) 参照）

$$\bar{M} = \{\bar{m}_i\} \tag{3.31}$$

$$\bar{m}_i = \sum_j m_{ij} \tag{3.32}$$

$\delta U = U^{n+1} - U^n$ と置き，U^n，V^n などを単に U, V と書くようにすれば，式 (3.29) は次のように書くことができる．

$$\delta U = -\Delta t \bar{M}^{-1} \left\{ A(U, V) U - H_x P + DU - F_x \right\} \tag{3.33}$$

この式のうち，節点 i に関する部分を抜き書きすると，速度 u_i の予測式は，次のように書くことができる（式 (2.112) 参照）．

$$\delta u_i = -\frac{\Delta t}{\bar{m}_i} \sum_{e \in \mathrm{surr}(i)} \left\{ A_{e,i}(U_e, V_e) U_e - H_{xe,i} P_e + D_{e,i} U_e - F_{xe,i} \right\} \tag{3.34}$$

ここで,surr(i) は,節点 i を頂点に持つような要素の集合(surrounding の意)である.また,行列ないしベクトル $\boldsymbol{A}_{e,i}(\boldsymbol{U}_e,\boldsymbol{V}_e)$,$\boldsymbol{H}_{xe,i}$,$\boldsymbol{D}_{e,i}$,$\boldsymbol{F}_{xe,i}$ は,それぞれもとの行列ないしベクトル $\boldsymbol{A}_e(\boldsymbol{U}_e,\boldsymbol{V}_e)$,$\boldsymbol{H}_{xe}$,$\boldsymbol{D}_e$,$\boldsymbol{F}_{xe}$ の行のうち,節点 i に対応する行のみを取り出したものである.Δv_i についても,同様に次式で定義する(式 (2.113) 参照).

$$\delta v_i = -\frac{\Delta t}{\bar{m}_i} \sum_{e \in \mathrm{surr}(i)} \{\boldsymbol{A}_{e,i}(\boldsymbol{U}_e,\boldsymbol{V}_e)\boldsymbol{V}_e - \boldsymbol{H}_{ye,i}P_e + \boldsymbol{D}_{e,i}\boldsymbol{V}_e - \boldsymbol{F}_{ye,i}\} \tag{3.35}$$

この式の意味するところは,各節点での速度の予測値は,その節点の周囲の要素に関する情報のみから算出できるということである.この計算方法を用いれば,全要素分の行列を重ね合わせた全体行列を登場させることなく,計算を進めることができる.

これらの式を用いて節点ごとの速度の予測値 $\tilde{u}_i$,$\tilde{v}_i$ を求める.

$$\tilde{u}_i = u_i + \delta u_i \tag{3.36}$$

$$\tilde{v}_i = v_i + \delta v_i \tag{3.37}$$

次に,この速度の予測値を出発点として判別式が許容値内に収まるまで,反復的に値を補正していく.以下の式では k は補正の回数を示す.n 回目の時間発展の計算において,第 k 次の補正が済んだ値を,個々の節点については $u_i^{n,(k)}$,$v_i^{n,(k)}$ と書き,要素単位のベクトルとしては $\boldsymbol{U}_e^{n,(k)}$,$\boldsymbol{V}_e^{n,(k)}$ とそれぞれ書くものとする.補正の起点となる値は,

$$u_i^{n+1,(0)} = \tilde{u}_i \tag{3.38}$$

$$v_i^{n+1,(0)} = \tilde{v}_i \tag{3.39}$$

である.k 回補正時点での判別式は,

$$D_e^{(k)} = \frac{1}{\Delta_e}\left[\boldsymbol{H}_{xe}^{\mathrm{T}}\boldsymbol{U}_e^{n+1,(k)} + \boldsymbol{H}_{ye}^{\mathrm{T}}\boldsymbol{V}_e^{n+1,(k)}\right] \tag{3.40}$$

で定義される(式 (2.115) 参照).

ここで,Δ_e は要素 e の面積である.この値が事前に定めた閾値 ε よりも大きい場合には,速度の予測値に対して以下の補正を行う(それぞれ式 (2.118),(2.116),(2.117),(2.119),(2.120),(2.121),(2.122) 参照).

$$\lambda_e = \frac{\Delta_e}{\Delta t\left(\boldsymbol{H}_{xe}^{\mathrm{T}}\left[\bar{\boldsymbol{M}}^{-1}\right]_e \boldsymbol{H}_{xe} + \boldsymbol{H}_{ye}^{\mathrm{T}}\left[\bar{\boldsymbol{M}}^{-1}\right]_e \boldsymbol{H}_{ye}\right)} \tag{3.41}$$

$$\Delta p_e^{(k)} = -\lambda_e D_e^{(k)} \tag{3.42}$$

$$p_e^{n+1,(k+1)} = p_e^{n+1,(k)} + \Delta p_e^{n+1,(k)} \tag{3.43}$$

$$\Delta \boldsymbol{U}_e^{n+1,(k)} = \Delta t \left[\bar{\boldsymbol{M}}^{-1}\right]_e \boldsymbol{H}_{xe} \Delta p_e^{(k)} \tag{3.44}$$

$$u_i^{n+1,(k+1)} = u_i^{n+1,(k)} + \sum_{e \in \mathrm{surr}(i)} \Delta \boldsymbol{U}_{e,i}^{n+1,(k)} \tag{3.45}$$

$$\Delta \boldsymbol{V}_e^{n+1,(k)} = \Delta t \left[\bar{\boldsymbol{M}}^{-1} \right]_e \boldsymbol{H}_{ye} \Delta p_e^{(k)} \tag{3.46}$$

$$v_i^{n+1,(k+1)} = v_i^{n+1,(k)} + \sum_{e \in \mathrm{surr}(i)} \Delta \boldsymbol{V}_{e,i}^{n+1,(k)} \tag{3.47}$$

最後に，k 回の補正の済んだ値をもって，時間発展の 1 ステップの結果とする．

$$u_i^{n+1} = u_i^{n+1,(k+1)} \tag{3.48}$$

$$v_i^{n+1} = v_i^{n+1,(k+1)} \tag{3.49}$$

速度の時間発展処理の流れをまとめる．

ステップ 1：予測値の計算

1. まず，全節点の速度の予測値を求める変数 $(u_\mathrm{next}, v_\mathrm{next})$ の値を，前ステップでの値 (u_n, v_n) にする．

2. 次に，要素ごとに，要素の隅の節点の速度の予測値への寄与を求め，それぞれの節点の $(u_\mathrm{next}, v_\mathrm{next})$ に加える．

3. 全要素分のループを終えると，各節点の $(u_\mathrm{next}, v_\mathrm{next})$ には，速度の予測値が求まる．

ステップ 2：判別式の計算と補正

1. 全節点の速度の予測値の補正値 $(du_\mathrm{next}, dv_\mathrm{next})$ の値を $(0,0)$ にする．

2. 全要素のそれぞれに関して判別式 D_e の値を算出し，閾値 ε を超える要素については，隅の節点の速度の補正値への寄与を算出し，$(du_\mathrm{next}, dv_\mathrm{next})$ に加える．判別式 D_e についてはループ処理の過程で，最大値を求める．

3. 全要素に関するループの後に判別式の最大値を調べ，それが ε を上回っている場合にはすべての節点において，速度の予測値 $(u_\mathrm{next}, v_\mathrm{next})$ に予測値の補正値 $(du_\mathrm{next}, dv_\mathrm{next})$ を加える．

補正の必要がなくなるか，補正回数が所定の上限値を超えるまでステップ 2 の処理全体を繰り返す．補正回数が上限値に達するというのは，連続の式が十分満たせるまで補正がなされなかったことを意味するのでその旨のメッセージを表示するものとする．時間発展を開始してから相当のステップ数を経過しても補正回数が上限に達する場合には計算条件の設定に問題がないか確認する．

ところで，計算のステップを見ると，変数 (u,v) の値は $(u_{\text{next}}, v_{\text{next}})$ にコピーされた後は参照されることはなく，最後には補正の済んだ値を $(u_{\text{next}}, v_{\text{next}})$ では上書きすることになるので，プログラム上の変数としては $(u_{\text{next}}, v_{\text{next}})$ を省略し，補正ループの計算も (u,v) に対して行うことができる．

3.4.4 流速圧力同時緩和法の全体の流れ

流速圧力同時緩和法では，与えられた速度場の初期値を出発点として，時間発展計算をする．実用上は以下の流れで計算を進める．

1. 計算対象領域の全節点に速度の初期値を設定する．本プログラムでは，速度の初期値を全域でゼロ，圧力の初期値も全域でゼロにする（一旦中断して，途中の計算結果を保存しておいたシミュレーション計算のリスタートや，別の解法で求めた速度場の値を初期値として用いることも考えられる）．

2. 初期値を起点として，時間発展計算を繰り返す．

3. 境界条件上の点で速度の指定がある場合には，時間発展とともに徐々に加速する．これは，速度場の初期値が全域でゼロである所に境界値の点だけ大きな値を持たせると計算が収束しにくいためである．計算条件を指定するパラメータの1つとして，加速にかける時間を与えるものとする．

3.4.5 事前計算すべきループ不変量の特定

計算の過程で登場するループ不変量について整理する．本プログラムでは，メッシュの節点の座標と，時間刻みの大きさ，レイノルズ数，のそれぞれの値がシミュレーション期間に亘って不変である．そのため，これらの値だけから求まる数値は，ループ不変量とみなすことができる．他方，速度と圧力は，時間とともに変化する量である．速度や圧力を含む式は，ループの中で計算することになるので，そのような式に登場するループ不変量が，事前に計算をして記録しておく意味のあるものである．

ループ不変量と，時間とともに変化する量の双方を含む式は，以下のものである．

1. 移流項行列 $\boldsymbol{A}_e(\boldsymbol{U}_e, \boldsymbol{V}_e)$ の算出式：式 (3.15), (3.16)

2. 速度の予測値の算出式：式 (3.36), (3.37)

3. 判別式の計算式：式 (3.42)

4. 圧力の更新量の計算式：式 (3.44)

5. 速度の修正量の計算式：式 (3.46), (3.48)

表 3.2　節点ごとのループ不変量

#	名称	値	登場箇所
1	delta_t_by_m	$\dfrac{\Delta t}{\bar{m}_i}$	式 (3.34), (3.35)

表 3.3　四角形要素ごとのループ不変量

#	名称	値	登場箇所
1	alphaNy[j], alphaNx[j], betaNy[j], betaNx[j], gammaNy[j], gammaNx[j]	$\alpha_{N_jy}, \alpha_{N_jx},$ $\beta_{N_jy}, \beta_{N_jx},$ $\gamma_{N_jy}, \gamma_{N_jx}$	式 (3.20)〜(3.25)
2	hx, hy	H_{xe}, H_{ye}	式 (3.27), (3.28)
3	d	D_e	式 (3.26)
4	hx_by_a, hy_by_a	$\dfrac{H_{xe}^{\mathrm{T}}}{\Delta_e}, \dfrac{H_{ye}^{\mathrm{T}}}{\Delta_e}$	式 (3.40)
5	lambda	λ_e	式 (3.41)
6	dt_hx_by_m, dt_hy_by_m	$\Delta t \left[\bar{M}^{-1}\right]_e H_{xe},$ $\Delta t \left[\bar{M}^{-1}\right]_e H_{ye}$	式 (3.44), (3.46)

これらの式に登場するループ不変量を表に示す.

まず，節点ごとに決まる，保存すべきループ不変量として，表 3.2 に示すものがある．それぞれ，表に示す名称で呼ぶことにする．

次に，四角形要素ごとに決まる，保存すべきループ不変量を表 3.3 に示す．

3.5　並列化の方針

3.5.1　ABMAC 法の領域分割に基づく並列化

ABMAC 法の計算の特徴として，要素ごとの計算処理の過程で必要なのは要素自身の情報と，要素の頂点となっている節点の情報，具体的には速度だけであり，周囲の要素の情報，たとえば圧力を直接参照したり更新したりする必要がないことが挙げられる．そのため，要素同士の境界で計算プロセスを分割した場合に，通信で授受が必要となるのは，境界上の節点の情報だけであり，境界に接している要素ごとの情報の授受は必要ない．そのため，比較的並列化がしやすい計算法であるといえる．

並列処理の方針としては，解析対象領域を，要素を単位として複数のプロセスに分配することが考えられる．節点のデータは，その節点が所属する要素と同じプロセスにおいて保持する．

プロセスの境界上に乗っている節点の変数については，境界の両側のプロセスの双方で重複して保持するものとする．

また，節点の速度の値を算出するために，節点の周囲の要素からの寄与を合計する必要がある．プロセス境界上の点では，境界に面している各プロセス上の要素からの寄与を相互に通信で授受することにより，合計値を算出するものとする．

3.5.2　初期データの入力方法

計算の初期データは，各プロセスで独立に，そして並行にファイルから入力するものとする．計算処理の開始時点で，各プロセスが動作する計算機上で，入力データファイルはアクセス可能になっているものとする．

3.5.3　計算結果の出力方法

計算結果として得られる速度場のデータは，各プロセスが，それぞれの担当領域に関するデータを各々独立にファイルに出力するものとする．

3.5.4　時間発展ループの計算処理の概要

ABMACの計算の中核をなす，時間発展処理の計算の手順を，変数に着目して整理した図を，図3.1に示す．

3.5.5　並列処理のシーケンス図

各プロセスの役割は，基本的に対等なものとする．たとえばファイル入力や出力に専用のプロセスを設けることはしない．繰り返し回数の判断は，それぞれのプロセスで並行に行う．特定プロセスが終了判定を行い，その結果を通信で伝達するようなことはしない．

離散化の結果必要となる要素積分値のうち，時間発展ループの途中で値が変化しないものについては，ループの手前で一度だけ計算して記録しておくものとする．

並列処理の様子を図3.2のシーケンス図に示す．

通信の形式は，図中の通信(A)〜通信(D)の4パターンが登場する．それぞれの通信内容について表3.4に示す．

52　3　ABMAC法に基づく2次元流体並列シミュレーションプログラムの設計

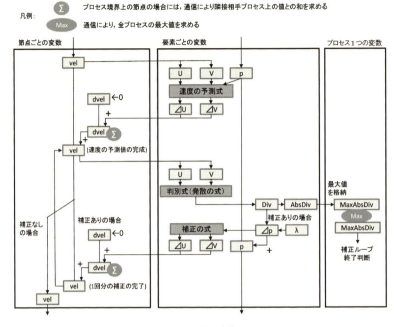

図 3.1　時間発展計算の流れ

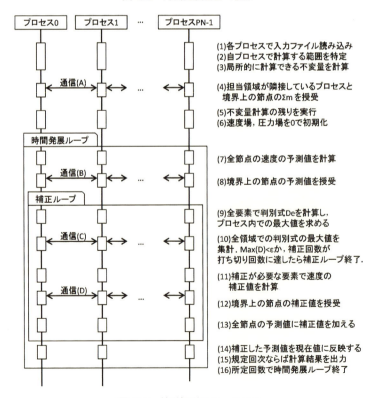

図 3.2　並列処理のシーケンス

表 3.4 通信のパターン

名前	通信の起点・終点	データ内容
通信 (A)	隣接プロセスとの送受信（相手へ送信し，相手から受信）	両プロセスの境界上の節点の質量の，送信側プロセスからの寄与分
通信 (B)	隣接のプロセスとの送受信	境界上の節点の速度の予測値の，送信側プロセスからの寄与分
通信 (C)	全プロセスから値を集め，集計結果を全プロセスに配分	各プロセスからは，プロセス内での De の最大値を送信．集計結果である全プロセスでの De の最大値を全プロセスで受信．
通信 (D)	隣接プロセスとの送受信	境界上の節点の速度の補正値の，送受信側プロセスからの寄与分

3.6　プログラムの外部仕様

プログラムの外部に見える部分の仕様は，以下のように定める．

3.6.1　入力データの検討

まず，ABMAC 法によるシミュレーション計算処理を左右する入力データをすべて列挙し，その後で，個々のデータをプログラムに与える方法を検討する．

入力データには，以下のものがある．

(1) 計算対象となる領域の形状を定義するデータ：メッシュの節点座標と，節点のグループとしての要素の定義．

(2) 流体の特性に関するデータ：今回のプログラムではレイノルズ数のみ．

(3) 境界条件の定義：境界条件となる輪郭上の点の定義と，各点での流速の定義．さらに，境界条件での流速を指定値まで加速するためにかける経過時間．

(4) 計算条件に関するパラメータ：時刻の刻み Δt と，時間発展計算の繰り返し回数を決める値（時間または回数そのもの）．

(5) 計算結果の出力方法に関するパラメータ：速度場を出力するファイルの名前と，ファイルに出力する間隔（時間発展計算を何回進めるごとにファイルに出力するか）．

本プログラムの使い方として想定するのは，同じメッシュデータに対して計算条件やパラメータを変えて何度か計算を繰り返すというものである．そのため，たとえばすべてのデータを単一のファイルに格納するよりも，値の変更の頻度やデータ量に着目して，いくつかの異なる目的のファイルに分けて格納した方がよい．

具体的には，以下の3つのファイルに分ける．

(1) **形状定義ファイル**：計算対象領域をメッシュ分割した節点の座標と要素の定義を保持する．並列計算のためには計算対象領域を，並列動作する計算プロセスの数にあわせて分割する必要がある．本プログラムでは，個々の領域単位で，計算を担当すべきプロセス番号をファイル内で指定するものとする．実装を簡単にするため，単一の形状定義ファイルの中に，全計算プロセス分のデータを格納するものとする．実行時には各計算プロセスはそれぞれ，形状定義ファイルを読み込み，自身に関係するデータだけを取り込んで計算処理する．

(2) **境界条件定義ファイル**：境界条件の形状（境界条件に属する節点）の定義と流速の定義（形式については 3.6.2 項で述べる）．

(3) **計算条件定義ファイル**：レイノルズ数 Re, Δt, T, ε などの数値のほか，他の入力ファイルの名称，出力ファイル名を記述する．

それぞれのファイルの形式について以下の各項で述べる．

3.6.2　各入力ファイルの形式

いずれの入力ファイルもテキストファイルとする．文字コードは UTF-8 とする．改行コードは Unix 形式（0x0a のみ）とする．

形状定義ファイル

形状定義ファイルの形式の説明を表 3.5 に示す．

表 3.5 において，行の先頭に位置する節点番号や，要素番号は，本来冗長なデータである．ファイルの中で何番目に登場する節点ないし要素なのかを数えればわかるためである．しかし

表 3.5　形状定義ファイルの形式

#	行に書く項目	繰り返し行数	行の内容の例
1	プロセス分割数，節点数，要素数	1	4 121 100
2	節点番号（1〜），x,y 座標	節点数分	1 0.0 0.0 2 0.0 1.1 ... 121 1.0 1.0
3	要素番号 節点番号 1，同 2,3,4，計算プロセス番号（1〜），節点の並び順は反時計回り	要素数分	1 1 2 13 12 1 2 2 3 14 13 1 ... 100 109 110 120 119 4

3.6 プログラムの外部仕様 55

表 3.6 境界条件定義ファイルの形式

#	行に書く項目	繰り返し行数	行の内容の例
1	境界条件の数	1	2
2	境界条件番号 (1〜), 境界条件上の節点の数	項番 2〜5 までを単位として境界条件の数だけ繰り返す	1 11
3	境界条件 1 番 (Γ_1) の上の節点番号	同上	1 12 23 ...100 111
4	Γ_1 上の点 (x,y) における速度の x 成分 u を与える多項式 $u = a_0 + a_1x + a_2y + a_3x^2 + a_4xy + a_5y^2$ の係数	同上	-1.0 0 -0.4 0 0 -0.04
5	Γ_1 上の速度の点 (x,y) の y 成分 v を与える多項式 $v = b_0 + b_1x + b_2y + b_3x^2 + b_4xy + b_5y^2$ の係数	同上	0 0 0 0 0 0

敢えて冗長な通し番号をファイル中に含めておけば，ファイルの読み込みの際に，プログラムで数えた通し番号とファイル中の通し番号を比較することにより，ファイルのデータ項目数に過不足がないかチェックをすることができる．

境界条件定義ファイル

境界条件定義ファイルの形式の説明を表 3.6 に示す．境界条件上の速度は，境界条件上の節点の座標の 2 次多項式で与えるものとする．これにより，たとえば Poiseille 流れを簡単に指定することができる．

計算条件定義ファイル

計算条件定義ファイルの形式の説明を表 3.7 に示す．

計算条件定義ファイルの内容の各項目は表に記載したとおりの順番でファイル内に記載するものとする．順番が間違っていたらエラーとみなして処理を直ちに中止するものとする．各行のキーワードは情報としては冗長だが，期待するキーワードが登場するかプログラムで確認することにより，ファイルの誤りを検知できるようにする．

計算条件定義ファイルのファイル名は固定ではなく，プログラムの起動時引数として渡すものとする．

3.6.3 出力データの検討

各計算プロセスはそれぞれ出力ファイルを生成する．

表 3.7 計算条件定義ファイルの形式

#	行の内容の例 太字は固定のキーワード	意味 括弧 [ ] の中は単位
1	**Re** 100	レイノルズ数 [無次元数]
2	**delta_t** 1.0e-3	Δt [無次元時間]
3	**T** 10	時間発展計算をする期間 [無次元時間]
4	**T_ramp** 1	境界条件上の速度の加速にかける経過時間 [無次元時間]
5	**N_interval** 20	計算結果の速度場をファイルに出力するインターバル [時間発展計算の回数]
6	**epsilon** 1.0e-6	反復計算終了の閾値 ε の値 [無次元数]
7	**max_corrections** 1000	反復計算の最大回数 [打ち切り回数]
8	**mesh** meshdata.txt	形状定義ファイルのパス名
9	**boundary** boundary.txt	境界条件定義ファイルのパス名
10	**outfile** output/result.%03d.%04d.txt	出力ファイルのパス名を作成するための sprintf 関数に渡すことができるパターン．並列処理のプロセスの通し番号（0〜）と，時間発展ループの回次（0〜）とを保持する整数の2つをパラメータとして含むものとする．

計算結果のビューワに用いる ParaView が，複数ファイルに分割して格納された計算結果のファイルの内容を合わせて表示する機能を持っているため，計算結果を1つのファイルにまとめるような処理はしないものとする．

出力ファイルとしては，以下の2種類を設ける．

(1) **計算結果ファイル**：計算して得られた速度と圧力の場のデータを保持したファイル．計算条件で指定された間隔の時刻ごとに，各節点での速度と，各要素での圧力の値を保持する．計算プロセスごとに独立のファイルを作成する．

(2) **デバッグログファイル**：処理の途中経過を必要に応じて記録するためのファイル．プログラムのデバッグで確認が必要となった事項を出力するものとし，バグが解決したら，その事項の出力をやめるものとする．計算プロセスごとに独立のファイルを作成する．

3.6.4 各出力ファイルの形式

出力ファイルは，入力ファイルと同様にいずれもテキストであり，文字コードは UTF-8，改行コードは Unix 形式とする．計算結果ファイルの出力形式は，ParaView での読み込みが可能で，かつ作成が簡単である vtk 形式とする．デバッグログファイルの形式は，テキストファイルである他は特に定めない．

3.6.5 実行手順

MPI を利用したプログラムの起動方法は MPI の処理系によって異なる．ここでは MPICH2 での起動方法を示す．

実行時のディレクトリ構成

並列に動作する各プロセスはそれぞれ，別個のメモリと CPU を持った独立した計算機ではあるが，ネットワークファイルシステムなどにより，同一のディレクトリをカレントディレクトリとして起動されるものとする．

入力ファイル，出力ファイルともに，計算条件定義ファイルの中で名称を指定するので，各ファイルの置き場として，固定のディレクトリ構成は仮定しない．

ただし，デバッグログファイルに関しては，固定のログサブディレクトリに出力するものとする．

ファイルの準備

まず，コンパイルして得られた abmac2d プログラムが，MPI を実行する計算機において参照可能であることを確認する．次に，MPI で実行される各プロセスが実行する際の実行ディレクトリから参照できる場所にひと通りの入力ファイルを配置する．また，出力ファイルを作成するディレクトリに書き込み権限があることを確認する．

プログラムの名称と起動パラメタ

プログラム名は abmac2d とし，コマンドライン引数は計算条件ファイル名とする．

起動するには，各 MPI の実装が規定するプログラムの起動方法による．mpich2 では，例 3.1 のようになる．

```
% mpirun -n 16 abmac2d condition_file.txt
```

例 3.1　プログラムの起動方法の例

3.7　1 つのプロセスの処理内容

各プロセスの中は単一スレッドで動作させる．これは，処理の主なループが要素に関するループであり，このループを並列化した場合に，複数の要素についての並列な処理から，共通して参照される節点が持つ変数への読み書きが起きてしまう可能性があり，タイミングによって計算結果が不正になる恐れがあるためである．

1 つのプロセスの処理の流れを PAD で図 3.3 に示す．これは，図 2.9 に，本章での検討に基づく処理ステップをいくつか加えたものである．

PAD の処理の項目のうち，補足説明のあるものを表 3.8 に示す．

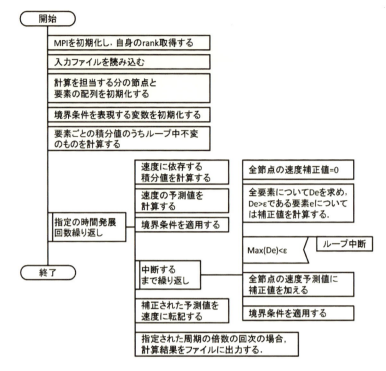

図 3.3 処理全体の PAD

表 3.8 PAD 内の項目の補足説明

PAD 内の記載	補足説明
入力ファイルを読み込む	形状定義ファイルの中には全プロセス分の節点データと要素データが含まれている．自プロセスで処理すべきものは要素データごとに指定されたプロセス番号を見て初めてわかる．
要素ごとの積分値のうちループ不変のものを計算する	この計算の途中で節点の質量の通信が必要．
境界条件を適用する	境界条件上の節点については，他の節点と同様に速度を計算した後で，境界条件によって指定された速度値で値を上書きする．

3.8　データモデル

本節ではプログラムの処理順序について述べる前にデータモデルについて検討する．

> **コラム　思いついた順序 ≠ 記載する順序**
>
> 設計を進めるときの実際の思考プロセスとしては，データモデルの設計を大まかにした後で処理シーケンスについて詳細に検討する．そのときにデータモデルの過不足に気づいたらデータモデル設計に立ち返って修正する．このような行きつ戻りつの繰り返しは避けられないものだ．しかし，文書に残す際には，このような順序はさておき，データモデルとシーケンス図それぞれをまとめておいた方が読みやすい．本書においてもそれは当てはまり，データモデルの節で述べる事項の中には，後の節で検討するシーケンス設計の過程で気づいた事項も含んでいる．

3.8.1　データモデルの設計方針

本プログラムのデータモデルの設計方針を以下に述べる．

(1) CPU キャッシュのヒット率向上を図るため，同時期にアクセスされる変数はクラスのメンバ変数にまとめる．たとえば，節点の座標データを，X 座標だけの配列，Y 座標だけの配列などに格納せずに，X，Y の双方をメンバ変数として持つクラスを設け，このインスタンスの配列を作成する．

(2) 通信処理と計算処理が互いに参照することのないクラス構造とする．
計算処理の途中で通信処理を呼び出すプログラム構造では，計算処理部分だけのテストを通信抜きで実施することができない．進行制御，計算処理，通信データ保持，通信処理の 4 つの役割のクラスを連携させるプログラム構造とすることにより，計算処理単体や通信処理単体でのテストを可能にする．

(3) 静的変数の使用は極力さける．
定数の表のようなデータ以外は，何らかのクラスのメンバ変数としてデータを保持するようにし，グローバル変数の利用は避ける．

3.8.2　行列やベクトルを保持するクラス

計算内容の特徴を考慮して，ベクトルや行列を保持する以下のクラスを設けるものとする．

表 3.9　ベクトルや行列を保持するクラス

#	クラス名	概要
1	VectorXY	成分 x,y を持つ 2 次元ベクトル．節点ごとの座標や速度の保持に用いる．
2	Vector4	4 次元ベクトル．四角形ごとの速度ベクトルや圧力ベクトルを保持するために用いる．必要に応じて節点ごとの VectorXY クラスから値の詰め替えを行う．
3	Matrix4	4×4 行列．A や D などの行列を保持するために用いる．必要な行列同士の演算や Vector4 との演算を提供する．

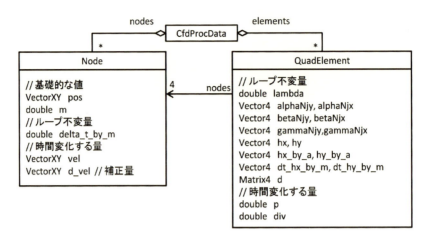

図 3.4 流体計算に直結した変数に関するクラス

表 3.10 流体計算に直結した変数に関するクラスの変数

#	クラス	変数	説明
1	CfdProcData	nodes	全節点
2	CfdProcData	elements	全四角形要素
3	Node	pos	節点の座標
4	Node	m	集中化質量の値: 式 (3.32)
5	Node	delta_t_by_m	ループ不変量: 表 3.2 #1
6	Node	vel	節点における速度
7	Node	d_vel	速度補正量の合算値: 図 3.1
8	QuadElement	lambda	式 (3.41)
9	QuadElement	alphaNjy, alphaNjx	式 (3.20), (3.21)
10	QuadElement	betaNjy, betaNjx	式 (3.22), (3.23)
11	QuadElement	gammaNjy, gammaNjx	式 (3.24), (3.25)
12	QuadElement	hx, hy	式 (3.27), (3.28)
13	QuadElement	hx_by_a, hy_by_a	ループ不変量: 表 3.3 #4
14	QuadElement	dt_hx_by_m, dt_hy_by_m	ループ不変量: 表 3.3 #6
15	QuadElement	d	拡散項行列: 式 (3.26)
16	QuadElement	p	要素の圧力
17	QuadElement	div	流速の発散: 式 (3.40)

3.8.3 計算対象データを保持するクラス

離散化方法の検討結果と直接的に結びつく変数の保持方法から設計する．プログラムでは，多数の節点と要素のデータを保持する必要がある．節点の配列や要素の配列を保持するクラスとして，1 プロセスが担当する分の計算モデルのデータを保持するクラスを設け，CfdProcData と名付ける．CfdProcData クラスに節点 Node クラスや四角形要素 QuadElement クラスの配列を保持させる．Node クラスや QuadElement クラスは，メンバ変数として状態変数のほか，

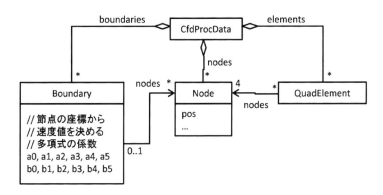

図 3.5 境界条件を表現するためのクラス

表 3.11 境界条件を表現するためのクラスの変数

#	クラス	変数	説明
1	CfdProcData	boundaries	当プロセスが接しているすべての境界
2	Boundary	a0,a1,...,a5	境界の速度定義式の係数: 表 3.6 #4
3	Boundary	b0,b1,...,b5	境界の速度定義式の係数: 表 3.6 #5
4	Boundary	nodes	境界条件上の全節点

ループ不変量（3.4.5 項参照）を保持する変数を持たせる．クラス図を図 3.4 に，各変数の説明を表 3.10 に示す．

3.8.4 境界条件を表現するための構造

境界条件上の節点については，計算される速度値を，境界条件として与えられた値で上書きする必要がある．境界条件の速度値は各境界 Γ にそれぞれ与えられる多項式で決まる．そのため，Γ ごとに，Γ に所属する節点が特定できることが必要である．そこで，Γ ごとの情報を保持するために，図 3.5 に示す Boundary クラスを設ける．図中の変数の説明を表 3.11 に示す．

3.8.5 物理計算処理と通信を分離するための構造

計算処理と通信処理を独立にテストできるようにするためのクラス構造を次に考える．計算の流れの進行制御を行うクラス（CfdDriver と名付ける）と，1 プロセス分のデータを保持して計算を行うクラス（上記の CfdProcData）と，通信データを保持するクラス（CfdCommData と名付ける），CfdCommData が保持する通信データを適切な通信相手に送り届け，逆に受信もするクラス（CfdCommunicator）の 4 者を，図 3.6 に示すように関連付ける．

3.8.6 シミュレーションパラメタを保持するクラス

シミュレーション計算条件などのパラメタはプログラムの各所で必要となるので，それらを一括して保持するクラス（Params と名付ける）を設ける．パラメタは起動時に渡される，プ

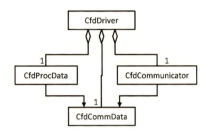

図 3.6 計算処理と通信処理を分離するための構造

ログラムから見れば固定の値である．これに対して，実行時に決まるプロセス番号や，時間発展の時刻など，プログラムの状態を保持したクラスも，プログラム各所から参照できる必要があるのでそれらを保持するクラスも設ける（Stateと名付ける）．

Params も State も CfdDriver が保持するものとする．CfdProcData や CfdCommunicator は処理を進める上で Params や State が保持するデータを必要とする．そこで，CfdDriver は CfdProcData や CfdCommunicator には，CfdDriver が保持する Params と State を指すポインタ変数を設ける．そのポインタ変数は，CfdDriver の初期化メソッドの中で，CfdDriver から CfdProcData や CfdCommunicator のメソッドを呼び出して設定する．ソースコードの概要を例 3.2 に示す．

```
// CfdDriver.h の一部
class CfdDriver {
    // CfdDriver は主要なクラスのオブジェクトを一つずつ所有する．
    Params params_; // ポインタではないことに注意
    State state_;
    CfdCommData commData_;
    CfdProcData procData_;
    CfdCommunicator communicator_;
public:
    void initialize();
};
//CfdCommData.h の一部
class CfdCommData {
    // CfdCommData は，Params,State のポインタを持つ
    Params *params_;
    State *state_;
public:
    void init(Params *params, State *state);
};
```

```cpp
// CfdDriver.cpp から抜粋
// CfdDriver クラスの計算初期化メソッド
// コンストラクタとして実装してもよいが，文法が若干難しくなる
void CfdDriver::initialize() {
    // CfdDriver はメンバ変数として，Params, State, CfdProcData,
    // CfdCommunicator, CfdCommData を持っており，それら各々の
    // 初期化メソッドを忘れずに呼び出す責任も負う．
    params_.readParameterFile(); // 計算条件ファイルを読む
    state_.initState();
    // CfdCommData の初期化には，   Params,State のアドレスが必要
    commData_.init(&params_, &state_)
    // CfdProcData の初期化には，   Params,State,CfdCommData のアドレスが必要
    procData_.init(&params_, &state_, &commData_);
    // CfdCommunicator の初期化には，Params,State,CfdCommData のアドレスが必要
    communicator_.init(&params_, &state_, &commData_);
}
// CfdCommData.cpp から抜粋
// CfdCommData の初期化メソッド
void CfdCommData::init(Params *params, State *state) {
    // CfdDriver から教えてもらった Params, State のアドレスをメンバ変数に記録しておき，
    // 以後，Params の中の値が必要となったときに，これらのポインタ経由でアクセスする．
    _params = params; // 左辺はメンバ変数，右辺はこのメソッドの引数
    _state = state;
    ...
}
```

例 3.2　初期化処理でのアドレスの伝達

インスタンスの保持関係を示したクラス図を図 3.7 に示す．どのオブジェクトも，Params, State へのポインタは持っているが，Params, State の所有権を持っているのは CfdDriver だけになっている点がポイントである．

3.8.7　送受信データを保持するクラス

プロセス間で送受信するデータを保持する CfdCommData クラスの構造を検討する．このクラスで保持する必要があるのは，複数のプロセス向けのデータである．ABMAC 法では，送信する相手となるプロセスからは，対称に，同じ個数のデータを受信する必要がある．そこで，まず通信が必要となる 1 つの相手プロセスごとの情報をクラスにまとめることにする．クラス名は，「対等な立場の相手」を意味する peer から取って，CfdCommPeerBuffer とする．各 CfdCommPeerBuffer には，通信先となる相手プロセスの rank 番号や，送信データを保持する配列，受信データを保持する配列を持たせる．

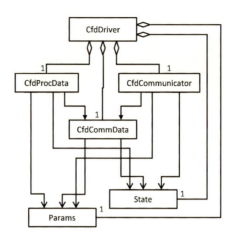

図 3.7　Params と State の保持方法

　本シミュレータで必要となる通信のパターンは既に，表 3.4 に 4 種類示した．それら 4 パターンの送受信データを CfdCommPeerBuffer ないしは CfdCommData に保持する．パターンごとに，送受信データを保持するために必要となる変数の形式を考え，表 3.12 に示す．送信と受信を並行に行うので，送信データと受信データの形式と個数が同一であっても，送信用と受信用で別の変数を用意しておく必要がある．

　表のうち，u,v の配列は，double の 1 次元配列を用いて連続する 2 つの要素を u と v に割り当てるものとする．通信 (C) のケースは全プロセスでの De の最大値を求める計算だが，特定の通信相手と送受信するわけではないので，変数は CfdCommData クラスに設ける．

　また，隣接プロセスとの通信の前後の処理を考えると，境界上の節点 (Node) のデータを送信用の配列に集めたり，逆に受信した配列の値を境界上の節点に格納したりする必要がある．そのためには，各 Peer ごとに，その Peer とデータの授受が必要となる Node の一覧が必要で

表 3.12　送受信データの保持に必要な変数

名前	送信データの内容と変数	受信データの内容と変数
通信 (A)	境界節点上の質量の寄与分 変数は質量 m の配列	相手プロセスからの寄与分 変数は質量 m の配列
通信 (B)	速度の予測値の寄与分 変数は (u,v) の配列	相手プロセスからの寄与分 変数は (u,v) の配列
通信 (C)	自プロセスの De の最大値 変数は Peer を指定せずに De が 1 つあればよい	全プロセスでの De の最大値 Peer に依存せずに De が 1 つあればよい．
通信 (D)	速度の補正値の寄与分 変数は (u,v) の配列	相手プロセスからの寄与分 変数は (u,v) の配列

3.8 データモデル 65

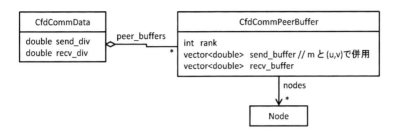

図 3.8 通信用のバッファを構成するクラス

表 3.13 通信用のバッファを構成するクラスの変数

#	クラス	変数	説明
1	CfdCommData	peer_buffers	着目プロセスと接している全プロセス分の通信用バッファ
2	CfdCommPeerBuffer	rank	相手プロセスの MPI rank 番号
3	CfdCommPeerBuffer	send_buffer	m だけ，または u と v を交互に並べて格納する送信用のバッファ
4	CfdCommPeerBuffer	recv_buffer	受信用のバッファ
5	CfdCommPeerBuffer	nodes	送受信が必要な節点へのポインタ

ある．

以上を踏まえて CfdCommPeerBuffer の形式を図 3.8 に示す．各変数の説明を表 3.13 に示す．

3.8.8 自プロセスに関係する要素と節点の範囲を特定するための変数

入力ファイルである形状定義ファイルの中には，全プロセス分の節点と要素のデータが格納されている．そのデータを全部メモリに読み込んでから，自プロセスに該当する部分を探し出す必要がある．また，隣接プロセスとの通信対象となる節点も特定する必要がある．

自プロセスが処理すべき要素の一覧は，全要素のうち，計算プロセス番号（表 3.5 参照）が自身の rank 番号と一致するものを見つけて配列に格納しておけばよい．

自プロセスが処理すべき節点は，自プロセスが処理すべき要素から 1 回でも参照されている節点である．また，通信が必要となる節点は，自プロセス上の要素と，他プロセス上の要素から同時に参照されている節点である．これら両者を特定するには，すべての要素に関するループで，4 隅の節点に参照している要素の rank 番号を記録することが考えられる．

1 つの節点が属する rank の個数は典型的には 1 つ（その節点の周囲の要素がすべて同一プロセスに属する場合）だが，最大個数は領域分割の分割方法によって変わってくる．2 次元の格子状に領域が分割されているのであれば，1 つの節点が最大で 4 つの rank から共有されることになるが，領域の鋭角部分が集中するような節点では，4 よりも高い値になる．このような場合に，必要な個数に合わせた配列を動的にメモリ割り当てすることも考えられるが，節点の個数の多さを考えると全節点に一律に動的な配列割り当てを使うことは効率的ではない．動的

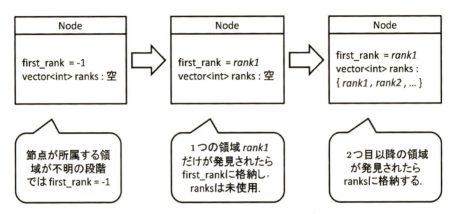

図 3.9 節点が属する rank 番号を保持するための変数

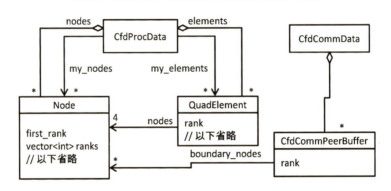

図 3.10 節点が属する rank の一覧を保持するためのクラス

メモリ割り当てを避けることを意図して，最大個数を仮定した固定長配列と，実際に使っている要素数のカウンタを設ける方法も考えられるが，その配列の中で使う要素数が典型的には 1 であることを考えると，節点の構造体領域の中に，未使用の配列要素のための領域が多く生じることになり，これはこれでメモリ効率が悪く，キャッシュヒット率にも悪影響が出かねない．そこで，必ず必要となる 1 つ目の領域の rank 番号はスカラー変数で保持し，例外的に必要となる 2 つ目以降の rank 番号を vector で保持することにし，典型ケースでは動的メモリ割り当てが生じないようにする（図 3.9）．

処理の結果特定できた要素や節点は次のように記録する．自プロセスが処理すべき要素の一覧は，CfdProcData が保持するポインタの配列 my_elements として保持する．自プロセスが処理すべき節点の一覧は，CfdProcData が保持するポインタの配列 my_nodes として保持する．他のプロセスと通信が必要となる節点は，相手プロセスごとに設ける CfdCommPeerBuffer が持つポインタの配列 boundary_nodes として保持する．以上の様子を図 3.10 に示す．各変数の説明を表 3.14 に示す．

これらを判定する処理手順は若干複雑なので，図 3.11 と図 3.12 の PAD に示す．

3.8 データモデル 67

表 3.14 節点が属する rank の一覧を保持するためのクラスの変数

#	クラス	変数	説明
1	CfdProcData	my_nodes	着目プロセスに属することが判明した節点へのポインタ
2	CfdProcData	my_elements	着目プロセスに属する事が判明した四角形要素へのポインタ
3	Node	first_rank	節点が属していることが検知された最初の rank 番号
4	Node	ranks	節点が属している全 rank 番号. rank 数が 1 のときは未使用

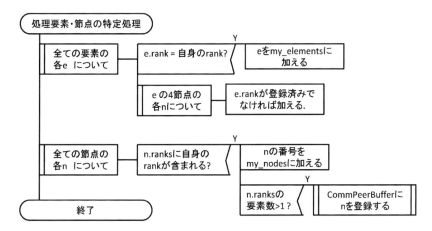

図 3.11 自プロセスで処理すべき要素と節点を特定する処理

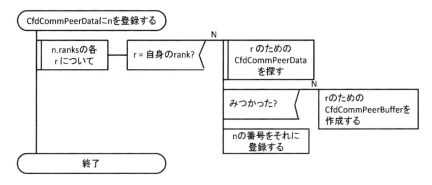

図 3.12 通信を要する節点を CfdCommPeerBuffer に記録する処理

3.9 1つのプロセスの処理シーケンス

メソッド間の呼び出しシーケンスを，初期化過程と時間発展ループに分けて示す．

シーケンス図における1つのレーンは，単一のオブジェクトを表現するため，多数のオブジェクトが存在するNodeクラスやQuadElementクラス，またCfdCommPeerBufferクラスに対するレーンは，この図では省略している．実際には，NodeやQuadElementを保持しているCfdProcDataクラスの処理の中で多数のNodeやQuadElementに対するメソッド呼び出しが行われる．

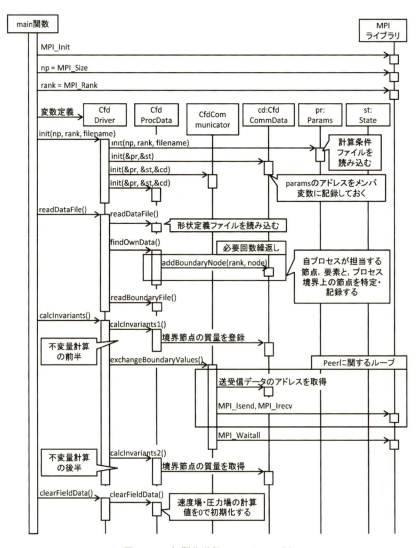

図 3.13 初期化過程のシーケンス図

3.9 1つのプロセスの処理シーケンス 69

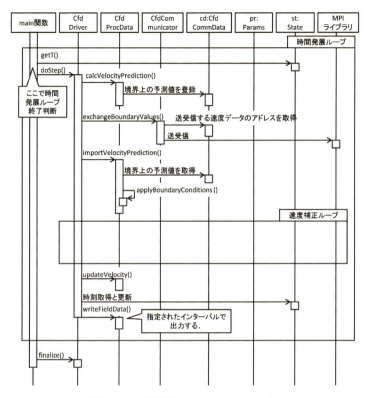

図 3.14 時間発展ループのシーケンス図

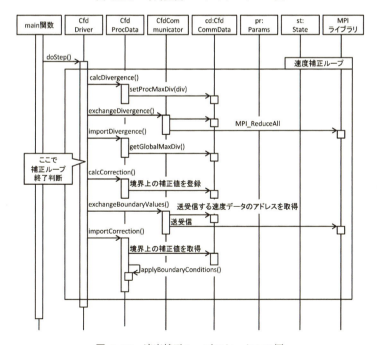

図 3.15 速度補正ループのシーケンス図

70　3　ABMAC法に基づく2次元流体並列シミュレーションプログラムの設計

3.10 クラスモデル

前節までの検討結果に基づいて，各クラスに着目したクラス図を示す．

3.10.1 CfdDriver クラス

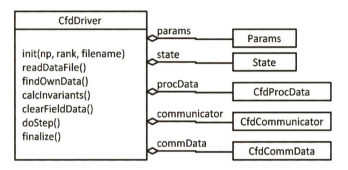

図 3.16　CfdDriver クラスの詳細

3.10.2 Params, State クラス

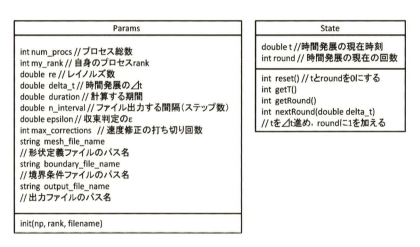

図 3.17　Params クラスと State クラスの詳細

3.10.3 CfdProcData, Node, QuadElement, Boundary クラス

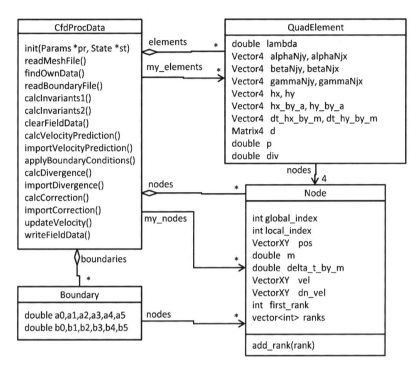

図 3.18 Node, QuadElement, Boundary クラスの詳細

3.10.4 CfdCommData, CfdCommPeerBuffer クラス

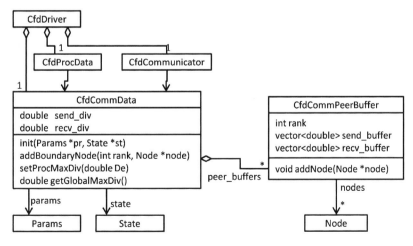

図 3.19 CfdCommData, CfdCommPeerBuffer の詳細

72   3 ABMAC 法に基づく 2 次元流体並列シミュレーションプログラムの設計

3.10.5　CfdCommunicator クラス

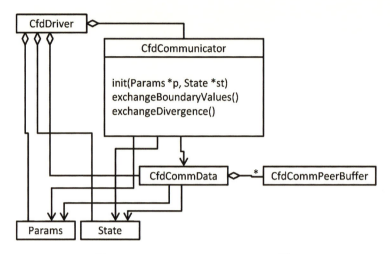

図 3.20　CfdCommunicator クラスの詳細

3.11　テスト方針

3.11.1　機能に関するテスト

1 要素内の計算処理のテスト

　まず，不変量計算処理のテスト専用のテストプログラムを作成する．テストプログラム内の配列の中にテスト用の座標データを直接記述して，それをもとに不変量の計算を実行する（図3.21）．

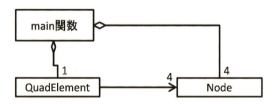

図 3.21　計算の単体テストプログラムのクラス図

　検算用のデータは，テスト対象のプログラムとは別の手段で作成し，プログラムの計算結果と照合する．検算用のデータはなるべく，プログラム作成者と別の人が用意することが望ましい．

　計算式中で乗算をしている箇所で，乗算結果がゼロになるテストデータでは，その項にかかる係数のバグ（値や符号の誤り）が埋没してしまうので，なるべく多くの乗算項が（できればすべての項が）一度は非ゼロの値をとるように，入力データを複数用意する．

入力データそのものや，途中の計算結果の線形従属性によって係数のバグが埋没したり，複数のバグが相殺したりする恐れもあるので，なるべく線形独立なテスト入力を用意する．

さらに，時間発展計算を 1 ステップ実行して途中の計算結果を表示して，検算用のデータと照合する．

ファイル読み込み，書き出しのテスト

ファイルの読み込み，書き出しに関しても，独立のテストプログラムを作成してテストする．

テスト用ファイルに対して読み込み処理を実行して，正常終了の場合にはメモリに読み込めた内容をそのまま画面に出力するテスト用プログラムを作成してテストする．テストの自動実行まではしない．

入力ファイルとしては，テストのカバレージをある程度確認できるように，以下の条件のものを用意する．

1. 正常終了する最小限のもの：要素数 2，節点数 6，領域数 2．

2. ファイル名間違いのもの：計算条件ファイルそのものの指定間違いや，計算条件ファイルから参照しているほかのファイルが指定間違いの場合．

3. ファイル形式がおかしいもの：設定ファイルで行が抜けている場合，余分な行がある場合．

ファイルの出力のテストとしては，ダミーの計算結果データを作成してファイル出力を実行し，期待する形式のファイルが作成されることを確認する．

計算処理のみのテスト

通信に関する処理を #ifdef によってすべて抜き取った版をコンパイルし，入力データとして，全要素が rank0 に属するようなデータを与えて単一プロセスとして実行してテストする．これにより，ABMAC 法の計算処理の正しさを確認する．

通信処理のテスト

CFD 計算はせずに，テスト用データの通信のみを行うテストプログラムを作成し，MPI を実際に用いて，数プロセス間で通信をさせる．

通信が成り立つ最小のプロセス数は 2 だが，それでは通信相手が 1 つしか登場しないので，3 プロセス間で通信をさせる．テストプログラムは CfdCommunicator，CfdCommData，Params の各クラスを直接操作して通信を実行させ，受信できたデータを表示する．

テスト用の送受信データは，受信元のプロセス番号がわかるようなものを用いる．送受信データの個数はテストプログラムの等値クラスを考慮して境界値に着目して設定する．個数の最大値は必ずしも理論的な最大値である必要はなく，プログラムで動作確認範囲とする最大値を，仕様として決めて，その範囲を確認すればよい．

3.11.2 性能に関するテスト

性能に関するテストとしては，処理方式から期待される性能特性を考察しが達成できているかどうかを検証する．

本章では具体的な確認項目の例示は省略するが，検証したい性能特性を確認するために複数の計算条件で処理時間を実測し，期待される傾向が観測されるか否かを確認する．期待とずれた傾向が見られた場合には，原因を考察する．

3.12 プログラムソースのディレクトリ構造

プログラムソースのディレクトリ構造を表 3.15 に示す．

表 3.15 ソースのディレクトリ構造

パス名	説明
./include	ヘッダファイルのディレクトリ
./include/CfdDriver.h など	クラスごとのヘッダファイル
./src-nompi	通信が不要なクラスのソースファイルのディレクトリ
./src-nompi/QuadElement.cpp など	通信が不要なクラスのソースファイル
./src-mpi	通信が必要なクラスのソースファイルのディレクトリ
./src-mpi/CfdCommunicator.cpp など	通信が必要なクラスのソースファイル
./out	コンパイル出力（オブジェクトファイルと実行形式ファイル）の格納ディレクトリ
./out/ARCH	CPU アーキテクチャ別のディレクトリ．ARCH は i386, x64 や SPARC など，コンパイル環境に合わせてつける．
./out/ARCH/Debug	アーキテクチャ別のデバッグ版コンパイル出力ファイル格納ディレクトリ
./out/ARCH/Release	アーキテクチャ別のリリース版コンパイル出力ファイル格納ディレクトリ
./docs	ドキュメント格納ディレクトリ
./Makefile.common	アーキテクチャ別の Makefile からインクルードされる共通の Makefile
./Makefile.ARCH	アーキテクチャ別の Makefile．中ではアーキテクチャ特有のパラメタを設定して Makefile.common をインクルードする．
./README	プログラムの目的と，コンパイル方法，実行方法が簡単に書かれたファイル

上記のディレクトリ構造の設計に当たっては，以下の点に留意している．

- プログラムの設計上，通信を必要とする部分と不要な部分を明確に分けているので，ソースの格納ディレクトリを分ける．Makefile の中では，このディレクトリの違いに基づいてコンパイルオプションを切り替える．

- 利用する計算機の環境によっては，仕様の異なる CPU の計算機が並存することがあるため，CPU アーキテクチャごとのディレクトリを設ける．

- デバッグ段階と実際の計算に供する段階とでは，コンパイルオプションを変えたいため，それぞれ Debug 版，Release 版として別の出力ディレクトリを設ける．

3.13　コンパイル手順

コンパイルには make を用いる．複数の CPU アーキテクチャに合わせてコンパイルオプションを切り替える工夫として，Makefile をアーキテクチャ別の Makefile である Makefile.ARCH と，アーキテクチャ間共通の Makefile である Makefile.common とに分ける．make の実行時には make –f Makefile.i386 のように明示的に利用する Makefile.ARCH を指定するか，シンボリックリンクを用いて，Makefile というリンク名で，当面作業する Makefile.ARCH を指すようにする．

Makefile.common には，表 3.16 に示すターゲットを作成する．

表 3.16　ターゲット一覧

ターゲット名	機能
release	Release 版のコンパイルオプションでコンパイルする
debug	Debug 版のコンパイルオプションでコンパイルする
clean	コンパイルの出力ファイルをすべて消去する

参考文献

[1] 佐藤文俊・加藤千幸 編．ソフトウェア開発入門――シミュレーションソフト設計理論からプロジェクト管理まで，第 I 部第 8 章，東京大学出版会，2014．

[2] ParaView, http://www.paraview.org

4 分子動力学シミュレーション

4.1 基礎

4.1.1 分子動力学シミュレーションとは

　黎明期の分子シミュレーションでは多くは簡潔な系ではあったが，Alder 転移 [1,2] のような統計物理学として重要な発見がなされ，コンピュータとともに発展してきた．さまざまな物質に適用されるようになり，今日ではタンパク質のような複雑な系の解析手段にもなっている．これらを実現するソフトウェアの実行処理の高速化はますます要求されるようになっている．

　シミュレーション対象である物質を構成する分子レベルの振る舞いは，私たち人間の感覚からして非常に微細なものである．この微視的状態は量子力学で記述することができる．この微視的状態と実験で観測される物質のマクロな性質を結びつけるのが統計力学である．物質科学では，実験と理論的な知識から微視的状態を説明しうる分子モデルを構築し，統計力学を用いて物質のマクロな性質を見積もってきた．そして，実験と比較し，より的確な分子モデルへ改良してきた．このサイクルから，より深い理解と更なる物質開発を導いてきた．この科学進歩において，分子モデルの的確さと統計力学的解析の正確さは要となる．

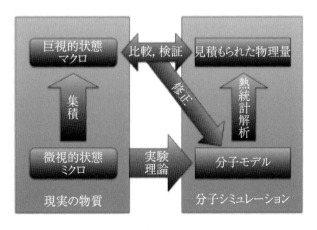

図 4.1　分子シミュレーションと現実の物質との関係図

分子シミュレーションは物質の物理的および化学的研究の重要な手法となっている．分子モデルの支配方程式を解析的に解く代わりに，コンピュータを使って運動方程式を数値積分して微視的状態の時系列を再現し，力学量の時間平均等の熱統計解析をするのが分子動力学シミュレーションである．一方，統計力学に則って微視的状態を確率的に生成し，力学量の集団平均等の熱統計解析をするのがモンテカルロシミュレーションである．この両者は互いに検証し合う関係にある．

分子動力学シミュレーションは系の微視的状態の時系列を再現するために，初学者には比較的受け入れやすい手法であろう．本章では，分子動力学シミュレーションの設計および実装の能力を獲得することを目的として，その理論の解説を行う．

4.1.2 Newton の運動方程式

N 個の粒子で構成される質点系を考える．それぞれの粒子の質量は m_i $(i = 1, 2, \cdots, N)$ とする．粒子 i の位置座標を $\boldsymbol{r}_i$，運動量座標を $\boldsymbol{p}_i$ と表すと，系全体のエネルギーはハミルトニアン

$$H = H(\boldsymbol{p}_1, \boldsymbol{p}_2, \cdots, \boldsymbol{p}_N, \boldsymbol{r}_1, \boldsymbol{r}_2, \cdots, \boldsymbol{r}_N) = K(\boldsymbol{p}_1, \boldsymbol{p}_2, \cdots, \boldsymbol{p}_N) + U(\boldsymbol{r}_1, \boldsymbol{r}_2, \cdots, \boldsymbol{r}_N) \quad (4.1)$$

で与えられる．ここで，K は系全体の運動エネルギーであり，

$$K = K(\boldsymbol{p}_1, \boldsymbol{p}_2, \cdots, \boldsymbol{p}_N) = \sum_{i=1}^{N} \frac{p_i^2}{2m_i} \quad (4.2)$$

と与えられる．U はポテンシャルエネルギーであり，4.1.4 項で説明する．

このような系において粒子 i の Newton の運動方程式は

$$m_i \frac{d^2 \boldsymbol{r}_i}{dt^2} = \boldsymbol{f}_i \quad (4.3)$$

である．位置座標の時間 2 階微分である加速度と力を結びつけている．ここで，$\boldsymbol{f}_i$ は粒子 i に働く力で，ポテンシャルエネルギーを微分することで得られる．

$$\boldsymbol{f}_i = -\nabla_i U(\boldsymbol{r}_1, \boldsymbol{r}_2, \cdots, \boldsymbol{r}_N) \quad (4.4)$$

すなわち，Newton 方程式はポテンシャル場 U の中を質量 m_i の粒子がどのように振る舞うか（運動するか）を定めた微分方程式である．粒子系の分子動力学シミュレーションはこの Newton 方程式を数値的に解く（積分する）ことにより，目的を成し遂げる．

4.1.3 分子モデル

分子モデルの決定の仕方には原則があるわけではない．端的に言えば，分子モデルは一種の人工的デザインである．実験や理論との比較により，その分子モデルの有用性が確認される．

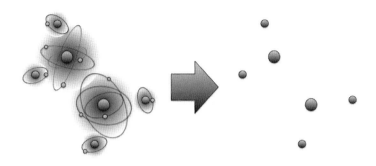

図 4.2 量子力学的モデルから古典分子モデルへのイメージ

一般に，分子のような微視的実体を記述するときには，それを構成する原子核や電子を量子力学的に記述する．このような微細粒子で構成された系は Schrödinger 方程式で記述できる．これは基礎となる分子モデルと言えよう．この段階で有用な近似が Born–Oppenheimer 近似である．この近似により原子核と電子の運動方程式に分割できる．電子の速い運動は平均化され，原子核の周りを取り巻く電子分布として記述できる．その結果，系の微視的状態を表現する変数は原子核の位置座標と運動量座標のみとなる．電子の影響は，原子核間の相互作用を記述するポテンシャルに包括される．

原子核間の相互作用を決定する電子状態は，電子の空間スピン座標と運動量座標を変数とした Schrödinger 方程式を解くことで決定され，その計算は量子化学計算と言われる．原子核配置に対する量子化学計算を遂行し，その相互作用における原子核の動きを再現するのが，第一原理分子動力学シミュレーションと言われるものである．現在，この手法が，低分子系のみならず，タンパク質のような複雑な系でも適用されつつある．

しかしながら，第一原理分子動力学シミュレーションは膨大な計算時間がかかるのが実情であり，より近似を導入した古典分子力場を導入するのが今日でも一般的である．この分子力場では，原子核1つ1つが粒子1つ1つに対応する必然性はなく，更に粗視化して，複数の原子核をまとめて代わりとなる1粒子を設定して，その粒子群で微視的状態を表現したりもする．

4.1.4 Lennard–Jones ポテンシャル

古典分子力場は，粒子の位置座標を変数とした簡易なポテンシャル関数で表現される．系に含まれる粒子数を N として，各粒子 i の位置座標を $\boldsymbol{r}_i$ とすれば，ポテンシャルエネルギーは，

$$U(\boldsymbol{r}_1, \cdots, \boldsymbol{r}_i, \cdots, \boldsymbol{r}_N) \\
= \sum_{i=1}^{N} u_1(\boldsymbol{r}_i) + \sum_{i=1}^{N}\sum_{j>i}^{N} u_2(\boldsymbol{r}_i, \boldsymbol{r}_j) + \sum_{i=1}^{N}\sum_{j>i}^{N}\sum_{k>j}^{N} u_3(\boldsymbol{r}_i, \boldsymbol{r}_j, \boldsymbol{r}_k) + \cdots \quad (4.5)$$

と表現できる．第1項目は1体ポテンシャルであり，外場に相当する．第2項目は2体ポテンシャルであり，分子力場を特徴付ける最重要項にあたる．以降の項は3体ポテンシャル，4体

ポテンシャル，と続く．

一般に，2体ポテンシャルは2つの粒子の距離の関数で表され，距離 r の逆数のべき乗 λr^{-n} や指数関数 $\exp(-\alpha r)$ の和で表されたりする．粒子間のポテンシャル関数で代表的なものが，Lennard–Jones12-6 ポテンシャル，

$$u^{\mathrm{LJ}}(r) = 4\varepsilon\left(\left(\frac{\sigma}{r}\right)^{12} - \left(\frac{\sigma}{r}\right)^{6}\right) \tag{4.6}$$

である．ここで，r は2つの粒子間距離 $r = |r_i - r_j|$ であり，ε はエネルギーの次元を持ったパラメータで，σ は長さの次元を持ったパラメータである．Lennard–Jones ポテンシャルは希ガスなどの物性を再現する素朴な力場であるが，生体分子のような複雑な系の分子力場の一部を担う重要なポテンシャル関数でもある．式 (4.6) の第2項である距離の6乗に反比例した相互作用は，量子力学を用いて解析的に導き出すことができる分散力（London 力）と言われる引力である．一方，第1項は粒子間の斥力を表すものであるが，12乗という数字は解析的に導き出されたわけではない．第2項で計算される6乗を2乗すれば得られるという計算上の扱いやすさから選ばれている．

図 4.3 に Lennard–Jones12-6 ポテンシャルの形が示してある．2つの粒子が接近している距離では斥力が働き，σ の距離でポテンシャルエネルギーは0となる．$2^{1/6}\sigma$ の距離で極小値 $-\varepsilon$ となり，更に離れれば引力となる．無限遠でポテンシャル値は0となる．距離が離れるにつれて急激に0へ近づくため，十分に離れた粒子間では相互作用は働いていないと見なせる．

式 (4.6) は同種の粒子間の相互作用を表すポテンシャル式であるが，その2つのパラメータ ε と σ の値は粒子の種類で決まる．異種間でのパラメータ値は，一般に，次の2式，

$$\varepsilon_{\alpha\beta} = \sqrt{\varepsilon_\alpha \varepsilon_\beta} \tag{4.7}$$

$$\sigma_{\alpha\beta} = \frac{\sigma_\alpha + \sigma_\beta}{2} \tag{4.8}$$

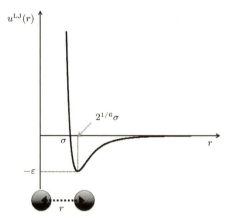

図 4.3　Lennard–Jones12-6 ポテンシャル

で決定される．式 (4.7) は Berthelot 則と言われ，式 (4.8) は Lorentz 則と言われる．

異種間のパラメータ値は事前に計算しておくことができる．また，いくつかの分子動力学シミュレーションパッケージでは，式 (4.6) を変形して，

$$u_{ij}^{\mathrm{LJ}}(r_{ij}) = \frac{A_{ij}}{r_{ij}^{12}} - \frac{B_{ij}}{r_{ij}^{6}} \tag{4.9}$$

の形式を採用している．

一般に，Lennard–Jones ポテンシャルのように，距離の逆数に対するべき数が空間次元数 3 より大きい相互作用を短距離相互作用という．多粒子系における相互作用の導出には，数学的には全空間積分が必要となるが，短距離相互作用は長距離では実質的にポテンシャルエネルギーは 0 と見なせるため，カットオフ半径が導入され，計算量を減らすことが行われる．

4.1.5 運動方程式の数値積分

Verlet の差分方程式

式 (4.3) のままでは数値的に解くことができない．数値計算のために，連続的な運動方程式を差分方程式に変形していく．差分方程式では，無限微小時間 dt が有限な時間刻み Δt となる．分子動力学シミュレーションではこの時間刻み分の時間を 1 ステップと数える．適切な時間刻みの大きさの決定は温度や密度などに依存するが，すべての原子を明示的に再現した生体分子系などでは 1～2 fs の値が設定される．高温な粒子系ではより細かな時間刻みが設定されることもある．ステップを積み重ねることでシミュレーションは進むが，今日では膜タンパク質のような巨大な系でも数ナノ秒から数マイクロ秒という長時間シミュレーションが実行される．

運動方程式の数値計算手法には様々なものがあるが，分子動力学シミュレーションでは，一般に，計算量が少なく高速に計算できるアルゴリズムが好まれる．ただし，シミュレーションが安定的であることも必須であり，具体的には，長時間のシミュレーションでも系の保存量が一定値に留まることが望まれる．

今日の分子動力学シミュレーションでよく採用されるアルゴリズムが Verlet の方法 [3] である．まず，Verlet のオリジナルの差分方程式から導出しよう．時刻 $t + \Delta t$ と時刻 $t - \Delta t$ の位置座標を Taylor 展開する．

$$\begin{aligned} \boldsymbol{r}_i(t + \Delta t) &= \boldsymbol{r}_i(t) + \Delta t \frac{d\boldsymbol{r}_i(t)}{dt} + \frac{\Delta t^2}{2} \frac{d^2\boldsymbol{r}_i(t)}{dt^2} + \cdots \\ &= \boldsymbol{r}_i(t) + \Delta t \, \boldsymbol{v}_i(t) + \frac{\Delta t^2}{2m_i} \boldsymbol{f}_i + O(\Delta t^3) \end{aligned} \tag{4.10}$$

$$\begin{aligned} \boldsymbol{r}_i(t - \Delta t) &= \boldsymbol{r}_i(t) - \Delta t \frac{d\boldsymbol{r}_i(t)}{dt} + \frac{\Delta t^2}{2} \frac{d^2\boldsymbol{r}_i(t)}{dt^2} - \cdots \\ &= \boldsymbol{r}_i(t) - \Delta t \, \boldsymbol{v}_i(t) + \frac{\Delta t^2}{2m_i} \boldsymbol{f}_i + O(\Delta t^3) \end{aligned} \tag{4.11}$$

この Taylor 展開では，加速度を Newton の方程式 (4.3) を用いて，力に書き換えている．これら式 (4.10) と式 (4.11) を足し合わせて，変形すれば，

$$\boldsymbol{r}_i(t+\Delta t) = 2\boldsymbol{r}_i(t) - \boldsymbol{r}_i(t-\Delta t) + \frac{\Delta t^2}{m_i}\boldsymbol{f}_i(t) + O\left(\Delta t^4\right) \tag{4.12}$$

が得られる．時刻 t と時刻 $t-\Delta t$ の位置座標および時刻 t の力から時刻 $t+\Delta t$ の位置座標が決定できる．各時間の力はそれぞれの位置座標のポテンシャルの微分から求められる．

一方，式 (4.10) と式 (4.11) の差を取って，変形すれば，

$$\boldsymbol{v}_i(t) = \frac{1}{2\Delta t}\left\{\boldsymbol{r}_i(t+\Delta t) - \boldsymbol{r}_i(t-\Delta t)\right\} + O\left(\Delta t^3\right) \tag{4.13}$$

速度を導出する式が得られる．ただし，時刻 t の速度を得るために時刻 $t+\Delta t$ の位置座標が必要となり，同時刻の位置座標と速度座標が必要な場合にはコードの実装において比較的に不都合ではある．

速度 Verlet の差分方程式

Verlet の方法にはオリジナル以外に 3 つの改変した差分方程式がある．その中でポピュラーなものが速度 Verlet 差分方程式である．

速度 Verlet の位置座標の差分方程式は単純に Taylor 展開式である．

$$\boldsymbol{r}_i(t+\Delta t) = \boldsymbol{r}_i(t) + \Delta t\,\boldsymbol{v}_i(t) + \frac{\Delta t^2}{2m_i}\boldsymbol{f}_i(t) + O\left(\Delta t^3\right) \tag{4.14}$$

この差分式であれば，同時刻の位置座標，速度座標，そして力から次の時刻の位置座標が決定できる．ただし，速度座標の導出が必然となる．

まず，式 (4.14) とは時刻が異なる位置座標の Taylor 展開を書き出す．

$$\boldsymbol{r}_i(t) = \boldsymbol{r}_i(t+\Delta t - \Delta t) = \boldsymbol{r}_i(t+\Delta t) - \Delta t\,\boldsymbol{v}_i(t+\Delta t) + \frac{\Delta t^2}{2m_i}\boldsymbol{f}_i(t+\Delta t) + O\left(\Delta t^3\right) \tag{4.15}$$

次に，式 (4.14) と式 (4.15) を足し合わせて変形すれば，

$$\boldsymbol{v}_i(t+\Delta t) = \boldsymbol{v}_i(t) + \frac{\Delta t}{2m_i}\left\{\boldsymbol{f}_i(t+\Delta t) + \boldsymbol{f}_i(t)\right\} + O\left(\Delta t^3\right) \tag{4.16}$$

が得られる．同時刻の速度座標と力，および，次の時刻の力で次の時刻の速度が決定される．式 (4.14) と式 (4.16) が速度 Verlet の差分方程式になる．

式 (4.14) と式 (4.16) を見る限りでは，速度 Verlet の利点がわからないであろう．また，計算誤差を考慮するとコードの実装には少し工夫が必要である．実際の速度 Verlet の実装では，更なる式変形を行ったものが採用される．速度更新の差分式である式 (4.16) を 2 段階に分割する．

$$\boldsymbol{v}'_i\left(t+\Delta't/2\right) = \boldsymbol{v}_i(t) + \frac{\Delta t}{2m_i}\boldsymbol{f}_i(t) \tag{4.17}$$

$$\boldsymbol{v}_i(t+\Delta t) = \boldsymbol{v}'_i\left(t+\Delta't/2\right) + \frac{\Delta t}{2m_i}\boldsymbol{f}_i(t+\Delta t) \tag{4.18}$$

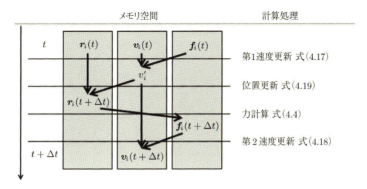

図 4.4 速度 Verlet 法の処理の様子

時間刻み Δt の半分の時間が進んだかのような表記をしたが，$v'_i\left(t + \Delta' t/2\right)$ は一時的な速度次元を持った暫定値に過ぎない．これを用いて，式 (4.14) を書き換える．

$$r_i(t + \Delta t) = r_i(t) + \Delta t\, v'_i\left(t + \Delta' t/2\right) \tag{4.19}$$

式 (4.17)，式 (4.18)，そして，式 (4.19) の3つの式，および，力計算の式 (4.4) で実際の速度 Verlet 差分方程式は実装される．

では，速度 Verlet の手順を説明していく．メモリ空間には全粒子の位置座標，速度座標，および，力の配列が用意される．前提条件として，同時刻の位置座標 $(r_1, r_2, \cdots, r_N)$，速度座標 $(v_1, v_2, \cdots, v_N)$，そして，力 $(f_1, f_2, \cdots, f_N)$ が求まっているとする．

まず，第1段階の速度更新を式 (4.17) にならって実行する．図 4.4 の第1速度更新処理にあたる．速度座標と力の値を使って，速度座標が書き換えられる．次に，式 (4.19) にならって，位置座標を更新する．位置座標と速度座標の値を使って，位置座標が書き換えられる．この時点で，次の時刻 $t + \Delta t$ の位置座標 $r_i(t + \Delta t)$ が確定する．その位置座標を用いて，力 $f_i(t + \Delta t)$ を計算して，力を書き換える．最後に，第2段階の速度更新を式 (4.18) にならって実行する．これで，次の時刻の位置座標，速度座標，および力が揃う．この一連の過程を繰り返していけば，系は時間発展していく．

式 (4.17) から式 (4.19) を眺めてわかるように，速度 Verlet 法はパラメータ値を座標にかけ算して，座標の足し算をしているだけである．更に注意すべきことに，式 (4.17) と式 (4.18) は時刻が異なっているだけで，計算処理はまったく同じである．また，この数値計算過程では桁落ちなどが比較的少なく，さらに，保存量の保存性も高い．これらの理由からポピュラーなアルゴリズムになったのであろう．

4.1.6 周期境界条件

分子1つだけをシミュレーションする場合は系の空間は無限遠に広がっていても構わないが，溶液や結晶などの多分子を取り扱うときには系の空間を限定する．この空間の限定のことを境

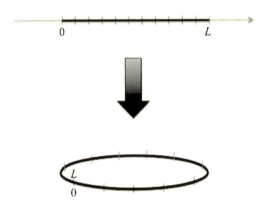

図 4.5　1 次元領域の周期境界条件のイメージ

界条件という．分子シミュレーションでは周期境界条件 PBC(Periodic Boundary Condition) がよく適用される．

まず，簡単な 1 次元領域の場合を考察する．粒子 i が原点 0 から L までの間にしか存在できないとする．すると，その位置座標 x_i は

$$0 \leq x_i < L \quad i = 1, \cdots, N \tag{4.20}$$

を満たす．周期境界条件では境界である 0 と L の位置を連結する．図 4.5 が示すように，両端のある線分の領域から端のない輪のような領域になる．粒子は輪っかの線分上のみに存在できることになる．端であった 0 または L の位置に壁などはない．他の位置と何ら変わりない位置となる．

線分上にあった粒子が 0 から L の方向へ移動していき L の位置を越えた瞬間に，0 の位置を越えて移動していく．また逆に，L から 0 の方向へ移動していき 0 の位置を越えた瞬間に L の位置を越えて移動していく．実質，粒子はまるで境界のない無限に広がる領域の中のように振る舞うことができる．

周期境界条件を課したからといって，空想的な領域を定義しているわけではない．たとえば，地球の表面は周期境界条件が課された 2 次元の領域である．地球の表面に領域的な端はない．

次に，3 次元の場合を考えよう．系の空間は大きさが (L_x, L_y, L_z) の直方体であるとしよう．系に含まれる粒子はこの直方体の中のみに存在できる．すると，粒子 i の位置座標 $\boldsymbol{r}_i = (x_i, y_i, z_i)$ は

$$\begin{cases} 0 \leq x_i < L_x \\ 0 \leq y_i < L_y \quad i = 1, \cdots, N \\ 0 \leq z_i < L_z \end{cases} \tag{4.21}$$

を満たす．周期境界条件を課した場合，3 つの各軸方向について粒子は 1 次元の場合と同じように振る舞う．系の空間である直方体の面（壁）の影響は受けない．ただし，領域を仕切って

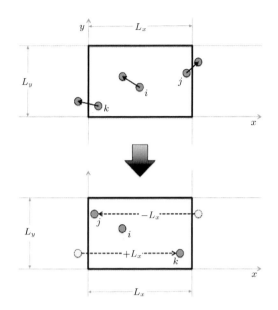

図 4.6 周期境界条件が課せられた 2 次元領域における座標の修正例

いる直方体の面の影響がないだけであって，系の空間は有限である．その系の体積はその直方体の体積

$$V = L_x \times L_y \times L_z \tag{4.22}$$

となる．

実際のシミュレーション中での粒子の移動における処理について考えてみよう．ある時間 t に粒子 i は位置 $\boldsymbol{r}_i(t)$ にあったとしよう．時間刻み Δt の間にある変化分 $\Delta \boldsymbol{r}_i = (\Delta x_i, \Delta y_i, \Delta z_i)$ 移動したとしよう．つまり，位置 $\boldsymbol{r}_i(t+\Delta t) = \boldsymbol{r}_i(t) + \Delta \boldsymbol{r}_i$ に移動したとする．このとき，粒子は系の空間である直方体の外に出てしまっている可能性がある．その判断と位置修正を行わなければならない．x 成分のみについて書き出すと，

$$\begin{aligned}&x_i(t+\Delta t) = x_i + \Delta x_i < 0 \text{ ならば } x_i(t+\Delta t) \leftarrow x_i(t+\Delta t) + L_x, \\ &x_i(t+\Delta t) = x_i + \Delta x_i \geq L_x \text{ ならば } x_i(t+\Delta t) \leftarrow x_i(t+\Delta t) - L_x\end{aligned} \tag{4.23}$$

となる．y 成分，z 成分も同じように修正がなされる．

図 4.6 では周期境界条件における粒子の座標修正の様子が示してある．わかりやすさのために 2 次元領域の場合で表している．粒子 i は移動後も系の領域内にいるために修正されない．粒子 j は移動後の座標の x 成分は L_x を超えているので，その座標の x 成分は L_x 差し引かれる．逆に，粒子 k は移動後の座標の x 成分が原点より低くなっているので，その座標の x 成分は L_x 足し合わせられる．

このような境界における粒子の調査および修正は，粒子の位置座標更新がなされるたびに必

ず実行されなければならないわけではない．また，生体分子のような粒子が結合されているような系の場合，分子単位で移動の修正がなされたりする．

4.1.7 周期境界条件下での相互作用の取り扱い

分子シミュレーションでは粒子間の相互作用を計算するが，周期境界条件下では粒子間距離の取り扱いに注意が必要である．

系の領域を示す直方体を基本ボックスと呼ぼう．この中に系に属する粒子すべてが実体として存在している．周期境界条件下では x, y, z 軸方向の2つの境界面がそれぞれ結合したことになっている．ここで，この実体ある基本ボックスに対して，基本ボックスのコピーをイメージボックスと呼ぼう．周期境界条件は基本ボックスのコピーであるイメージボックスが軸方向に平行移動して，無限に広がる格子状の構造になっていることに等しい．

図 4.7 に2次元の場合のイメージ図を示した．黒色は基本ボックスを，灰色はイメージボックスを示す．2次元では基本ボックスの近傍に8個のイメージボックスが隣接するが，3次元では 26 個のイメージボックスが隣接することになる．

基本ボックス内の粒子（分子）は同じ基本ボックス内の粒子と相互作用するが，イメージボックス内の粒子とも相互作用する．図 4.7 にある矢印は相互作用の様子を表している．

イメージボックスは無限にあり，イメージボックス内の粒子は基本ボックス内の粒子の状態とまったく同じである．基本ボックスの基準点を原点 0 とするならば，イメージボックスを含めた各ボックスの基準点は

$$\boldsymbol{R_\eta} = \begin{pmatrix} R_{\eta,x} \\ R_{\eta,y} \\ R_{\eta,z} \end{pmatrix} = \begin{pmatrix} L_x \eta_x \\ L_y \eta_y \\ L_z \eta_z \end{pmatrix}, \quad \boldsymbol{\eta} = \begin{pmatrix} \eta_x \\ \eta_y \\ \eta_z \end{pmatrix} = 0, \pm 1, \pm 2, \cdots \tag{4.24}$$

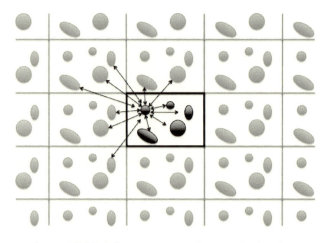

図 **4.7** 2次元の周期境界条件における1つの粒子に対する相互作用のイメージ

となる. ここで, $\boldsymbol{\eta} = (0,0,0)$ のときは基本ボックスの基準点を表し, それ以外はイメージボックスの基準点を表す. すると, 各ボックス内の粒子の座標は

$$\boldsymbol{r}_{i,\boldsymbol{\eta}} = \boldsymbol{R}_{\boldsymbol{\eta}} + \boldsymbol{r}_i \tag{4.25}$$

となる.

N 個の粒子系の一般的なポテンシャルエネルギーは式 (4.5) に示したが, 周期境界条件が課せられた場合,

$$U(\boldsymbol{r}_1, \cdots, \boldsymbol{r}_N) = \sum_{i=1}^{N} u_1(\boldsymbol{r}_i) + \sum_{i=1}^{N} \sum_{\boldsymbol{\eta}}^{\infty} \sum_{j=1,\,j>i}^{N} u_2(\boldsymbol{r}_i, \boldsymbol{r}_{j,\boldsymbol{\eta}})$$
$$+ \sum_{i=1}^{N} \sum_{\boldsymbol{\eta}}^{\infty} \sum_{j=1,\,j>i}^{N} \sum_{\boldsymbol{\zeta}}^{\infty} \sum_{k=1,\,k>j}^{N} u_3(\boldsymbol{r}_i, \boldsymbol{r}_{j,\boldsymbol{\eta}}, \boldsymbol{r}_{k,\boldsymbol{\zeta}}) + \cdots \tag{4.26}$$

となる. ただし, 第2項の j についての和は基本ボックスでは $j > i$ という条件であるが, イメージボックスでは $j = 1$ から始まり, すべての粒子について和をとる. 同じく, 第3項についても j と k の和の取り方が, 基本ボックスとイメージボックスとでは異なる. 式 (4.26) では無限に広がるイメージボックス内の粒子との相互作用を含む. 一般に, 粒子間の距離が広がるにつれ, その間の相互作用は小さくなる. そのため, 無限遠のイメージボックス内の粒子との相互作用は無視し, j や k の和は有限とする.

基本ボックスの3辺のうち最も短い1辺の長さ以下のカットオフ半径を導入した場合, 基本ボックス内の粒子間と基本ボックスに近接するイメージボックス内の粒子との間の相互作用のみを計算すればいいことになる. 更に限定して, カットオフ半径が基本ボックスの3辺のうち最も短い1辺の長さの半分以下であれば,

$$R_{\text{cut}} \leq \min\left(\frac{1}{2}L_x, \frac{1}{2}L_y, \frac{1}{2}L_z\right) \tag{4.27}$$

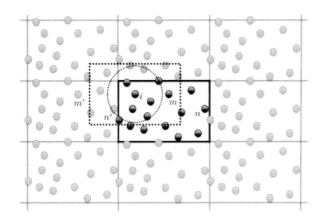

図 **4.8** 2次元周期境界条件とカットオフ半径の関係

式 (4.26) のイメージボックスに対する和，つまり，η や ζ についての和が不要となる．

図 4.8 に再び 2 次元の周期境界条件のイメージを示した．粒子 i を中心として，系の直方体を移動させたものを点線の四角で表している．点線の円は粒子 i を中心としたカットオフ半径の円である．粒子 i との相互作用はこの円内の粒子のみを計算すればよい．カットオフ半径内の粒子であるかどうかは，点線の四角内の粒子すべてについて判断すれば事足りるはずである．点線の四角内の粒子は基本ボックス内 (実線の四角内) の粒子と 1 対 1 で対応しているので，結局，基本ボックス内の粒子すべてについてのみ判断すればよいことになる．たとえば，粒子 n' は基本ボックス内の粒子 n に対応する．点線の四角内の粒子を辿る代わりに基本ボックス内の粒子を辿ることにして，点線の四角内へ適宜平行移動させるとする．たとえば，粒子 m ならば点線の四角内なので，そのままの位置を採用する．粒子 n は点線の四角内ではないので，平行移動させて粒子 n' の位置を採用する．この一連の演算は直方体の系における粒子 i に最近接になるよう粒子 j を周期境界条件に則って再配置する．この再配置演算子を $\hat{P}_{\boldsymbol{L}}(\boldsymbol{r}_i, \boldsymbol{r}_j)$ とする．ここで，$\boldsymbol{L} = (L_x, L_y, L_z)$ である．

演算子 $\hat{P}_{\boldsymbol{L}}(\boldsymbol{r}_i, \boldsymbol{r}_j)$ を使って，式 (4.26) を書き換えると，

$$U(\boldsymbol{r}_1, \cdots, \boldsymbol{r}_N) = \sum_{i=1}^{N} u_1(\boldsymbol{r}_i) + \sum_{i=1}^{N} \sum_{j>i}^{N} u_2\left(\boldsymbol{r}_i, \hat{P}_{\boldsymbol{L}}(\boldsymbol{r}_i, \boldsymbol{r}_j)\right)$$
$$+ \sum_{i=1}^{N} \sum_{j>i}^{N} \sum_{k>j}^{N} u_3\left(\boldsymbol{r}_i, \hat{P}_{\boldsymbol{L}}(\boldsymbol{r}_i, \boldsymbol{r}_j), \hat{P}_{\boldsymbol{L}}(\boldsymbol{r}_i, \boldsymbol{r}_k)\right) + \cdots \quad (4.28)$$

と表される．カットオフ半径が系のサイズの半分以下である場合，周期境界条件でも，基本ボックス内の粒子の組み合わせ分の相互作用のみを計算すれば十分であることがわかる．

最後に，周期境界条件での 2 つの粒子で決定されるベクトル $\boldsymbol{r}_{ij} = \boldsymbol{r}_j - \boldsymbol{r}_i$ の計算の仕方を説明する．ポテンシャルエネルギー式 (4.28) を計算するときに，2 粒子間ベクトル $\boldsymbol{r}_{ij}$ を計算することから始まる．この 2 粒子間ベクトル $\boldsymbol{r}_{ij}$ は 2 つの座標 $\boldsymbol{r}_i$ と $\hat{P}_{\boldsymbol{L}}(\boldsymbol{r}_i, \boldsymbol{r}_j)$ から計算される．

問題をわかりやすくするため，1 次元で説明しよう．2 つの粒子は座標 x_i と x_j にあるとする．系の領域は $[0, L_x)$ である．再配置演算子は $\hat{P}_{L_x}(x_i, x_j)$ となる．2 つの粒子間距離 $|x_j - x_i|$ が領域の半分 $L_x/2$ 以下の場合，粒子の移動は不要である (図 4.9 の上)．しかし，$|x_j - x_i| > L_x/2$ の場合，粒子 j はイメージボックスへ移動することになる (図 4.9 の下)．

$$\hat{P}_{L_x}(x_i, x_j) = \begin{cases} x_j, & |x_j - x_i| \leq \frac{1}{2}L_x, \\ x_j - \operatorname{sign}(x_j - x_i) L_x, & |x_j - x_i| > \frac{1}{2}L_x \end{cases} \quad (4.29)$$

これで，2 つの粒子間ベクトル $\boldsymbol{r}_{ij}$ の x 成分は

$$x_{ij} = \begin{cases} x_j - x_i, & |x_j - x_i| \leq \frac{1}{2}L_x, \\ x_j - x_i - \operatorname{sign}(x_j - x_i) L_x, & |x_j - x_i| > \frac{1}{2}L_x \end{cases} \quad (4.30)$$

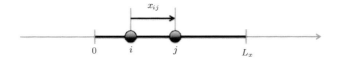

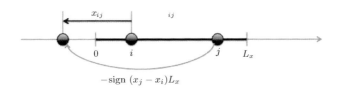

図 4.9　1 次元周期境界条件における 2 つの粒子間ベクトルの定義

となる．y 成分と z 成分も同じように決まる．

コラム　特殊な境界条件

　今日の分子シミュレーションの多くは周期境界条件を適用したものが多いが，再現したい系によっては他の境界条件を選ぶのが適切なこともある．たとえば，タンパク質のような巨大な分子 1 つやお互いに強く引き合い会合した分子群のみを真空中に再現する場合は周期境界条件のような操作は不要となる．要は境界が無いという条件で行う．また，なんらかの溶媒中での再現であっても，その溶媒の分子を明示的に系に含ませずに，溶質分子の位置座標のような力学量のみで溶媒の効果を与える溶媒モデルを導入して，境界の無いシミュレーションを行う場合もある．

　境界そのものに興味があるようなシミュレーションの場合，たとえば，2 つの平面な固体相に挟まれた液体相の様子を再現するとき，xy 平面に平行になるようにその境界面を設定し，z 軸方向には周期境界条件を課さず，x 軸と y 軸には周期境界条件を課すようなことをする．

　どのような境界条件を適用させるかは，シミュレーション対象や計算リソースによって決定される．

4.1.8　初期速度

　分子動力学シミュレーションを始めるにあたり，系の粒子の状態である位置座標と速度座標を決定しておかねばならない．位置座標は再現したい配置にできる限り近いものが望ましい．再現したい配置からかけ離れた配置で始めてしまうと，平衡状態へ辿り着くまでの不要な計算が増大しかねない．または，再現したい配置に辿り着かない場合もありうる．

　残るは初期速度であるが，一般に系が希望温度になるように速度を与えてやる．温度 T のとき，粒子の速度 $\boldsymbol{v}_i = (v_{i,x}, v_{i,y}, v_{i,z})$ の各成分が Maxwell 分布

$$f(v_{i,k}) = \sqrt{\frac{m_i}{2\pi k_B T}} \exp\left(\frac{-m_i v_{i,k}^2}{2 k_B T}\right), \quad i = 1, \cdots, N \quad k = x, y, z \quad (4.31)$$

に従うように設定する．この分布は平均値が 0 で，分散が k_BT/m_i の正規分布である．つまり，このような分布に従う正規乱数を生成して，各粒子の初期速度として設定すればよい．

周期境界条件の系では重心の速度は保たれるが，一般に系全体の並進移動をなくすために，つまり，系の重心の速度を 0 になるよう補正しておく．

$$\boldsymbol{v}_i(0) = \boldsymbol{v}_i' - \frac{1}{N}\sum_{k=1}^{N}\boldsymbol{v}_k' \quad i=1,\cdots,N \tag{4.32}$$

ここで $\boldsymbol{v}_i'$ は補正する前の粒子の速度である．

4.2 高速化技術

4.2.1 分子動力学シミュレーション計算処理の流れ

分子動力学シミュレーションの計算処理は，データ入力処理，初期化処理，差分方程式による時間積分計算，終了処理などに分けられる．図 4.10 に速度 Verlet 法による分子動力学シミュレーションの処理工程を示した．最初に，シミュレーションを制御するパラメータ値や系に含まれる粒子の初期配置を取得する．また，事前に初期速度が決まっている場合はそれを取得する．次に，時間積分を始めるための初期化処理を行う．速度が与えられていない場合は，Maxwell 分布に則って生成する．また，与えられた粒子の初期位置に対しての力計算を行う．初期化が終われば，時間積分処理に入る．

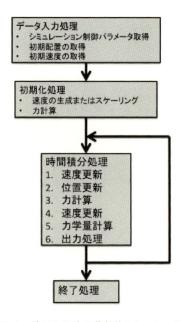

図 **4.10** 速度 Verlet 法による分子動力学シミュレーションの処理工程

時間積分は採用した差分方程式に則って計算処理が順に行われる．速度 Verlet 法の場合，2番目の速度更新処理が終了した時点で粒子の位置，速度，そして力の同時刻の値が得られるので，このときに力学量計算や出力処理がなされる．

時間積分処理は指定されたステップ数分繰り返され，最後に終了処理がなされる．

分子動力学シミュレーションの計算処理の中で最も計算時間を消費するのは，当然ながら何度も繰り返される時間積分処理の部分である．その時間積分処理の速度更新，位置更新，および出力処理は全粒子について処理がなされる．つまり，粒子配列に対してのループ処理である．よって，その計算時間は全粒子数 N に対して線形である．一方，Lennard–Jones ポテンシャルのような力計算は全粒子の組合せ分の処理がなされる．つまり，粒子配列の二重ループ処理である．よって，その計算時間は全粒子数の 2 乗 N^2 に比例する．その結果，全粒子数が大きくなれば力計算が最も計算時間を消費することになる．

分子動力学シミュレーションの高速化は力計算の高速化と言える．カットオフ半径を導入した場合，その計算量は大きく減らすことが可能である．本章では 2 つの高速化手法を紹介する．

4.2.2 ブックキーピング法

カットオフ半径 r_{cut} を導入した場合，1 つの粒子 i に働く力はそのカットオフ半径内にある粒子のみから導出される．そこで，各粒子についてその近傍の粒子のリストを用意する．図 4.11 に示すように，粒子 i の近傍にある黒点で表した粒子のリストである．この近傍とは半径 r_{book} で指定される領域であり，カットオフ半径より大きくなければならない．

$$\Delta r_{\text{book}} = r_{\text{book}} - r_{\text{cut}}, \quad \Delta r_{\text{book}} > 0 \tag{4.33}$$

力計算を行うとき，各粒子はそれぞれのリストに載った粒子との相互作用計算を行うだけでよい．ただし，粒子は移動するため，そのリストは定期的に更新しなければならない．このリスト作成には粒子間距離の計算が必要なため，その計算時間は N^2 に比例する．よって，その頻度は少ない方が効果的である．

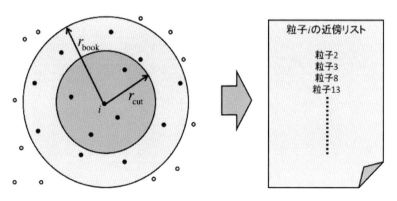

図 4.11 ブックキーピング法における粒子近傍リストの作成

リストの更新の頻度はバッファ Δr_{book} の大きさに依存する．バッファが小さければ毎ステップの力計算処理での距離計算の回数が少なく済むが，粒子対の計算漏れをしないようリスト更新の頻度を高くしなければならない．逆に，バッファを大きく取れば毎ステップの力計算処理での距離計算の回数が多くなるが，更新の頻度は少なくて済む．これらの調整は系の温度や密度に依存し，経験的に決定する．

4.2.3 セルリンクリスト (Cell-linked List) 法

ブックキーピング法では全粒子数の2乗に比例する処理が含まれているが，セルリンクリスト法 [4] ではそのような処理は含まれず，その計算時間は全粒子数に比例する．

まず，系の基本ボックス (L_x, L_y, L_z) をそれぞれの座標軸に対して M_x, M_y, M_z 個に等分割して，$M_x M_y M_z$ 個のセルに領域分けする．このセルをカットオフセルと呼ぼう．カットオフセルの大きさは，

$$\begin{pmatrix} l_x \\ l_y \\ l_z \end{pmatrix} = \begin{pmatrix} L_x/M_x \\ L_y/M_y \\ L_z/M_z \end{pmatrix} \qquad (4.34)$$

となる．ただし，この各辺の長さはカットオフ半径より大きくなければならない．

$$l_x, l_y, l_z > r_{\text{cut}} \qquad (4.35)$$

各粒子はそれぞれいずれかのカットオフセルに所属することになる．各カットオフセルは所属する粒子リストを持つことになる．ちなみに，この各粒子のカットオフセルへの割り振り処理時間は全粒子数に比例する．

図 4.12 に 2 次元の基本ボックスをカットオフセルに分割した様子を示した．カットオフセルにはそれぞれ番号が振ってある．ある 1 つのカットオフセル内の粒子の力を計算するときは，式 (4.35) の関係から，その粒子が所属するカットオフセル内と隣接するカットオフセル内にある粒子のみの組み合わせを処理すればよい．2 次元領域ならば，隣接するカットオフセルは 8

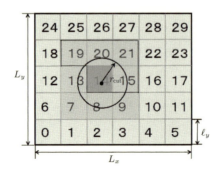

図 4.12 2 次元領域におけるカットオフセルへの分割

個ある．3次元領域ならば26個ある．各カットオフセルに隣接するカットオフセルのリストは事前に作成しておけばよい．

Newtonの作用反作用の法則を利用すれば，さらに計算量は半分になる．たとえば粒子iと粒子jとの2体力ポテンシャルを計算したときに粒子iに加わる力が$\boldsymbol{f}_{ij}$ならば，粒子jに加わる力は$-\boldsymbol{f}_{ij}$となる．よって，隣接するカットオフセルすべてについて処理する必要はなく，その半分でよい．たとえば，図4.12の14番目のカットオフセルに注目している場合，15，19，20，21番目の4つの隣接するカットオフセルのみリストに登録すればよい．3次元ならば，13個の隣接するカットオフセルのみリストに登録すれば事足りる．

また，系に周期境界条件が課せられている場合は，基本ボックスの境界に接しているカットオフセルの隣接カットオフセルリストは，境界条件に則った位置関係を考慮して作成する．たとえば，図4.12の11番目のカットオフセルの隣接カットオフセルリストには6，16，17，12番目のカットオフセルリストが登録されることになる．

ここで，実際の計算時間を見積もってみる．各粒子のカットオフセルへの登録は毎ステップごとに必要であるが，この計算時間は全粒子数Nに比例する．

粒子密度は全粒子数に依存しない場合を考察する．この場合，カットオフセル内の平均粒子数は一定となる．

$$N_\mathrm{d} = \frac{N}{M_x M_y M_z} = \mathrm{const.} \tag{4.36}$$

ある粒子の力計算では，その粒子が所属するカットオフセル内の粒子との組み合わせの処理と，隣接カットオフセルリストに登録されているカットオフセル内の粒子との組み合わせの処理がなされる．作用反作用の法則を利用すれば，前者の平均処理数は$N_\mathrm{d}/2$である．後者は3次元領域の場合$13N_\mathrm{d}$である．合計すると，$27N_\mathrm{d}/2$となる．全粒子について同じことがいえるので，力計算の全計算量は

$$\frac{27}{2}N_\mathrm{d}N = O(N) \tag{4.37}$$

と見積もることができる．登録処理も力計算処理も同じく$O(N)$となる．

力計算のアルゴリズムが異なる分子動力学シミュレーションの計算時間の違いを示す．テスト対象とした系は図4.13に示すような立方体状の粒子系である．表4.1に示すように，粒子数はそれぞれ，512，4,096，32,768，262,144，2,097,152である．粒子間はLennard–Jones 12-6ポテンシャルが働くとした．すべての粒子対に対して力計算する場合，カットオフ半径10.0Åを適用した場合，そして，カットオフ半径10.0Åにおけるセルリンクリスト法の場合を比較する．シミュレーションを実行したコンピュータはCore2Duo E8500 (3.16 GHz)である．

結果である計算時間を表4.2に示す．カットオフ半径を導入すれば，当然ながら計算時間は短くなっていることが確認できる．また，セルリンクリスト法を導入すれば，劇的に速くなっていることもわかるであろう．ただし，小さい系である512粒子の系ではカットオフ半径を適用しただけの場合より計算時間がかかってしまっている．基本ボックスの1辺が32.0Åでカッ

94   4 分子動力学シミュレーション

図 4.13 立方体状の粒子系．左から粒子数が 512, 4,096, 32,768, 262,144 である．

表 4.1 力計算アルゴリズムに対する計算時間のテストに適用した系の粒子数とサイズ

粒子数	系のサイズ [Å^3]
512	$32.0 \times 32.0 \times 32.0$
4,096	$64.0 \times 64.0 \times 64.0$
32,768	$128.0 \times 128.0 \times 128.0$
262,144	$256.0 \times 256.0 \times 256.0$
2,097,152	$512.0 \times 512.0 \times 512.0$

表 4.2 各サイズの系の分子動力学シミュレーションの経過時間

粒子数	全粒子対計算		カットオフ半径適用		セルリンクリスト法	
	steps	time	steps	time	steps	time
512	10,000	0 m 42.040 s	10,000	0 m 22.135 s	10,000	0 m 23.333 s
4,096	10,000	38 m 25.839 s	10,000	14 m 2.588 s	10,000	2 m 52.614 s
32,768	100	22 m 38.830 s	100	7 m 15.259 s	10,000	23 m 46.769 s
262,144	1	40 m 41.320 s	1	18 m 34.149 s	10,000	187 m 29.227 s
2,097,152	—	—	—	—	10,000	1531 m 47.886 s

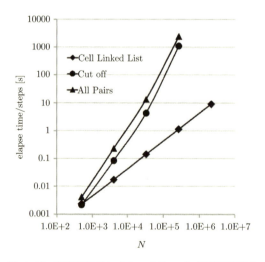

図 4.14 粒子数に対しての 1 ステップの計算時間変化

トオフ半径が $10.0\,\text{Å}$ であるため，基本ボックスはそれぞれの軸方向に 3 分割され，わずか 27 個のカットオフセルに分割される．この場合は，処理する粒子対の数は他の 2 つの場合と変わらない．つまり，分割による利点がないことになる．よって，この場合，セルリンクリスト法の方が各粒子をカットオフセルに分配する処理の分多く計算時間をかけてしまう．

図 4.14 には粒子数に対しての 1 ステップの計算時間の変化を示した．Log-log プロットである．全粒子対計算の場合とカットオフ半径導入のみの場合は同じ傾きのプロットなっている．一方，セルリンクリスト法の場合のプロットは先の 2 者の傾きの半分の傾きとなっている．理論通りに，セルリンクリスト法の計算時間は粒子数 N に比例することがわかった．

4.2.4　簡易並列化

今日ではマルチコアの CPU が一般的になり，並列処理による効果が期待される．これまでは 1 プロセスまたは 1 スレッドでの処理を前提にして解説してきたが，複数の計算処理を同時に実行する並列処理の考え方を説明する．

最も簡単な並列化の方法は，一連の計算工程を分割して，それらをそれぞれのプロセスに任せ同時に処理をさせることであろう．分子動力学シミュレーションの場合，最も計算時間がかかる力計算の部分を並列処理させる．Lennard–Jones ポテンシャルのような 2 体ポテンシャルの力場の系であるならば，その力計算処理は一般に粒子に対しての二重ループになっている．このループ処理を計算処理が等分配されるように分割させる．また，セルリンクリスト法が適用されているような場合，セルに対してのループ処理があるはずである．そのループを当分配すればよい．

図 4.15 に 2 体ポテンシャルにおける演算を模式化したものを示した．粒子 i の演算ループを縦軸方向に粒子 j の演算ループを横軸方向に示してある．2 つの粒子の組み合わせ分の力計算で十分であるので，図における三角形の灰色領域の演算を実行することになる．ちなみに，同一粒子同士は当然ながら計算不要である．系に含まれる粒子数が N ならば，$N(N-1)/2$ の演算数である．簡易並列はこの演算を等分配すればよいので，灰色の三角形の面積を等分割する

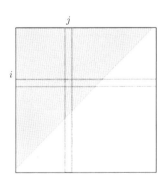

図 4.15　2 体ポテンシャルの演算の模式図

ことに相当する．この等分割の仕方はいろいろありうるが，等分割になるよう演算の分割処理と集積処理を効率よく実行できれば，良い並列効果が得られるであろう．

しかしながら，力計算処理をただ分割するだけでは並列化は不完全である．力計算では，各粒子間で計算された力の値をそれぞれの粒子の配列に足し込む処理がなされる．複数のプロセスが1つの配列に同時期に書き込もうとする処理が発生する．この同じ配列への書き込み処理は同時にはできない．そのため，プロセスごとに全粒子の足し込むための配列を用意し，そこに足し込むことにする．そして，各プロセスが担当する力計算処理が終了したところで，各プロセスが足し込んだ力の値を集計することにする．

このような並列化は，並列化する以前に作り込んだプログラムコードの一部を改変するだけで並列化が実現できる利点がある．しかしながら，力の値の集計処理が律速となる欠点もある．特に，高並列の場合は顕著となる．簡易並列化は，共有メモリ型で低並列な分子動力学シミュレーションに向いていると言えよう．

4.2.5　領域分割による並列化

何百やそれ以上の並列度で分子動力学シミュレーションを行う場合，先の簡易並列化では破綻してしまうのは容易に推測できよう．この難題の打破は，セルリンクリスト法で取り入れたような，空間領域の分割の概念を並列処理へ適用することで実現できる．

シミュレーション対象の系を空間分割し，各領域での分子動力学シミュレーションを各プロセスが担当することにする．力計算処理の分割というよりは分子動力学シミュレーションの分割といってもよかろう．各プロセスの力計算においては，カットオフ半径内の近傍領域を担当しているプロセスからそこに属する粒子の位置座標を送信してもらうことになる．また，粒子は担当領域から出入りするので，隣接領域を担当するプロセスへの粒子の受け渡しを行うことになる．この並列化では，1つの分子動力学シミュレーションの並列化というよりは，互いに相互作用し合う分子動力学シミュレーションの集合体シミュレーションと捉えてもよい．

図4.16にそのイメージを示した．領域分割によって決定された1つの領域について1つの分子動力学シミュレーションシステムが割り当てられる．これまでに説明されてきた分子動力学法と異なることは，粒子数が可変のものであり，近傍のシステムと情報をやり取りするための通信機能を備えていることである．このためにコードの実装の困難さは格段に高くなる．

領域分割型の並列版分子動力学シミュレーションのプログラムコードを構築するにあたり，領域分割のサイズによって設計が大きく変わってくる．そこで，そのサイズに対して3つの場合に分けて解説する．また，便宜上，この領域分割でできるセルをプロセッサセルと呼ぶことにする．

まず，1つ目は，プロセッサセルのサイズがカットオフ半径以上でほぼ同じぐらいの大きさの場合を考える．この場合，セルリンクリスト法と同じ分割の仕方をする．つまり，カットオフセルとプロセッサセルが同等とした領域分割をする．すると，系全体のサイズとカットオフ

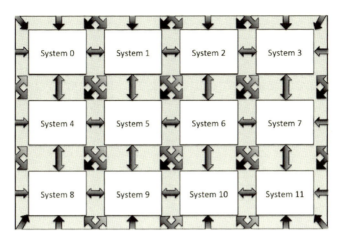

図 4.16 領域分割型の並列版分子動力学法のイメージ

半径から領域分割数は決定され，並列度も自ずと決まる．並列度は限定されるが，設計は比較的容易である．

セルリンクリスト法と分割が同じなので，力計算における粒子の位置座標データのやり取りは隣接プロセッサセルと行うことになる．もちろん，粒子の移動に伴う粒子の受け渡しも隣接プロセッサセルと行う．

次に，プロセッサセルのサイズがカットオフ半径より非常に大きい場合を考える．この場合は1つ目と同様なやり方では，力計算における隣接プロセッサセル間での粒子の位置座標の不要なやり取りが顕著になり，効率的ではなくなる．そこで，プロセッサセル境界近傍，つまり境界からカットオフ半径内にある粒子を選別して，その近傍粒子のみのデータを隣接プロセッサセルへ送信するようにして，効率化を図る．この場合，プロセッサセル間のデータ通信処理と境界近接粒子の選別処理がトレードオフの関係になる．

これら2つの分割方針では，粒子が空間的に偏りのあるヘテロな状況では並列処理の効率が悪くなる．粒子密度が高いプロセッサセルでは計算処理が多く，逆に粒子密度が低いプロセッサセルでは計算処理は少なくなる．結果，粒子密度が低いプロセッサセルの担当プロセッサは待ち状態が多くなる．このプロセッサ間のアンバランスは並列効率を下げることになる．

最後に説明するのは，プロセッサセルのサイズがカットオフ半径より小さくなるような分割の場合である．この場合，セルリンクリスト法の分割方針は適用できない．粒子の位置座標のやり取りは隣接プロセッサセルだけではなくカットオフ半径内にある近接プロセッサセルすべてと行うことになる．データ交換するプロセッサセルの数は多くなるため，その通信オーバーヘッドは大きくなる．しかし，並列度の自由度は高くなり，かつ超並列計算にも対応できる．

この最後に説明する分割方針の利点はロードバランシングの機能を取り入れることが可能であることである．1つのプロセッサが1つのプロセッサセルを担当するという前提を取り除き，

1つのプロセッサが複数のプロセッサセルを担当するようにする．各プロセッサが担当するプロセッサセル数はプロセッサ間で計算処理量が同等になるよう割り振るようにする．分子動力学シミュレーションを実行している間に，各プロセッサの計算処理量は変わってくる可能性はある．そこで，シミュレーション中に担当プロセッサセルの割り振り直しが必要になる．この時，プロセッサセル全体の受け渡し処理がなされることになる．このような処理の実装の難度は高いが，フラーレンの形成シミュレーションのような刻々と各領域の粒子密度が変化する場合に有効であろう．

3つの場合に分けて説明したが，並列化における領域分割の手法はいろいろ考えられる．また，どのような分割方針が適切であるかは，シミュレーションの対象や実行する計算システムの仕様に大きく依存する．

参考文献

[1] B. J. Alder and T. E. Wainwright. "Phase Transition for a Hard Sphere System," *J. Chem. Phys.*, **27**, 1208–1209, 1957.

[2] W. W. Wood and J. D. Jacobson. "Preliminary Results from Recalculation of the Monte Carlo Equation of State of Hard Spheres," *J. Chem. Phys.*, **27**, 1207–1208, 1957.

[3] L. Verlet. "Computer 'Experiments' on Classical Fluids. I. Thermodynamical Properties of Lennard-Jones molecules," *Phys. Rev.*, **159**, 98, 1967.

[4] M. P. Allen and D. J. Tildesley. *Computer Simulation of Liquids*, Clarendon Press, 1987.

付記

1 Coulomb ポテンシャル

本文で紹介した Lennard-Jones ポテンシャルと同じく,古典分子シミュレーションで用いられる代表的なポテンシャルとして Coulomb ポテンシャルがある.

粒子が電荷を帯びているような場合,その粒子間には Coulomb 相互作用が働く. 2 つの粒子 i, j のそれぞれの電荷を q_i, q_j とすれば,その粒子間での Coulomb ポテンシャルエネルギーは粒子間距離 r_{ij} を用いて,

$$u_{ij}^{\text{Coulomb}}(r_{ij}) = \frac{1}{4\pi\varepsilon_0}\frac{q_i q_j}{r_{ij}} \tag{1}$$

と表される.ここで,ε_0 は誘電率である.この Coulomb 相互作用は長距離でも働き,長距離相互作用の代表といえる.このような長距離相互作用の計算ではカットオフ半径の導入は計算精度を著しく悪くする.そして,古典分子力場でのシミュレーションにおいて最も計算資源を要する部分でもある.

長距離相互作用の計算手法は古くから研究され,Ewald 法 [1, 2],PME(Particle-Mesh Ewald) 法,高速多重極法 (Fast Multipole Method: FMM) [3] といった有効な手法が提案されている.

参考文献

[1] P. Ewald. "Die Berechnung optischer und elektrostatischer Gitterpotentiale," *Ann. Phys.*, **64**, 253–287, 1921.

[2] N. Karasawa and W. A. Goddard III, "Accelecration of convergence for lattice sums," *J. Phys. Chem.*, **93**, 7320–7327, 1989.

[3] L. Greengard and V. Rokhlin. "A Fast Algorithm for Particle Simulations," *J. Comp. Phys.*, **73**, 325–348, 1987.

2 物質に特化したポテンシャル例

Lennard–Jones ポテンシャルや Coulomb ポテンシャルは相互作用を表現した簡単な関数であるが，実際の物質を記述するポテンシャル関数はより複雑なものである．2つの例を紹介する．

2.1 Tersoff のポテンシャル

Tersoff によって提案された3体力も含むポテンシャルを紹介しよう．形式的には対ポテンシャルである Morse 型ポテンシャルの引力項にかかる因子に多体効果を入れ込んだものである．3つの元素，シリコン Si，炭素 C，ゲルマニウム Ge に対応している．

系に含まれている原子数を N とすると，その系のポテンシャルエネルギーは

$$U = \sum_{i=1}^{N} \sum_{j>i}^{N} f_{ij}^{C}(r_{ij}) \left\{ f_{ij}^{R}(r_{ij}) + b_{ij} f_{ij}^{A}(r_{ij}) \right\} \tag{2}$$

で与えられる．式 (2) の中括弧の中の2つの項は Morse 型の斥力項と引力項であり，それぞれの関数は

$$f_{ij}^{R}(r_{ij}) = A_{ij} \exp(-\lambda_{ij} r_{ij}) \tag{3}$$

$$f_{ij}^{A}(r_{ij}) = B_{ij} \exp(-\mu_{ij} r_{ij}) \tag{4}$$

と与えられている．ここで，A_{ij} と B_{ij} はエネルギーの定数で，λ_{ij} と μ_{ij} は距離の逆数の定数である．異種原子間の場合，これらの定数はそれぞれ Berthelot 則の式 (4.7) と Lorentz 則の式 (4.8) に従って導出される．

$$A_{ij} = \sqrt{A_i A_j}, \qquad B_{ij} = \sqrt{B_i B_j} \tag{5}$$

$$\lambda_{ij} = \frac{\lambda_i + \lambda_j}{2}, \qquad \mu_{ij} = \frac{\mu_i + \mu_j}{2} \tag{6}$$

式 (2) の斥力項にかかっている因子 b_{ij} には3体力効果が含まれている．それは

$$b_{ij} = \kappa_{ij} \left\{ 1 + \beta_i^{n_i} \zeta_{ij}^{n_i} \right\}^{-\frac{1}{2n_i}} \tag{7}$$

$$\zeta_{ij} = \sum_{k \neq i,j}^{N} f_{ik}^{C}(r_{ik}) \left\{ 1 + \frac{c_i^2}{d_i^2} - \frac{c_i^2}{d_i^2 + (h_i - \cos\theta_{jik})^2} \right\} \tag{8}$$

と与えられている．ここで出てきた係数 β_i, n_i, c_i, d_i, および，h_i は原子種によって決まっている定数である．また，係数 κ_{ij} は異種間結合の強弱を与えるための定数である．そして，角度 θ_{jik} は結合 i–j と結合 i–k がなす角度である (図1)．

式 (2) と式 (8) には因子 $f_{ij}^{C}(r_{ij})$ が含まれている．これは相互作用が及ぶカットオフ半径の

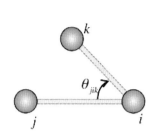
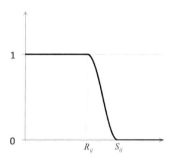

図 1 Tersoff ポテンシャル関数内での角度 θ_{jik} の定義

図 2 Tersoff ポテンシャル関数内の相互作用が働く領域を決める関数のプロファイル

役割を果たす連続微分可能な関数である．この関数は

$$f_{ij}^{\mathrm{C}}(r_{ij}) = \begin{cases} 1, & r_{ij} \leq R_{ij}, \\ \frac{1}{2} + \frac{1}{2}\cos\left(\pi \frac{r_{ij}-R_{ij}}{S_{ij}-R_{ij}}\right), & R_{ij} < r_{ij} < S_{ij}, \\ 0, & r_{ij} \geq S_{ij} \end{cases} \tag{9}$$

と与えられている．ここで，R_{ij} と S_{ij} は相互作用が及ぶ距離を決定する 2 つの距離である．この関数の様子は図 2 に示してある．異種原子間の場合，Berthelot 則の式 (4.7) で決定される．

$$R_{ij} = \sqrt{R_i R_j}, \qquad S_{ij} = \sqrt{S_i S_j} \tag{10}$$

Tersoff のシリコン Si，炭素 C，ゲルマニウム Ge の各パラメータ値は表 1 に示した．

表 1 Tersoff ポテンシャルのパラメタ値

原子種	C	Si	Ge
A_i [eV]	1.3936×10^3	1.8308×10^3	1.769×10^3
B_i [eV]	3.4674×10^2	4.7118×10^2	4.1923×10^2
λ_i [Å]	3.4879	2.4799	2.4451
μ_i [Å]	2.2119	1.7322	1.7047
β_i	1.5724×10^{-7}	1.1000×10^{-6}	9.0166×10^{-7}
n_i	7.2751×10^{-1}	7.8734×10^{-1}	7.5627×10^{-1}
c_i	3.8048×10^4	1.0039×10^5	1.0643×10^5
d_i	4.3484×10^0	1.6217×10^1	1.5652×10^1
h_i	-5.7058×10^{-1}	-5.9825×10^{-1}	-4.3884×10^{-1}
R_i [Å]	1.8	2.7	2.8
S_i [Å]	2.1	3.0	3.1
κ_{ij}	$\kappa_{C-C} = 1.0$	$\kappa_{C-Si} = 0.9776$	$\kappa_{C-Ge} = 1.00061$

参考文献

[1] J. Tersoff. "Modeling solid-state chemistry: Interatomic potentials for multicomponent systems," *Phys. Rev. B*, **39**, 5566–5568, 1989.

[2] J. Tersoff. "Erratum: Modeling solid-state chemistry: Interatomic potentials for multicomponent systems," *Phys. Rev. B*, **41**, 3248, 1990.

2.2 Brenner のポテンシャル

Brenner のポテンシャルは炭化水素を扱うことができる．炭素原子は原子価電子が4つあり，4つの他の原子と結合ができる．結合には単結合，二重結合，共役二重結合，三重結合と種類がある．炭素原子の周りの状況に応じて結合種は選ばれる．

炭素と水素が含まれる系の原子数を N とすると，その系のポテンシャルエネルギーは，

$$U = \sum_{i=1}^{N} \sum_{j>i}^{N} f_{ij}^{\mathrm{C}}(r_{ij}) \left\{ f_{ij}^{\mathrm{R}}(r_{ij}) - \bar{B}_{ij} f_{ij}^{\mathrm{A}}(r_{ij}) \right\} \tag{11}$$

と与えられる．この式は Tersoff のポテンシャル関数と同じ形式である．同様に，ポテンシャル全体に連続微分可能なカットオフの役割の関数がかかっている．

$$f_{ij}^{\mathrm{C}}(r_{ij}) = \begin{cases} 1, & r_{ij} \leq R_{ij}^{(1)} \\ \frac{1}{2} + \frac{1}{2}\cos\left(\pi \frac{r_{ij} - R_{ij}^{(1)}}{R_{ij}^{(2)} - R_{ij}^{(1)}}\right), & R_{ij}^{(1)} < r_{ij} < R_{ij}^{(2)}, \\ 0, & r_{ij} \geq R_{ij}^{(2)} \end{cases} \tag{12}$$

Tersoff と変わりないが，パラメータを表す文字は Brenner の論文に合わせている．式 (11) には Morse 型の斥力項と引力項があり，それぞれの関数は

$$f_{ij}^{\mathrm{R}}(r_{ij}) = \frac{D_{ij}^{(\mathrm{e})}}{S_{ij} - 1} \exp\left[-\sqrt{2S_{ij}} \beta_{ij} \left(r_{ij} - R_{ij}^{(\mathrm{e})}\right)\right] \tag{13}$$

$$f_{ij}^{\mathrm{A}}(r_{ij}) = \frac{D_{ij}^{(\mathrm{e})} S_{ij}}{S_{ij} - 1} \exp\left[-\sqrt{\frac{2}{S_{ij}}} \beta_{ij} \left(r_{ij} - R_{ij}^{(\mathrm{e})}\right)\right] \tag{14}$$

と与えられている．ここで，$D_{ij}^{(\mathrm{e})}$ は解離エネルギーに相当するパラメータ，$R_{ij}^{(\mathrm{e})}$ は平衡距離に相当するパラメータ，β_{ij} は距離の逆数の次元を持ったパラメータであり，S_{ij} は無次元のパラメータである．$S_{ij} = 2$ ならば，Morse 型ポテンシャルになる．

式 (11) の引力項には因子 $\bar{B}_{ij}$ がかかっているが，これが多体効果を表す．この $\bar{B}_{ij}$ は，

$$\bar{B}_{ij} = \frac{B_{ij} + B_{ji}}{2} + F_{ij}\left(N_i^{(\mathrm{t})}, N_j^{(\mathrm{t})}, N_{ij}^{\mathrm{conj}}\right) \tag{15}$$

$$B_{ij} = \left[1 + \sum_{k \neq i,j}^{N} f_{ik}^{C}(r_{ik}) G_i(\theta_{jik}) \exp\left\{\alpha_{ijk}\left[\left(r_{ij} - R_{ij}^{(e)}\right) - \left(r_{ik} - R_{ik}^{(e)}\right)\right]\right\} + H_{ij}\left(N_i^{(H)}, N_i^{(C)}\right) \right]^{-\delta_i} \quad (16)$$

で与えられる．ここで，いろいろ未説明のものが出てきたが順に説明していく．$N_i^{(H)}$ と $N_i^{(C)}$ はそれぞれ原子 i と結合している水素原子数と炭素原子数に相当する．$N_i^{(t)}$ は原子 i と結合している総合原子数に相当する．それぞれ，次式

$$N_i^{(H)} = \sum_{j=\text{Hydrogen}}^{N} f_{ij}^{C}(r_{ij}) \quad (17)$$

$$N_i^{(C)} = \sum_{j=\text{Carbon}}^{N} f_{ij}^{C}(r_{ij}) \quad (18)$$

$$N_i^{(t)} = N_i^{(H)} + N_i^{(C)} \quad (19)$$

で与えられる．そして，N_{ij}^{conj} は2つの炭素原子の結合状態を加味する量であり，次式で与えられる．

$$N_{ij}^{\text{conj}} = 1 + \sum_{k=\text{Carbon},\neq i,j}^{N} f_{ik}^{C}(r_{ik}) g(x_{ik}) + \sum_{k=\text{Carbon},\neq i,j}^{N} f_{jk}^{C}(r_{jk}) g(x_{jk}) \quad (20)$$

ここで，$g(x_{ik})$ は，

$$g(x_{ik}) = \begin{cases} 1, & x_{ij} \leq 2, \\ \frac{1}{2} + \frac{1}{2}\cos\left[\pi(x_{ik} - 2)\right] & 2 < x_{ik} < 3, \\ 0, & x_{ik} \geq 3, \end{cases} \quad (21)$$

$$x_{ik} = N_k^{(t)} - f_{ik}^{C}(r_{ik}) \quad (22)$$

で与えられる．

$H_{ij}(x,y)$ と $F_{ij}(x,y,z)$ はそれぞれ2次元と3次元の3次スプライン関数であり，離散的に与えられる近傍原子数パラメータに対して内挿するために用いられる．また，α_{ijk} は距離の逆数の次元のパラメータである．θ_{jik} は i–j 結合と i–k 結合がなす結合角である．最後に，関数 $G_i(\theta)$ は原子 i が炭素のときに，

$$G_C(\theta) = a_0 \left[1 + \frac{c_0^2}{d_0^2} - \frac{c_0^2}{\{d_0^2 + (1+\cos\theta)^2\}} \right] \quad (23)$$

と与えられる．水素原子のときは定数が与えられている．

Brenner が提案したパラメータセットは論文 [3, 4] を参照して欲しい.

参考文献

[1] J. Tersoff. "Modeling solid-state chemistry: Interatomic potentials for multicomponent systems," *Phys. Rev. B*, **39**, 5566–5568, 1989.

[2] J. Tersoff. "Erratum: Modeling solid-state chemistry: Interatomic potentials for multicomponent systems," *Phys. Rev. B*, **41**, 3248, 1990.

[3] D. W. Brenner. "Empirical potential for hydrocarbons for use in simulating the chemical vapor deposition of diamond films," *Phys. Rev. B*, **42**, 9458–9471, 1990.

[4] D. W. Brenner. "Erratum: Empirical potential for hydrocarbons for use in simulating the chemical vapor deposition of diamond films," *Phys. Rev. B*, **46**, 1948, 1990.

3　生体分子系の分子力場

タンパク質のような高分子系に対する分子モデルは数多く提案されており，その粒子モデルに限っても，高分子内および高分子間の相互作用を記述する分子力場も多く提案されてきた．特に，全原子モデルの生体分子に対する分子力場はいくつかのポテンシャル項で構成され，数多くのパラメータを含む．一般に，その分子力場のポテンシャルは5つのポテンシャル項が主要なポテンシャルとして含まれている．

$$U = U_{\text{bond}} + U_{\text{angle}} + U_{\text{dihedral}} + U_{\text{vdw}} + U_{\text{coulomb}} \tag{24}$$

第1項から第3項までは分子内の共有結合で結ばれている原子間の相互作用である．

$$U_{\text{bond}} = \sum_i^{N_{\text{bond}}} k_i \left(b_i - l_i\right)^2 \tag{25}$$

$$U_{\text{angle}} = \sum_i^{N_{\text{angle}}} c_i \left(a_i - \theta_i\right)^2 \tag{26}$$

$$U_{\text{dihedral}} = \sum_i^{N_{\text{dihedral}}} u_i \{1 + \cos(n_i \phi_i - \gamma_i)\} \tag{27}$$

第1項は結合長のポテンシャルで，それぞれの共有結合の平衡長 l_i とエネルギー定数 k_i のパラメータを含む結合長 b_i の調和振動子ポテンシャルである．同様に，第2項は結合角 a_i の

調和振動子ポテンシャルである．第 3 項は 4 つの粒子で定義される 2 面角 ϕ_i に対するポテンシャルを表すもので，結合を軸とした捻れの相互作用を記述する．

第 4 項と第 5 項は非共有結合項と呼ばれるもので，どちらも 2 体相互作用ポテンシャルである．

$$U_{\mathrm{vdw}} = \sum_{i>j}^{N_{\mathrm{atom}}} \frac{A_{ij}}{r_{ij}^{12}} - \frac{B_{ij}}{r_{ij}^{6}} \tag{28}$$

$$U_{\mathrm{coulomb}} = \sum_{i>j}^{N_{\mathrm{atom}}} \frac{q_i q_j}{r_{ij}} \tag{29}$$

第 4 項は van der Waals 力を表すもので，粒子間の反発項と分散力項で構成され，いわゆる Lennard–Jones ポテンシャルである．第 5 項は粒子上にある部分電荷 q_i に働く相互作用を表している．

生体分子のための分子力場では元素以上に多くの原子種が定義され，多くのパラメータが設定されている．そのパラメータ群として開発され，今日では，AMBER [1]，CHARMM [2]，GROMACS [3] といった分子力場がよく利用されている．

参考文献

[1] http://ambermd.org/
[2] http://www.charmm.org/
[3] http://www.gromacs.org/

4　Zhang の差分方程式

統計力学的熱平均を得たい場合，マイクロカノニカルアンサンブルではなく，温度が一定のカノニカルアンサンブルを生成したいことが多かろう．温度が一定になるような差分方程式はどのようなものであろうか．温度を一定にする方法は 2 つに分類できる．1 つは拡張型の方法であり，Nosé の方法が有名である．これは，系に対して熱浴の自由度を加えて，運動方程式を解いていく方法である．もう 1 つは拘束型の方法であり，運動方程式に温度が一定であるという束縛条件を課して解く方法である．

拘束型の温度一定となる差分方程式に Zhang の差分方程式がある．この手法は，速度 Verlet 差分方程式との融和性が高い．この差分方程式の詳細な導出方法は Zhang の論文 [1] に任せるとして，簡単な説明をする．

温度一定であるから，系全体の運動エネルギー K は一定であり，次の関係式が書ける．

$$K = \sum_{i=1}^{N} \frac{1}{2} m_i \boldsymbol{v}_i^2 = \frac{1}{2} N_f k_{\rm B} T = {\rm const} \tag{30}$$

ここで，N_f は系の自由度であり，$k_{\rm B}$ はボルツマン因子であり，T は系の温度である．束縛条件を1つ課しているので，系の自由度は1つ減る．系全体の並進速度の変化もないため，系の自由度は，

$$N_f = 3N - 3 - 1 = 3N - 4 \tag{31}$$

となる．

さて，運動エネルギーの式 (30) を微分すれば，

$$\sum_{i=1}^{N} m_i \boldsymbol{v}_i \cdot \frac{d\boldsymbol{v}_i}{dt} = 0 \tag{32}$$

という拘束条件が得られる．Gauss の最小原理を用いて，運動方程式を導くと，

$$m_i \frac{d\boldsymbol{v}_i}{dt} = \boldsymbol{f}_i + \zeta m_i \boldsymbol{v}_i \tag{33}$$

が与えられる．ここで，ポテンシャルから決定される力に加わった $\zeta m_i \boldsymbol{v}_i$ は摩擦力のようなもので，その摩擦係数は，

$$\zeta = \frac{\sum_{i=1}^{N} \boldsymbol{v}_i \cdot \boldsymbol{f}_i}{\sum_{i=1}^{N} m_i \boldsymbol{v}_i^2} \tag{34}$$

と得られる．速度 Verlet 法の速度更新の過程を考慮すると，時間に依存した摩擦係数 $\zeta(t)$ は

$$\dot{\zeta} = \zeta^2 - \alpha^2 \tag{35}$$

を満たす．ここで，

$$\alpha = \sqrt{\frac{1}{K} \sum_{i=1}^{N} \frac{\boldsymbol{f}_i^2(t)}{m_i}} \tag{36}$$

である．この微分方程式 (35) を解けば，時刻 t から時刻 $t + \delta t$ への ζ の関係式が得られる．

$$\zeta(t + \delta t) = \alpha \frac{\zeta(t) - \alpha \tanh[\alpha \delta t]}{\alpha - \zeta(t) \tanh[\alpha \delta t]} \tag{37}$$

最後に，運動方程式 (33) に戻って，速度更新の式が得られる．

$$\boldsymbol{v}_i(t + \delta t) = \frac{1 - \gamma}{\beta - \gamma/\beta} \left\{ \boldsymbol{v}_i(t) + \frac{1 + \gamma - \beta - \gamma/\beta}{(1 - \gamma)\alpha m_i} \boldsymbol{f}_i(t) \right\} \tag{38}$$

ここで，$\beta = \exp[-\alpha \delta t]$ であり，$\gamma = (\zeta(t) - \alpha)/(\zeta(t) + \alpha)$ である．

式 (38) は時刻 t の速度座標と力から δt 進んだ速度座標を決定する式である．速度 Verlet 差

分方程式の速度更新の式 (4.17) と式 (4.18) をこの式に交換すれば，温度一定の時間発展が実行できる．

数値積分のアルゴリズムは数多くあるが，それらの説明は名著 [2, 3] に譲る．

参考文献

[1] F. Zhang. "Operator-splitting integrators for constant-temperature molecular dynamics", *J. Chem. Phys.*, **106**, 6102, 1997.

[2] M. P. Allen and D. J. Tildesley. *Computer Simulation of Liquids*, Oxford Science Publications, 1989.

[3] 上田顯, 分子シミュレーション——古典系から量子系手法まで, 裳華房, 2003.

5 領域分割を用いた分子動力学シミュレータの設計

本章では,第4章で解説した分子動力学シミュレーションの考え方に沿って,領域分割による並列シミュレーションプログラムの具体的な設計例を示す.分子間の相互作用としては短距離相互作用のみを扱い,カットオフ半径に基づく計算量の削減をすることによって,粒子数に比例し,並列数に反比例する性能特性の実現を目指す.

本章の構成も,第3章と同様に,プログラム設計文書としての構成としている.研究・開発現場において設計文書を実際に作成する際に,参考にしていただきたい.

5.1 プログラムの達成目標

本プログラムの達成目標を,機能に関する目標と性能に関する目標に分けて示す.

5.1.1 機能に関する目標

本プログラムで実現を目指す機能的な目標を以下に挙げる.

(1) Lennard–Jones ポテンシャルに基づく力計算が可能であること.

(2) 速度 Verlet 法による分子の速度・位置の積分が可能であること.

(3) 保存量としては,NVE(分子数・体積・エネルギー)一定を維持する計算ができること.

(4) 計算結果として,各分子のトラジェクトリーをファイルとして出力できること(巨視的な物理量は,このトラジェクトリーに基づいて他のプログラムで計算するものとする).

(5) 異なる分子が混在したデータを扱えること.

(6) 境界条件としては,周期境界条件をサポートすること.

(7) MPI を用いた並列計算が可能であること.

(8) 領域分割に基づく並列処理が可能であること.

(9) 計算結果のアニメーション表示が可能であるビューワツール (VMD) がサポートするファイル形式で計算結果を出力できること.

(10) 計算結果の確認の助けとするために，系全体のポテンシャルエネルギー U_p と運動エネルギー U_k，そしてその和を出力可能であること．

5.1.2 性能に関する目標

本プログラムでは，時間発展計算の1ステップにかかる処理時間が，分子数に比例し，並列処理のプロセス数に反比例する性能特性の実現を目指す．この目標を達成するための基本的な考え方を以下に述べる．

Lennard–Jones ポテンシャルのような，近距離力に基づく分子動力学シミュレーションでは，分子間力の計算にかかる時間が，処理時間の大半を占めると考えられる．分子間力の力計算は，距離がカットオフ半径よりも近い分子対に関してのみ計算すればよい．その手順は概ね次のようになる．

(1) 着目する分子対の距離を計算し，カットオフ半径よりも近い距離にあるかを判定する．

(2) 近いと判定された場合には，分子間力を計算する．

上記のうち，(1) のための計算は，特に工夫をしなければ全分子対について計算する必要が生じ，分子数の2乗のオーダーの計算量となる．(2) は，空間内の分子の密度が一定の場合にはカットオフ半径内に存在する分子の数が，個々の分子ごとに同等と考えられるので，全体としては総分子数に比例した計算量となる．

(1) と (2) とを合わせた処理時間が，総分子数に比例した計算時間となるためには，(1) の計算に工夫が必要である．本プログラムでは，(1) において，距離計算が必要な分子の対の総数を減らすために，シミュレーション対象の空間をカットオフ半径相当の大きさの格子状のセルに分割する．これにより，近傍のセル内の分子間の距離だけを計算すれば済むようになり，分子間距離を計算すべき対の総数を，総分子数に比例したオーダーに抑えることができる．

これに加えて，上記のセルを直方体状に一定の個数まとめた単位の大きなセルを定め，この大きなセルの単位で別のプロセスで計算する並列化を考える．

以上の方式を組み合わせることにより，計算処理全体の処理時間は，以下の特性を持つと期待できる．

(1) 総分子数とシミュレーション対象の空間の大きさが固定の条件で比較した場合に，並列処理の並行度（プロセス数）に反比例した処理時間となること．

(2) シミュレーション対象の空間の大きさと，分割プロセス数が固定の場合には，総分子数に比例した処理時間となること．

(3) 1プロセス当たりのシミュレーション空間の大きさとセルの分割数，分子数を固定したまま，プロセスの数を増減させた場合に，処理時間は変わらないこと．

上記3つの性能特性の実現を目標とする．

5.2 プログラムが動作する計算機システムの構成

5.2.1 システム構成

本プログラムは，いずれかの MPI の実装が利用可能で，C++ コンパイラが利用可能な計算機のクラスタ上で動作するものとする．開発と実行は Linux 上で行うが他の OS での実行も想定し，OS 依存の記述は控えるものとする．

また，各計算機上ではネットワークファイルシステムなどにより，同一内容のファイルにアクセスできるものとする．

計算結果のトラジェクトリーデータの表示は，既存のビューワである VMD[1] を利用するものとする．

5.2.2 前提ソフトウェア

- C++ コンパイラ
- C++ ライブラリ
    - STL (Standard Template Library) が利用できるもの．
- GNU Make
- MPI の処理系
- VMD（計算結果のビューワソフトとして利用）[1]

5.3 計算対象の離散化表現

5.3.1 Lennard–Jones ポテンシャル

LJ (Lennard–Jones) ポテンシャルでは一対の分子間力によるポテンシャルを次式で定義する（式 (4.9) 参照）．

$$\phi_{ij}\left(r_{ij}\right) = \frac{A_{ij}}{r_{ij}^{12}} - \frac{B_{ij}}{r_{ij}^{6}} \tag{5.1}$$

本プログラムでは，ポテンシャルを実際に計算するカットオフ距離をあらかじめ定めて，カットオフ距離の範囲内にある分子同士に関してのみ計算をすることによって，計算量のオーダーを下げる．ある距離以上離れた分子同士のポテンシャルはゼロと定義する．

112   5 領域分割を用いた分子動力学シミュレータの設計

$$\phi_{ij}(r_{ij}) = \begin{cases} \dfrac{A_{ij}}{r_{ij}^{12}} - \dfrac{B_{ij}}{r_{ij}^{6}} & , r_{ij} < r_{\text{cutoff}} \\ 0 & , r_{ij} \geq r_{\text{cutoff}} \end{cases} \tag{5.2}$$

多数の分子からなる系全体のポテンシャルは，すべての対に関するポテンシャルの総和になる．

$$\Phi = \sum_{i<j} \phi_{ij}(r_{ij}) \tag{5.3}$$

分子 i に作用する力は，以下のようになる．

$$\boldsymbol{f}_i = -\nabla_i \Phi \tag{5.4}$$

$$= -\sum_{i \neq j, r_{ij} < r_{\text{cutoff}}} \frac{\partial \phi_{ij}(r_{ij})}{\partial r_{ij}} \cdot \boldsymbol{e}_{ji} \tag{5.5}$$

ここで，$\boldsymbol{e}_{ji}$ は，r_j から r_i へ向けての単位方向ベクトルである．

5.3.2 速度 Verlet 法による運動方程式の積分

力の算出式から加速度を求め，それを 2 階，数値積分して位置の軌跡を求める場合，積分の計算手順によって誤差が変わってくる．ここでは，そのような数値積分法の 1 つである速度 Verlet 法の手順に従って積分する．速度 Verlet 法は他の積分手法に比べて，総エネルギーなどの保存量の漸増や漸減が少ないことが知られている．

速度 Verlet 法を用いるためには，各粒子ごとに記憶すべき変数として，以下のものがある．

1. 現在の座標 $\boldsymbol{r}_i$
2. 現在の速度 $\boldsymbol{v}_i$
3. 現在の座標に基づいて算出した加速度 $\boldsymbol{a}_i$（本ケースでは初回の計算の初期値として 0 を用いる）

1 時間ステップの積分計算は，以下の手順に沿って行う．

ステップ 1：記憶している加速度の値を用いて，$\Delta t'$ の経過時間分の加速を速度に反映する（式 (4.17) 参照）．

$$\boldsymbol{v}_i(t + \Delta t) = \boldsymbol{v}_i(t) + \frac{1}{2}\Delta t \cdot \boldsymbol{a}_i(t) \tag{5.6}$$

ステップ 2：この速度値を用いて Δt の時間経過分の変位を反映する（式 (4.19) 参照）．

$$\boldsymbol{r}_i(t + \Delta t) = \boldsymbol{r}_i(t) + \Delta t \cdot \boldsymbol{v}_i(t + \Delta t) \tag{5.7}$$

ステップ 3：すべての分子についてステップ 2 が完了したのちに，各分子の新しい位置を用いて力を算出し，それに基づいて加速度を算出する（それぞれ式 (4.4)，(4.3) 参照）．

$$\boldsymbol{f}_i(t + \Delta t) = -\nabla_i U(\{\boldsymbol{r}(t + \Delta t)\}) \tag{5.8}$$

$$\boldsymbol{a}_i(t+\Delta t) = \frac{\boldsymbol{f}_i(t+\Delta t)}{m_i} \tag{5.9}$$

ステップ 4：先に求めた加速度の値を用いて，もう $t - \Delta t'$ 分の加速を速度に反映する．

$$\boldsymbol{v}_i(t+\Delta t) = \boldsymbol{v}_i(t+\Delta t') + \frac{1}{2}\Delta t \cdot \boldsymbol{a}_i(t+\Delta t) \tag{5.10}$$

これをすべての分子に対して計算する．

5.3.3　事前計算すべきループ不変量の特定

　LJ ポテンシャルに基づく力計算と速度 Verlet 法による繰り返しの差分計算に登場するループ不変量について整理する．本プログラムでは，各分子の種類や分子の物性定数，および時間刻み Δt がシミュレーション期間に亘って不変であり，これらの値だけから決まる量はループ不変量である．

　また，LJ ポテンシャルでは，着目する分子対の双方の分子の組合せに応じた係数の算出が必要となるが，計算に登場する分子の組合せは決まっているため，ループ不変量である．

　他方，時間とともに変化する量としては，各分子の位置，速度，加速度がある．これらの量を用いた式に登場するループ不変量が，事前計算して保持しておく価値のあるものである．

LJ ポテンシャルに基づく力計算式の展開

　式 (5.4) に (5.2) を代入すると，次式を得る．

$$\boldsymbol{f}_i = -\sum_{i \neq j,\, r_{ij} < r_{\text{cutoff}}} \left(\frac{-12 A_{ij}}{r_{ij}^{13}} - \frac{-6 B_{ij}}{r_{ij}^{7}} \right) \cdot \boldsymbol{e}_{ji} \tag{5.11}$$

$$= \sum_{i \neq j,\, r_{ij} < r_{\text{cutoff}}} \left(\frac{12 A_{ij}}{r_{ij}^{14}} - \frac{6 B_{ij}}{r_{ij}^{8}} \right) (\boldsymbol{r}_i - \boldsymbol{r}_j) \tag{5.12}$$

速度 Verlet 法に登場する状態変数の変換

　式 (5.6)～(5.10) を見ると Δt と何らかの値の乗算が数ヵ所に登場するが，Δt の値はシミュレーション期間に亘って一定であるため，Δt との乗算を事前に済ませることを考える．まず，式 (5.7) を以下のように書き換える．

$$\boldsymbol{r}_i(t+\Delta t) = \boldsymbol{r}_i(t) + \Delta \boldsymbol{r}_i \tag{5.13}$$

$$\Delta \boldsymbol{r}_i = \Delta t \cdot \boldsymbol{v}_i \tag{5.14}$$

この式の $\Delta \boldsymbol{r}_i$ を求めるには，式 (5.6) から，

$$\Delta \boldsymbol{r}_i = \Delta t \cdot \boldsymbol{v}_i = \Delta t \cdot \left(\boldsymbol{v}_i + \frac{1}{2}\Delta t \cdot \boldsymbol{a}_i \right) \tag{5.15}$$

$$= \Delta r_i + \frac{\Delta t^2}{2} a_i \tag{5.16}$$

を得る．さらに (5.9) を用いると，最後の項は次のように表せる．

$$\frac{\Delta t^2}{2} a_i = \frac{\Delta t^2}{2 m_i} f_i \tag{5.17}$$

プログラム上では，v_i や a_i に代わる変数として，Δr_i と $\Delta t^2 a_i/2$ とを変数として保持するものとする．プログラム内の変数名としてはそれぞれ，delta_pos と a_dt2_half と名付ける（表 5.1）．

表 5.1 Verlet 法の状態変数としてプログラム中で用いる変数

#	名称	意味	登場箇所, 備考
1	delta_pos	$\Delta t \cdot v_i$	式 (5.14)
2	a_dt2_half	$\frac{\Delta t^2}{2} a_i$	式 (5.17)

ループ不変量の一覧

以上の検討により，分子の種類ごとに事前計算しておくべき量としては，以下のものがある．それぞれ，表に示す名称で呼ぶことにする．

表 5.2 分子の種類ごとのループ不変量

#	名称	値	登場箇所, 備考
1	dt2_by_2m	$\frac{\Delta t^2}{2 m_i}$	式 (5.17)

表 5.3 分子の対に対して決まるループ不変量

#	名称	値	登場箇所, 備考
1	a_x12	$12 A_{ij}$	式 (5.12)
2	b_x6	$6 B_{ij}$	同上

5.3.4 カットオフ半径に基づく計算量の削減

シミュレーション対象の総分子数を N としたときの計算量のオーダーを $O(N)$ にするための方策として，カットオフ半径に基づく計算範囲の限定を行う．

力計算が必要となる分子の対の個数は，分子間距離がカットオフ半径よりも短い対である．1つの分子から見て，カットオフ半径以内の容積は一定であるため，その範囲内に存在する他の分子の平均的な個数は，空間内に分子が存在する密度に比例する．そのため，1つの分子に着

目したときに力計算が必要となる分子対の平均個数（cとする）は密度に比例し，総分子数には依存しない．系全体で力計算が必要な分子対の個数を考えると，計算が必要な分子対の個数は$\frac{1}{2}cN$であり，計算量のオーダーとしては$O(N)$である．

力計算に必要な計算量はこのように，もともと$O(N)$と小さいが，実は，カットオフ半径よりも近い分子対を特定するための計算が他に必要である．何も工夫をしなかった場合，可能なすべての分子対に関して分子間距離を計算することになり，その計算量は$O(N^2)$になってしまう．領域分割法はこの計算量を削減するための工夫の一例であり，分子間距離計算の計算量を$O(N)$に下げることができる．

本プログラムでは，シミュレーション対象の空間をカットオフ半径相当の大きさのカットオフセルと呼ぶ直方体に分割する．各分子はいずれかのカットオフセルに属する．カットオフ半径よりも近傍の分子を探す場合には，着目分子と同一のカットオフセルと，隣接する周囲のカットオフセルに属する分子のみを対象として距離計算をする．ここで，距離計算が必要な分子対の個数は，着目セルとその周囲のセルを合わせた，$3\times3\times3=27$個のセルに属する分子に限られる．そのような分子数は分子の存在密度によって決まる．1つのセルに含まれる平均の分子数をρとすると，分子間距離計算が必要な分子対の総数は$\frac{1}{2}\rho N$であり，計算のオーダーとしては$O(N)$である．

カットオフセルの寸法はカットオフ半径に基づいて定める必要があるが，本プログラムのように，異なる種類の分子が混在する系を扱う場合には，可能な分子の組合せによって，適当なカットオフ半径が変わる．セルの寸法は，考慮すべき最大のカットオフ半径に合わせて定める必要がある．LJポテンシャルの計算においても，カットオフ半径には同じ一律のカットオフ半径を用いるものとする．

5.3.5 周期境界条件

本プログラムでは，境界条件として領域分割法と相性のよい周期境界条件PBC (Periodic Boundary Condition) を実装する．周期境界条件では，直方体状の空間である基本ボックスを計算対象とし，この基本ボックスがどの方向にも周期的に繰り返しているものとしてモデル化する．運動により基本ボックスのいずれかの面から飛び出た粒子は，反対の面から基本ボックスに進入するものとして扱う．また，境界面の近傍の分子の力計算においては，境界の向こう側に存在する粒子，すなわち，基本ボックス内の反対側の境界の近傍の粒子との間の分子間力を加味する．

5.3.6 参考：3粒子以上が関与するポテンシャルの扱い

LJポテンシャルから力を計算する場合には，分子対ごとに2分子間の分子間力を求めて，総和を求めればよいが，Tersoffポテンシャルのような3体力以上の力が働くポテンシャルでは，微分計算が複雑になる．3体力の計算処理は，本章では具体的には扱わないが，読者が実装す

る際の参考に，3体力によって定義されるポテンシャル U から，個々の粒子 i に作用する力 $\boldsymbol{f}_i$ をシステマチックに導出する手順を紹介する．

多数の分子からなる粒子系において，系全体のポテンシャルエネルギー U から，個々の粒子 i に作用する力 $\boldsymbol{f}_i$ を求めるには，U を粒子 i の座標で微分する．粒子 i の座標による微分演算子を次式で定義する．

$$\boldsymbol{f}_i = -\nabla_i U = -\left(\frac{\partial U}{\partial x_i}, \frac{\partial U}{\partial y_i}, \frac{\partial U}{\partial z_i}\right)^{\mathrm{T}} = -\frac{\partial U}{\partial \boldsymbol{r}_i} \tag{5.18}$$

系に属する個々の粒子にかかる力を並べた縦ベクトルを考える．

$$\boldsymbol{F}(\{\boldsymbol{r}\}) = \begin{bmatrix} \boldsymbol{f}_1 \\ \boldsymbol{f}_2 \\ \vdots \\ \boldsymbol{f}_N \end{bmatrix} = \begin{bmatrix} -\frac{\partial U}{\partial \boldsymbol{r}_1} \\ -\frac{\partial U}{\partial \boldsymbol{r}_2} \\ \vdots \\ -\frac{\partial U}{\partial \boldsymbol{r}_N} \end{bmatrix} \tag{5.19}$$

このベクトルを総和計算（Σ）で表現するために，行数が N で k 行目の要素だけが 1，残りが 0 のベクトル δ_k を定義する．

$$\delta_k = \begin{bmatrix} 0 \\ \vdots \\ 1 \\ \vdots \\ 0 \end{bmatrix} \begin{matrix} 1 \\ \vdots \\ k \\ \vdots \\ N \end{matrix} \tag{5.20}$$

これを使うと，(5.19) は以下のように書くことができる．

$$\boldsymbol{F}(\{\boldsymbol{r}\}) = \begin{bmatrix} -\frac{\partial U}{\partial \boldsymbol{r}_1} \\ -\frac{\partial U}{\partial \boldsymbol{r}_2} \\ \vdots \\ -\frac{\partial U}{\partial \boldsymbol{r}_N} \end{bmatrix} = \sum_k \delta_k \left(-\frac{\partial U}{\partial \boldsymbol{r}_k}\right) = -\frac{\partial}{\partial \{\boldsymbol{r}\}} U \tag{5.21}$$

ここで，さらに以下に定義する演算子を用いた．

$$\frac{\partial}{\partial \{\boldsymbol{r}\}} = \sum_k \delta_k \left(\frac{\partial}{\partial \boldsymbol{r}_k}\right) \tag{5.22}$$

この準備のもとに，ポテンシャルの微分でよく登場する，粒子 i と粒子 j の間の距離 r_{ij} を，すべての粒子座標によって微分した結果を求めておく．粒子 i と j の座標以外による微分の項はゼロになる．

$$\frac{\partial r_{ij}}{\partial \{\boldsymbol{r}\}} = \sum_k \delta_k \left(\frac{\partial r_{ij}}{\partial \boldsymbol{r}_k}\right)$$

$$
\begin{aligned}
&= \delta_i \left(\frac{\partial r_{ij}}{\partial \boldsymbol{r}_i}\right) + \delta_j \left(\frac{\partial r_{ij}}{\partial \boldsymbol{r}_j}\right) \\
&= \delta_i \left(\frac{\partial \left((\boldsymbol{r}_i - \boldsymbol{r}_j) \cdot (\boldsymbol{r}_i - \boldsymbol{r}_j)\right)^{\frac{1}{2}}}{\partial \boldsymbol{r}_i}\right) + \delta_j \left(\frac{\partial \left((\boldsymbol{r}_i - \boldsymbol{r}_j) \cdot (\boldsymbol{r}_i - \boldsymbol{r}_j)\right)^{\frac{1}{2}}}{\partial \boldsymbol{r}_j}\right) \\
&= \delta_i \left(\frac{1}{2} \frac{2\boldsymbol{r}_i - 2\boldsymbol{r}_j}{\left((\boldsymbol{r}_i - \boldsymbol{r}_j) \cdot (\boldsymbol{r}_i - \boldsymbol{r}_j)\right)^{\frac{1}{2}}}\right) + \delta_j \left(\frac{1}{2} \frac{2\boldsymbol{r}_j - 2\boldsymbol{r}_i}{\left((\boldsymbol{r}_i - \boldsymbol{r}_j) \cdot (\boldsymbol{r}_i - \boldsymbol{r}_j)\right)^{\frac{1}{2}}}\right) \\
&= \delta_i \left(\frac{\boldsymbol{r}_i - \boldsymbol{r}_j}{r_{ij}}\right) + \delta_j \left(\frac{\boldsymbol{r}_j - \boldsymbol{r}_i}{r_{ij}}\right) \\
&= \delta_i \boldsymbol{e}_{ji} + \delta_j \boldsymbol{e}_{ij} \quad (5.23)
\end{aligned}
$$

ここで,$\boldsymbol{e}_{ij}$ は,$\boldsymbol{r}_i$ から $\boldsymbol{r}_j$ へ向けての単位方向ベクトルである.

今,着目するポテンシャルが以下のように定義されるとする.

$$\Phi = \sum_{i<j<k} \phi_{ijk}(r_{ij}, r_{jk}, r_{ki}) \quad (5.24)$$

各分子に作用する力は,式 (5.21) を用いると,以下のようになる.

$$
\begin{aligned}
\boldsymbol{F}(\{\boldsymbol{r}\}) &= -\frac{\partial}{\partial \{\boldsymbol{r}\}} \Phi & (5.25) \\
&= -\frac{\partial}{\partial \{\boldsymbol{r}\}} \sum_{i<j<k} \phi_{ijk}(r_{ij}, r_{jk}, r_{ki}) & (5.26) \\
&= -\sum_{i<j<k} \frac{\partial}{\partial \{\boldsymbol{r}\}} \phi_{ijk}(r_{ij}, r_{jk}, r_{ki}) & (5.27) \\
&= -\sum_{i<j<k} \left\{\frac{\partial \phi_{ijk}}{\partial r_{ij}} \cdot \frac{\partial r_{ij}}{\partial \{\boldsymbol{r}\}} + \frac{\partial \phi_{ijk}}{\partial r_{jk}} \cdot \frac{\partial r_{jk}}{\partial \{\boldsymbol{r}\}} + \frac{\partial \phi_{ijk}}{\partial r_{ki}} \cdot \frac{\partial r_{ki}}{\partial \{\boldsymbol{r}\}}\right\} & (5.28) \\
&= -\sum_{i<j<k} \left\{\frac{\partial \phi_{ijk}}{\partial r_{ij}} \cdot (\delta_i \boldsymbol{e}_{ji} + \delta_j \boldsymbol{e}_{ij}) + \frac{\partial \phi_{ijk}}{\partial r_{jk}} \right. \\
&\qquad \left. \cdot (\delta_j \boldsymbol{e}_{kj} + \delta_k \boldsymbol{e}_{jk}) + \frac{\partial \phi_{ijk}}{\partial r_{ki}} \cdot (\delta_k \boldsymbol{e}_{ik} + \delta_i \boldsymbol{e}_{ki})\right\} & (5.29)
\end{aligned}
$$

最後の式 (5.29) は,プログラムのループ処理と単純に対応付けることができる.ループ処理の擬似コードを例 5.1 に示す.このコード例ではカットオフ半径に基づく計算の削減は省略する.

```
//すべての分子について,作用している力を0で初期化する.
for (i = 0; i < N; i++) {
    force[i] = 0; // 実際には3次元のベクトル量
}
for (i = 0 ; i < N; i++) {
```

```
    for (j = i+1; j < N; j++) {
        rij = distance_of(position[i],position[j]);
        eij = (position[j] - position[i]) / rij; // ベクトル ÷ スカラー
        for (k = j+1; k < N; k++) {
            rjk = distance_of(position[j], position[k]);
            ejk = (position[k] - position[j]) / rjk;
            rki = distance_of(position[k], position[i]);
            eki = (position[i] - position[k]) / rki;
            force[i] -= dphi_by_drij(rij, rjk, rkj) * (-eij);
            force[j] -= dphi_by_drij(rij, rjk, rkj) * eij;
            force[j] -= dphi_by_drjk(rij, rjk, rkj) * (-ejk);
            force[k] -= dphi_by_drjk(rij, rjk, rkj) * ejk;
            force[k] -= dphi_by_drki(rij, rjk, rkj) * (-eki);
            force[i] -= dphi_by_drki(rij, rjk, rkj) * eki;
        }
    }
}
```

例 5.1　3 体力の力計算の擬似コード

実際に用いられるポテンシャルの定義式では，微分することによって多くの項が生じることがあるので，式の構造に合わせてループ処理を記述する．

5.4　並列化の方針

計算機クラスタによる計算の並列化のために，カットオフセルによるセル分割と同時に，利用できる計算プロセスの数に基づく分割を行う．一般的には計算プロセスの数は，カットオフセルの数よりもはるかに少ない．そこで，カットオフセルの大きさの整数倍の大きさの空間を 1 つの計算プロセスの担当空間と定め，計算対象の空間を分割する．

カットオフセルと区別するために，本章では 1 プロセスの計算対象の空間をプロセッサ分割セル (processor division cell) と呼ぶことにする．1 つの CPU コアが計算を担当する空間の範囲がプロセッサ分割セルであり，1 つのプロセッサ分割セルは，（一般には）多数のカットオフセルに分割される．この様子を 2 次元で模式的に表したものを図 5.1 に示す．

5.4.1　データ配置と計算方法

各計算プロセスは，自身が担当すべきプロセッサ分割セルの空間が定められている．その範囲内に存在する全分子について，分子の性質のデータ（分子の種類は何か）と状態のデータ（座標と速度）を保持する必要がある．速度 Verlet 法の計算のためにはさらに加速度も，1 時間ステップの計算の途中で一時的に保持する必要がある．

5.4 並列化の方針 119

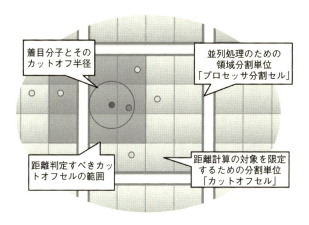

図 5.1 並列処理のための分割の様子

Cell [0][0]	Cell [0][1]	Cell [0][2]	Cell [0][3]	Cell [0][4]	Cell [0][5]
Cell [1][0]	Cell [1][1]	Cell [1][2]	Cell [1][3]	Cell [1][4]	Cell [1][5]
Cell [2][0]	Cell [2][1]	Cell [2][2]	Cell [2][3]	Cell [2][4]	Cell [2][5]
Cell [3][0]	Cell [3][1]	Cell [3][2]	Cell [3][3]	Cell [3][4]	Cell [3][5]
Cell [4][0]	Cell [4][1]	Cell [4][2]	Cell [4][3]	Cell [4][4]	Cell [4][5]
Cell [5][0]	Cell [5][1]	Cell [5][2]	Cell [5][3]	Cell [5][4]	Cell [5][5]

図 5.2 1つのプロセスが保持するセルの範囲（2次元の場合）

　自身のプロセッサ分割セル内の分子のデータに加えて，近隣のプロセッサ分割セル内の，隣接しているカットオフセル内の分子については，力計算のために，分子の種類と座標のデータが必要である（速度は必要ない）．

　両者のデータの様子を2次元の場合で示した模式図を図5.2に示す．

　分子間力と位置座標更新計算の分担については以下のようにする．まず，着目する分子対の双方が自身のプロセッサ分割セルに属する場合には，当然ながら，双方の分子にかかる力計算と，座標の更新は，自プロセスが行う．この際，作用・反作用の法則を活用して1回の分子間力の計算結果を双方の分子での加速度計算に利用する．これに対して，異なるプロセッサ分割セルにまたがる場合には，処理の簡略化のために，双方のプロセスにおいて同じ分子対にかかる力を計算して，それぞれのプロセッサ分割セルに属する側の分子の座標の更新を行うものとする．この場合には同じ値が得られる力計算が重複して行われる．両者での計算順序の違いから，計算結果にもわずかな違いが生じ，系全体の運動量の保存性が低下するが，このような，

重複計算による効率低下と計算誤差の影響は無視できると仮定する.
　計算処理の流れは，次のようにする．各計算プロセスはプロセッサ分割セルの境界に接しているカットオフセル内の分子のデータを，隣接する計算プロセスと相互に授受して，その情報も用いて力計算をし，自身のプロセッサ分割セル内にある分子の位置の更新を行う．位置の更新に続いて，プロセス間の分子の移動のための通信を行う．そのようにして位置の更新を所定の回数繰り返すごとに，全分子の位置データをトラジェクトリーファイルに出力するものとする．

5.4.2　物理的な計算ノードへのプロセスの配置

　多数のプロセッサノードを持つ計算機システムにおいては，計算ノード間の通信速度が，ノード間のトポロジー的な距離に応じて異なる場合がある．たとえば計算ノードが，(ネットワークの配線の上では) 3 次元の格子状に配置され，その格子における隣接の計算ノードとの間の通信が，他の場合に比べて特に高速に行うことができるものがある．シミュレーション計算で生じる通信は，極力，高速な通信が可能なノード間の通信となるようにすべきである．
　本プログラムをそのような計算機システムで動作させる場合には，各計算ノードのネットワーク上の格子内での配置に基づいて，その計算ノードに担当させるプロセッサ分割セルの座標を定めることにより，ネットワーク上で隣接したノード同士の通信を最大限に活用できるようになる．プログラムの処理としては，そのプログラムが起動された計算ノードの，ネットワーク内の座標を取得し，その座標に基づいてどのプロセッサ分割セルを担当するかを決定させることが考えられる.

5.4.3　初期データの入力方法

　計算対象の分子の種類と座標データは，本プログラムの入力ファイルとして与える．本プログラムには，初期座標をたとえば乱数で発生する機能は持たせない．
　計算対象のすべての分子の情報が 1 つのファイルに格納されているものとする．各計算プロセスはその入力ファイルをそれぞれ読み込み，自身が計算を担当する空間に属する分子だけをメモリに取り込む.

5.4.4　計算結果の出力方法

　利用するビューワソフトである VMD の入力ファイルフォーマットとして，簡単に使える XYZ 形式 [2] を利用する．VMD の仕様では，全分子のデータを 1 つのプロセスに集めることが必要である．これは，トラジェクトリーの各時刻のデータにおいて，分子の個体の登場順が一定であることを VMD が要請しているためである．分子は計算プロセス間を移動するので，毎回一定の順番で全分子の位置を出力しようとすると，全分子の位置を一旦，1 ヵ所に集める必要がある．

これでは，全分子のデータを1ヵ所に集めるような処理は避けるという計算量の目標に関する方針に反することになる．

これに対しては，以下の方針で臨むものとする．(1) 最初のバージョンでは，この問題は抱えたまま，トラジェクトリーデータの出力頻度を下げるものとし，ファイル出力処理が全体に占める時間の割合を減らす．(2) 割合を減らしたのでは目的を満たせない場合には，ファイル形式として，並列の出力が可能な別の形式がないか今後調査検討する．(3) ファイル形式を選び直しただけではボトルネックを解消できない場合は，計算結果の出力処理方式全体を見直す．

5.4.5 並列処理のシーケンス図

以上検討した結果をシーケンス図としてまとめたものを図5.3に示す．

通信の形式は，図中の通信(A)〜通信(C)のパターンが登場する．それぞれの通信内容について表5.4に示す．

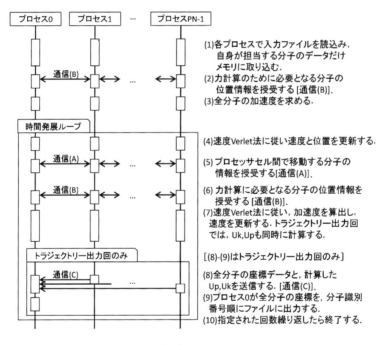

図 **5.3** 並列処理のシーケンス図

表 5.4 通信の形式

名前	通信の起点・終点	データ内容
通信 (A)	プロセッサ分割セルが接しているプロセス同士の双方向通信	送信元から送信先に移動させる全分子（飛び出した分子）について，その種類，座標，速度，個体の通し番号．（図 5.4）
通信 (B)	プロセッサ分割セルが接しているプロセス同士の双方向通信	送信元のカットオフセルのうち，送信先プロセスと接しているセル内の全分子について，その種類と座標．(図 5.5)
通信 (C)	全プロセスからプロセス 0 に向けての通信	各プロセスのプロセッサ分割セル内に位置が存在する全分子について，その種類，座標，個体の通し番号．それに続いて各プロセスで計算した U_k, U_p.

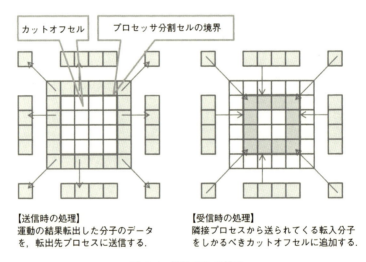

図 5.4 通信 (A) の様子

今後の説明の便宜のために，表 5.5 にセルの区別のための呼称をいくつか定義する．

5.4.6 周辺セルの 2 通りの役割

周辺セルには，役割が 2 つあり，そのためデータをたびたび書き換える必要が生じる．

1 つ目の役割は，分子間力計算のために，他のプロセスから位置情報を受信した分子の座標データを保持することである．このデータは，力計算のたびに周囲からデータをもらうため，一度使ったデータは再利用されない．

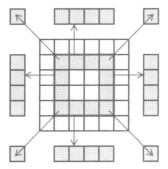
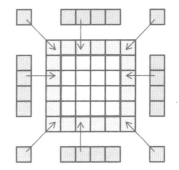

【送信時の処理】
隣接プロセスがポテンシャル計算のために必要とする分子のデータを送出する.

【受信時の処理】
そのようにして隣接プロセスから送られてくる分子のデータを適切な周辺セルに格納する.

図 5.5 通信 (B) の様子

表 5.5 セルの呼称

呼称	意味
ローカルセル	自身のプロセッサ分割セル内部にあるカットオフセル.
表面セル	ローカルセルのうち,最外周にあるカットオフセル.
周辺セル	自身のプロセッサ分割セルに隣接している,他のプロセッサ分割セルに由来するカットオフセル.ポテンシャル計算のために他のプロセスから受信したデータを保持するほか,分子の移動の結果自プロセスから転出する分子のデータを一旦保持するために使う.
隣接セル	あるカットオフセルに直接隣接しているカットオフセル.

2つ目の役割は,運動方程式の積分により分子が移動し,ローカルセルから周辺セルに飛び出した場合のデータの保持である.そのように飛び出した分子は,自プロセスの領域から転出したのであり,転出先のプロセスにデータを引き渡す必要がある.このとき,周辺セルの中に,転出した分子のデータと,ポテンシャル計算のために他のプロセスから位置情報を受信した分子のデータが混ざっていると,データを送信すべき分子がどれなのかわからなくなってしまう.

そこで,力計算が終わった時点で一度周辺セルの内容をすべてクリアし,その後に位置の更新計算をして,転出分子の送信をし,送信が済んだら再び周辺セルの内容をクリアするものとする.

5.4.7 期待する処理性能

本書では具体的な計算は省略するが，処理方式から，期待される性能の特性について，設計段階で見積もることができるものについては試算するべきである．

メモリ消費量の見積もり

データモデルに登場する主要な変数の1つ当たりの大きさを試算ないしは試作して測定し，メモリ消費量を，式で表現する．分子の個数など，実行時に与えられる数値は変数として表現する．

ファイル容量の見積もり

メモリ消費量と同様に見積もる．

ファイル容量の見積もりには，必要なディスク容量の見積もりの意味のほかに，ファイル入出力にかかる処理時間の見積もりの意味がある．そのため，入出力の種類ごとに容量を試算するとよい．

計算量の見積もり

主要な計算の回数を見積もる．乗算や加算を1つ1つ数えるのではなく，本プログラムであれば，分子間距離の計算回数，分子間力と位置更新の計算回数，のように，回数が同じものはひとまとめにしてしまってよい．

通信量の見積もり

通信処理においては，通信の回数に比例するオーバーヘッドが大きいことがあるので，通信の回数と通信のデータ量の双方を見積もる．

純粋なシミュレーションそのものの通信に加えて，データ出力のために生じる通信も見積もる．

期待される処理時間の特性の予測

時間発展ループの処理時間を，計算量，ファイル入出力の量，通信量に基づいて式で表現する．それぞれの性能値が事前にわからない場合には，性能単価を未知定数とおいた式で表現する．

5.5 プログラムの外部仕様

本プログラムの使い方として想定するのは，比較的限られた種類の分子に対して，初期状態を変えながら計算を繰り返すというものである．計算をしながら何らかの巨視的な量に関する知見を得ることがプログラムの目的となるが，巨視的な物理量の算出は，他のプログラムで行

うものとする．ただし，総エネルギーの保存の程度を確認するために，運動エネルギーとポテンシャルエネルギー，そして両者の和の値は出力するものとする．

以上の方針を踏まえて，プログラムの外部に見える部分の仕様を検討する．

5.5.1 物理量の単位系

プログラム内の変数が保持する物理量の単位系は，同種のプログラムの慣例に従い，分子レベルのミクロな値のスケールに合ったものとする．具体的には，表 5.6 に示す．プログラムの内部の変数も，入出力するファイル上のデータも，原則としてこれらの単位を用いるものとする．ただし，エネルギーだけはミクロな単位として $[\mathrm{u}\cdot\mathrm{Å}^2\cdot\mathrm{fs}^{-2}]$ と，MKSA 単位系の J を併用する．プログラム内の変数は原則としてミクロな単位を用い，J で表されることが一般的な LJ ポテンシャルの ε を保持する変数のみ J を用いる．また，系の全エネルギーの値をファイルに出力する場合にも J を用いるものとする．

表 5.6 物理量の単位系

物理量の次元	単位	MKSA 単位との変換
長さ	Å	10^{-10} m
時間	fs（フェムト秒）	10^{-15} 秒
質量	u（統一原子質量単位）	$1.660\,538\,921 \times 10^{-27}$ kg [3]
速度	Å/fs	10^5 m/s
加速度	Å/fs^2	10^{20} m/s^2
エネルギー	ミクロ：u·Å^2/fs^2	$1.660\,538\,921 \times 10^{-17}$ J
	マクロ：J	1 J

5.5.2 入力データの検討

LJ ポテンシャルに基づく分子動力学計算に必要なパラメータを列挙し，それぞれについて，プログラムに指定する方法を検討する．

(1) LJ ポテンシャルモデルにおけるパラメータ（物性値）

(2) 計算対象とする分子の初期状態：分子の種類，座標，速度

(3) 境界条件を定義するパラメータ：周期境界条件を用いるので，対象の空間の寸法

(4) 分割の単位を規定するパラメータ：カットオフ半径やプロセス数，プロセッサ分割セルの各方向の分割数

(5) 計算条件に関するパラメータ：時刻の刻み Δt と，繰り返し回数

(6) 計算結果の出力方法に関するパラメータ：トラジェクトリファイルに位置情報を出力する間隔（時間発展計算を何回するごとにファイルに出力するか）

　LJ ポテンシャルのパラメータは，頻繁に変更を要するものではないので，プログラムのソースコード内に書くものとする．なお，カットオフ半径は，分子種によらない共通の値をファイルから指定する．

　残りのパラメータは，以下に示すようにファイルまたはコマンドライン引数で指定する．

　まず，分子の初期状態は，データ量が多量であるため，それだけで独立したファイル（分子初期状態ファイルと呼ぶ）に格納する．

　プロセッサ分割数に関するパラメータは MPI に渡すパラメータとファイル内に記述するパラメータの双方で指定する．具体的には，プロセッサ分割セルの個数を各次元ごとに N_x, N_y, N_z として決めてファイル内に記述し，その積である $N_x \cdot N_y \cdot N_z$ を MPI の処理系に指定する．格子状のトポロジーで計算ノードを接続する計算機システムでは，N_x, N_y, N_z の 3 つの値を MPI の処理系に指定する．双方に指定した値が食い違う場合には入力パラメータのエラーとみなすこととする．並列度の総数を入力してそこからプロセッサ分割数を自動的に計算するようなことはしない．

　並列度の指定と，その他の計算条件に関するパラメータと，計算結果の出力方法に関するパラメータは，1 つのファイル（計算条件ファイルと呼ぶ）にまとめて記述する．分子初期状態ファイルの名称も計算条件ファイルに記述する．

サポートする分子の種類の一覧

　計算をサポートする分子，すなわちプログラム内に物性値のデータを持つ分子の一覧を表 5.7 に示す．分子の種類は入力ファイル内で元素記号で指定する．プログラム内では，対応する分子の種類に対して，表に示す分子種別番号を割り振り，この値で分子の種類を識別する．

表 5.7　Lennard–Jones ポテンシャルに関係する物性値 [4]

分子種別番号	分子の名称	m [u]	σ [Å]	ε [J]
0	He	4.0026022	2.56	0.141×10^{-21}
1	Ne	20.17976	2.75	0.492×10^{-21}
2	Ar	39.948	3.40	1.70×10^{-21}
3	Kr	83.7982	3.68	2.30×10^{-21}
4	Xe	131.2936	4.07	3.1×10^{-21}
5	N_2	28.01344	3.70	1.25×10^{-21}
6	I_2	254.808946	4.98	7.6×10^{-21}
7	Hg	200.592	2.90	11.74×10^{-21}
8	CCl_4	153.82358	5.88	4.51×10^{-21}

5.5.3 各入力ファイルの形式

いずれの入力ファイルも，テキストファイルとする．文字コードはUTF-8，改行コードはUnix形式（0x0aのみ）とする．

分子初期状態ファイル

分子初期状態ファイルの説明を表5.8に示す．

表5.8 分子初期状態ファイルの形式

#	意味	繰り返し行数	行の内容の例
1	分子の種類，位置(x,y,z)，速度(u,v,w) 行番号（1〜）が個体識別番号になる	分子の数	He 10 10 10 0.5 0.5 0.5

計算条件ファイル

計算条件ファイルの例を例5.2に，各行の説明を表5.9に示す．

```
initial_state_file input/molecule_initial.xyz
trajectory_file output/trajectory.xyz
box_size 100 100 100
process_division 4 4 4
cell_division 10 10 10
delta_t 1
duration 10000
output_interval 10
cutoff_radius 5
```

例5.2 計算条件ファイルの例

5.5.4 出力データの検討

指定した時間間隔で全分子の座標を出力するファイルは，トラジェクトリーファイルと呼び，系のエネルギーの遷移を出力するファイルは総エネルギーファイルと呼ぶ．両ファイル共に出力はMPIのrankが0のプロセスが行う．エネルギー値の出力のタイミングはトラジェクトリーファイルの出力と同一とする．

表 5.9 計算条件ファイルの形式

#	意味 [ ] 内は単位	行の内容の例 太字は固定のキーワード
1	分子初期状態ファイルのパス名	**initial_state_file** data/a.dat
2	トラジェクトリーファイルのパス名	**trajectory_file** traj.txt
3	計算対象空間の寸法 [Å]	**box_size** 1000 1000 1000
4	プロセッサ分割セルの個数	**process_division** 4 4 4
5	ローカルセルの個数	**cell_division** 10 10 10
6	時間間隔 Δt [フェムト秒]	**delta_t** 2
7	総シミュレーション期間 T [フェムト秒]	**duration** 100000
8	トラジェクトリーの出力間隔ステップ数	**output_interval** 100
9	力計算のカットオフ半径 [Å]	**cuttoff_radius r** 4

5.5.5 各出力ファイルの形式

トラジェクトリーファイル

トラジェクトリーファイルの形式は，VMD で読み込みが可能なファイル形式のうち，テキスト形式であるため作成が簡単な XYZ ファイル形式とする．

VMD では XYZ ファイルのアニメーション表示をサポートしているが，その際に，各時刻のデータの中で分子の登場順が一定でなければならないという制約があるので，その時々の分子の所属先プロセッサ分割セルに関わらずに，分子の識別番号順にファイルに出力する．

アニメーション表示する場合の XYZ ファイル形式ファイルの構造を表 5.10 に示す [2]．

表 5.10 XYZ ファイルの形式

#	意味	繰り返し行数	行の内容の例
1	分子数	1	10000
2	データラベル（表示に使われる）	1	# test data
3	分子の名前 座標 その他の情報（VMD には無視される）．分子の名前は VMD で色付けに使われる．	分子の数 × 時刻サンプル数 時刻ごとの分子の登場順は毎時刻で同一	Ar 100 200 100

総エネルギーファイル

総エネルギーファイルの内容を表 5.11 に示す．

表 5.11 総エネルギーファイルの形式

#	意味	繰り返し行数	行の内容の例
1	時刻 [fs] 総 U_k [J] 総 U_p [J] 総 U [J]	トラジェクトリー出力回数の分	100 1.5e-21 2.0e-21 3.5e-21

5.5.6　実行時のディレクトリ構成

　MPI の制御の下でプログラムが並列に実行される時点では，各プロセスは同じ内容のディレクトリをカレントディレクトリとして起動されるものとする．

　入力ファイル，出力ファイル共に，計算条件ファイルの中でパス名を指定するので，実行時のディレクトリ構造に，入力ファイルや出力ファイルの置き場として，固定のディレクトリ構造は仮定しない．

5.5.7　プログラムの名称と起動パラメータ

　プログラムの名称は mp_mdlj とし，コマンドライン引数は，計算条件ファイルのファイル名とする．

　起動するための具体的なコマンドの書き方は，利用する MPI の処理系による．一例を例 5.3 に示す．

```
% mpirun -n 64 mp_mdlj condition_file.txt
```

例 5.3　プログラムの起動例

5.5.8　計算処理の時間刻みに関する制約

　時間刻み Δt が大きすぎると，分子同士が極端に近接してしまい，その結果として実際には生じえない大きな反発力が計算上では生じ，さらにその結果として分子が 1 ステップの計算で隣接カットオフセルよりもさらに遠くまで移動してしまう可能性がある．プログラムのバグによっても同様の結果は生じうる．そのようなデータは計算結果として意味があるとは考えられないので，もしも検知された場合には，Δt が大きすぎる旨のメッセージを出して計算を中断するものとする．その場合にはプログラムにバグがないかよく確認し，バグでなければ Δt をより小さく指定して計算をやりなおす．

5.6　1つのプロセスの処理内容

各プロセスの中は単一のスレッドで動作させる．

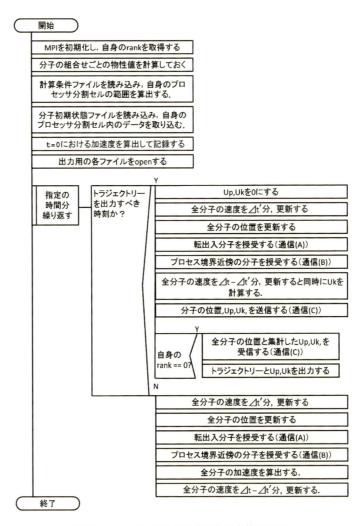

図 5.6　1つのプロセスの中の処理全体の PAD

5.7　データモデル

5.7.1　データモデルの設計方針

本プログラムのデータモデルの設計方針は，以下の通りである．

(1) 何度も同じ値が使われる計算値は，再利用できるように記憶場所を明確に設ける．たとえばLJポテンシャルのパラメータは2つの分子の組合せに応じた値を予め算出しておく．

(2) カットオフセル間の分子の移動が効率よく行えること．カットオフセル間で分子が移動する場合の処理が定数時間で終わるようにする（たとえば，配列の途中の要素への挿入や，配列の途中の要素の削除が生じないこと）．

(3) 通信処理と計算処理が互いに参照することがないクラス構造とする．計算処理部分だけ，あるいは通信処理部分だけを取り出したテストを可能にする．

(4) CPUのキャッシュヒット率向上を図るため，同時期にアクセスされる変数のメモリ配置が近接するように配慮する．

(5) グローバル変数の使用は極力避ける．

5.7.2 セルの座標系についての取り決め

本プログラムではセルやプロセスを識別する座標が何種類か登場するので，それぞれの種類の座標に統一した変数名を用いるものとする．また，定義域の取り方に選択の余地があるので，以下のように定めておく．

表 5.12 各種のセルを識別する座標に用いる変数

変数名	意味	定義域や制約条件
npx, npy, npz	各座標方向のプロセス数	$0 <$ npx, npy, npz, npx $\times$ npy $\times$ npz $=$ np (np:並列化プロセスの総数)
px, py, pz	自身のプロセスの座標	$0 \leq$ px $<$ npx など
ipx, ipy, ipz	特定のプロセスの座標（i は index の意）	$0 \leq$ ipx $<$ npx など
opx, opy, opz	隣接プロセスを指す相対座標（o は offset の意）	$0 \leq$ opx < 3 など
ncx, ncy, ncz	各座標方向のローカルセルの数	$0 <$ ncx, ncy, ncz
acx, acy, acz	周辺セルを含めた，プロセス内に保持するカットオフセルの総数	acx $=$ ncx$+2$ など
icx, icy, icz	プロセス内の特定のカットオフセルの座標	周辺セルを含むと $-1 \leq$ icx $<$ ncx $+ 1$ など ローカルセルは $0 \leq$ icx $<$ ncx など
ocx, ocy, ocz	隣接カットオフセルを指す相対座標	$0 \leq$ ocx < 3 など

5.7.3 3次元ベクトルクラスと直方体領域クラス

位置，速度，加速度などを保持するクラスとして3次元のベクトルクラス VectorXYZ を設ける．また，セルの寸法などを保持するために，3次元の直方体領域クラス BoxXYZ を設ける．メソッドは実装を進めながら必要に応じて追加するものとする．両クラスのクラス図を図5.7に，変数の説明を表5.13に示す．

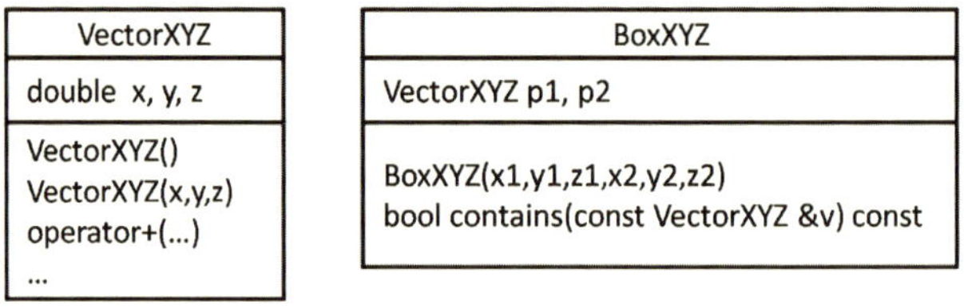

```
VectorXYZ
double x, y, z

VectorXYZ()
VectorXYZ(x,y,z)
operator+(...)
...
```

```
BoxXYZ
VectorXYZ p1, p2

BoxXYZ(x1,y1,z1,x2,y2,z2)
bool contains(const VectorXYZ &v) const
```

図 5.7　3次元ベクトルクラスと直方体領域クラス

表 5.13　3次元ベクトルクラスと直方体領域クラスの変数

#	クラス	変数	意味
1	VectorXYZ	x,y,z	ベクトルの3成分
2	BoxXYZ	p1	直方体内で x, y, z 各値が最小の頂点
3	BoxXYZ	p2	直方体内で x, y, z 各値が最大の頂点

5.7.4 プロセッサ分割セルとカットオフセルの構造

プロセッサ分割セルとカットオフセルの構造には，以下の要件を満たすことを考える．

(1) プロセッサ分割セルから，任意座標のカットオフセルに辿ることができること．

(2) 各カットオフセルから，隣接セルに辿ることができること．

(3) ローカルセルと，周辺セルとを，なるべく同様に扱えること．

以上の要件を考慮したクラス構造を図5.8に示す．プロセッサ分割セルを表現するクラス MdProcData は，カットオフセルを表現するクラス Cell の3次元配列を保持する．各 Cell クラスは隣接セルを指すポインタの3次元配列を持つ．この構造を図5.8に，各変数の説明を表5.14に示す．

C++ ではコンパイル時点で長さの決まらない多次元配列は，言語仕様ではサポートしていないため，自分で何らかのメモリ管理をする必要がある．MdProcData が Cell を保持する配列がこれに該当する．本プログラムでは1次元配列として Cell のメモリを確保し，3次元配列としての座標と1次元配列内での座標の変換をする関数を設けるものとする．該当する箇所のコードの概要を例5.4に示す．

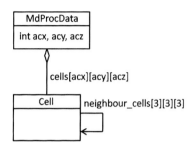

図 5.8 プロセッサ分割セルとカットオフセルの構造

表 5.14 プロセッサセルとカットオフセルの構造に関する変数

#	クラス	変数	説明
1	MdProcData	acx, acy, acz	メモリ上に保持するカットオフセルの座標軸ごとの数：表 5.12
2	MdProcData	cells	着目プロセスのカットオフセルの 3 次元配列
3	Cell	neighbour_cells	方位別の隣接カットオフセルへのポインタ

```
// ヘッダファイルの一部
class MdProcData {
    Cell *cells_; // 実際には3次元配列だが，言語仕様上1次元配列としてポインタを宣言
    int ncx_, ncy_, ncz_; // ローカルセルの数
    int acx_, acy_, acz_; // 周辺セルを含めたセルの数
    int acyz_, acxyz_offset_; // 3次元座標を1次元に変換する計算で登場する値
    ...
public:
    allocateCells(); // セル確保関数
    Cell *cellFor(int ix, int iy, int iz) {
        // (ix+1)*acy_*acz_+ (iy+1)*acz_+ (iz+1) を展開して定数計算を事前に済ませる．
        // = ix*acy_*acz_+ iy*acz_+ iz_+ (acy_*acz_+acz_+1)
        return &cells_[ix*acyz_+ iy*acz_+ iz + acxyz_offset_];
    }
};
// ソースファイルの一部
MdProcData::MdProcData() {
    cells_= NULL;
}
void MdProcData::allocateCells() {
    acx_= ncx_+ 2; // 割り当てるセルの数を計算
    acy_= ncy_+ 2;
```

```
        acz_ = ncz_ + 2;
        acyz_ = acy_ * acz_;
        acxyz_offset_ = acy_*acz_+acz_+1;
        // 1次元配列として割り当てる
        cells_ = new Cell[acx_*acy_*acz_];
    }
    MdProcData::~MdProcData() {
        if (cells_) {
        delete [ ] cells_;
        }
    }
```

例 5.4　MdProcData から Cell をアクセスする部分の処理

Cell クラスが保持する隣接セルへのポインタの配列は，次元も長さも固定なので C++ の配列として直接表現できる．この配列の中身はローカルセルに関してのみ設定するものとし，周辺セルに関しては利用も設定もしない．ポインタの初期化は MdProcData の中のループから行う．コードの概要を例 5.5 に示す．

```
    class Cell {
    private:
        Cell *neighbourCells_[3][3][3];
    public:
        void setNeighbour(int ocx, int ocy, int ocz, Cell *neighbour) {
            neighbourCells_[ocx][ocy][ocz] = neighbour;
        }
    };
    class MdProcData {
        void setNeighbourCellsOfLocalCells();
    };
    ....　以下はソースファイルの中 ....
    void MdProcData::setNeighbourCellsOfLocalCells(){
        int icx, icy, icz, ocx, ocy, ocz;
        Cell *localCell, *neighbourCell;
        for (icx = 0; icx < nx_; icx++) {
            for (icy = 0; icy < ny_; icy++) {
                for (icz = 0; icz < nz_; icz++) {
                    localCell = cellFor(icx,icy,icz);
                    for (ocx = 0; ocx < = 2; ocx++) {
                        for (ocy = 0; ocy < = 2; ocy++) {
```

```
                    for (ocz = 0; ocz < = 2; ocz++) {
                        neigbourCell = cellFor(icx+ocx-1,icy+ocy-1,icz+ocz-1);
                        localCell->setNeighbourCell(ocx,ocy,ocz,neighbourCell);
                    }
                }
            }
        }
    }
}
```

例 5.5 隣接セルへのポインタを初期化する処理

このコードはループの入れ子（ネスト）が6段にもなり，可読性に劣る．本プログラムでは同種のループが多数登場するため，次節に述べるイテレータを用いることにより，可読性の向上を図る．

5.7.5 セルに関するループ処理を簡略化するためのイテレータ

本プログラムでは，1つのプロセスが保持するカットオフセルは3次元配列状になっており，これらのセルに処理をするコードでは三重のループが必要となる．これをそのまま三重のループとして記述すると例 5.5 に見られるようにいたずらにループの入れ子が深まってしまう．そこで，オブジェクト指向プログラミングでのテクニックの1つであるイテレータを用いることによって，実質的には三重のループを単一のループで記述できるようにする．

イテレータ（iterator: 反復子）はなんらかの要素の集合に対して，集合の要素を次々に辿る機能を持つクラスである．本プログラムでは，直方体状に並んだセルの3次元の座標の範囲を走査する反復子を考える．反復子が走査する要素の集合を定義するのは，セルの座標の範囲であり，反復子は定義された範囲内のセルの座標を次々と発生する．

本プログラムの処理では，反復子の適用候補となる格子座標の範囲に3つのパターンがある．3つのパターンに合わせて，表 5.15 に示す3種類のイテレータを設ける．

イテレータを引数として受け取る関数においては，3種のうちのどのイテレータであるかは問わずに利用できることが望ましい．そのような関数では必要なのは座標の情報のみであるため，3種のイテレータに共通の親クラス GridIndex3d を設ける（図 5.9）．各クラスの変数の説明を表 5.16 に示す．

これらのクラスを用いて，前節の例 5.5 を書き換えると，例 5.6 のようになる．六重の入れ子になっていたループが二重のループ記述で済む．

136   5 領域分割を用いた分子動力学シミュレータの設計

表 5.15 イテレータの種類

#	名称	説明
1	GridIterator3d	初期化時点で渡された直方体状の範囲内の格子座標を次々と発生するイテレータ．直方体の範囲を保持するクラスは GridRange3d と名付ける．
2	GridPeerIterator3d	固定の範囲 [0,0,0]–[2,2,2] のうち，[1,1,1] を除いた格子点の座標を発生するイテレータ．
3	GridDirIterator3d	固定の範囲 [-1,-1,-1]–[1,1,1] のうち，[0,0,0] を除いた格子点の座標を発生するイテレータ．

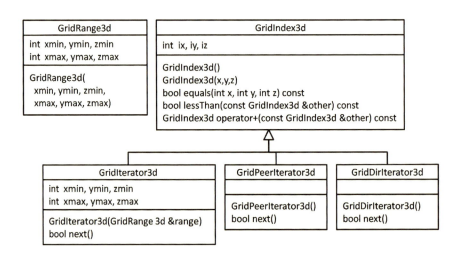

図 5.9   イテレータクラス

表 5.16   イテレータクラスの変数

#	クラス	変数	説明
1	GridRange3d	xmin,ymin,zmin	レンジの各座標の下限
2	GridRange3d	xmax,ymax,zmax	レンジの各座標の上限
3	GridIndex3d	ix, iy, iz	イテレータが指す座標
4	GridIterator3d	xmin, ymin, zmin	走査するレンジの下限
5	GridIterator3d	xmax, ymax, zmax	走査するレンジの上限

```
void MdProcData::setNeighbourCellsOfLocalCells() {
    GridRange3d localRange(1,1,1, ncx,ncy,ncz);
    Cell *localCell, *neighbourCell;
    // 走査する範囲を指定して反復子を作成する
    GridIterator3d cellIt(localRange);
    while(cellIt.next()) {// 初回の next により，最初の要素を指す．最後に false を返す
        localCell = cellFor(cellIt); // GridIndex3d を引数として取る関数を設ける
```

```
            GridDirIterator ofsIt; // 周囲26方位に関するイテレータ ofs: offset
            while(ofsIt.next()){
                GridIndex3d surrCellIdx = cellIt + ofsIt;
                surrCell = cellFor(surrCellIdx);
                neighbourCell = cellFor(surrCell);
                GridIndex3d peerCenter(1,1,1);
                localCell->setNeighbourCell(peerCenter + ofsIt, neighbourCell);
            }
        }
    }
```

例 5.6 イテレータを利用するコード例

5.7.6 カットオフセルの構造

　各カットオフセルは，そのセルに属する多数の分子の情報を保持する．これらの分子はセルの間を頻繁に移動するので，単純な配列を用いたのでは配列の途中の要素の削除が生じてしまい，効率が悪い．そこで，途中の要素の削除を高速に行えるデータ構造である双方向リスト構造を用いることとする．カットオフセル1つ分のデータを保持するCellクラス，分子1つの情報を保持するParticleクラスと，その双方向リストを保持するParticleListクラスのクラス図を図5.10に示す．これらのクラスの変数の説明を表5.17に示す．

Particle クラスのオブジェクトのメモリ割り当てについて

　分子を表すParticleは計算の進行とともにCellからCellに移動を繰り返すため，1つのセルのリストから取り外して他のセルのリストに加えられる必要がある．移動を繰り返した結果プロセッサ分割セルの範囲から転出すると，そのParticleは不要になる．逆に，他のプロセッサ分割セルから転入するセルがあるたびにParticleの新規の割り当てが必要になる．Particle

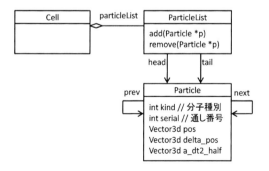

図 5.10 カットオフセルの構造

138　5　領域分割を用いた分子動力学シミュレータの設計

表 5.17　カットオフセルに関するクラスの変数

#	クラス	変数	説明
1	Cell	particleList	セル内の分子を保持するための双方向リスト
2	ParticleList	head, tail	双方向リストの先頭と末尾．空リストにおいては共に NULL．
3	Particle	prev, next	リスト内の前後の要素へのポインタ．リストの端の要素では NULL．
4	Particle	kind	分子種別番号：表 5.7

　のためのメモリ割り当てと解放を，その都度 new と delete で実行すると計算ループの途中で定常的にメモリ管理関数の呼び出しが生じてしまい，性能上好ましくない．

　そこで，不要となった Particle のためのリストを 1 つ設けることにして MdProcData に持たせることにする．このリストを空き Particle リストと名付ける．不要な Particle が発生する度にそのリストに加えるものとする．逆に新しい Particle が必要となるたびに，まずそのリストを見て未使用の Particle，いわば在庫がないかを調べ，在庫がない場合にのみ new で割り当てるものとする．そのような割り当て/解放のためのメソッドを MdProcData に設ける．Particle リストの割り当てや解放が必要な処理では，必ず MdProcData のこれらのメソッドを使うものとする．

　それでは，Particle の delete はどこで呼ぶかというと，ParticleList のデストラクタで呼ぶものとする．プログラム終了時にはすべての Cell に所属する ParticleList のデストラクタと，空き Particle リストのデストラクタがそれぞれ実行されるので，その時点で ParticleList に所属している Particle に対して delete を発行すれば，漏れなく delete を発行することができる．

　空き ParticleList の構造を図 5.11 に，そこに登場する変数の説明を表 5.18 に示す．

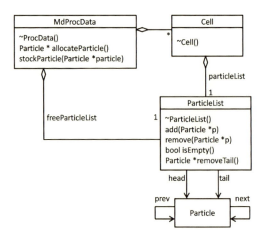

図 5.11　空き ParticleList の構造

5.7 データモデル

表 5.18 空き ParticleList に関する変数

#	クラス	変数	説明
1	MdProcData	freeParticleList	空き Particle リストへのポインタ

割り当てと解放を行う allocateParticle, stockParticle のコード概要を例 5.7 に示す.

```cpp
// ヘッダファイルの該当部分
class MdProcData {
private:
    ParticleList freeParticleList_;
    ....
public:
    ....
    Particle *allocateParticle();
    void stockParticle(Particle *p);
    ....
};
// 対応するソースファイルの該当部分
Particle *MdProcData::allocateParticle() {
    Particle *p;
    if (! freeParticleList_.isEmpty()) {
        p = freeParticleList_.removeHead();// リストの先頭要素を取り外して返すメソッド
    } else {
        p = new Particle();
    }
    return p;
}
void MdProcData::stockParticle(Particle *p) {
    freeParticleList_.add(p);
}
```

例 5.7 空き ParticleList を用いたメモリの割り当てと解放メソッド

Particle の割り当てから解放までの流れのバリエーション

ParticleList クラスが提供すべき機能を洗い出すために,Particle がリストに追加されたり,取り外されたりする契機をひと通り検討する.本プログラムの処理内容に照らして,カットオフセルに Particle が登録されたり,セルから Particle が取り外される処理のパターンを処理 1 ～処理 6 として図 5.12 に示す.実際のプログラムの処理の進展順序は図とは異なり,処理 1→処理 4→処理 5→処理 6→処理 2→処理 3→処理 4…となるが直感的なわかりやすさのために

140   5 領域分割を用いた分子動力学シミュレータの設計

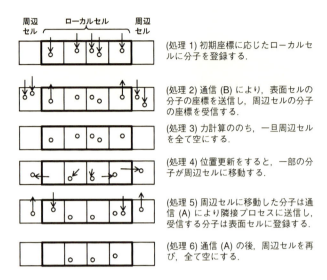

図 5.12 セルに Particle が登録・削除される処理のパターン

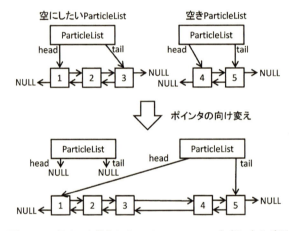

図 5.13 ポインタ操作によって ParticleList を空にする手順

順序を入れ替えてある.

　この図を見ると，今まで ParticleList に想定していた，Particle 1 つごとの追加や削除処理以外に，いっぺんにリストを空にする操作が処理 3 と処理 6 において必要となる．これは，1つ 1 つリストから外すことによっても実装できるが，ParticleList のリスト構造に着目すれば，空にしたい ParticleList が保持するリストをまるごと空き ParticleList につなげ換えることが考えられる（図 5.13）．

　これの処理をするために，MdProcData クラス，Cell クラス，ParticleList クラスにメソッドを追加する（図 5.14）．MdProcData クラスは，空き Particle リストを引数として，クリアしたいセルの moveAllParticlesTo メソッドを呼ぶ．このメソッドは，Cell が保持する list に対

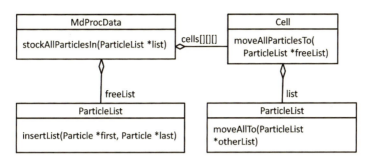

図 5.14 リストを空にするためのメソッド

して moveAllTo メソッドを呼ぶ．moveAllTo は引数として空き ParticleList を受け取り，自身が保持している head と tail を空き Particle リストの insertList メソッドに渡す．空き Particle リストの insertList では，引数としてもらい受けたリストをすでに保持しているリストの先頭部分につなげる．空き Particle リストも Cell ごとの list もクラスとしては同じ ParticleList である．

5.7.7　LJ ポテンシャルの物性値の保持方法

LJ ポテンシャルに基づいて分子間力を計算し，さらに運動方程式を積分するためには，個々の分子についてのパラメータだけでなく，分子の組合せについてのパラメータが必要になる．組合せについてのパラメータは分子の種類ごとのパラメータの間の演算（相加平均のものと相乗平均のものがある）で求められる．ソースコード上では個々の分子ごとのパラメータ数値をソースの一部として記述し，配列保持するものとする．

プログラムの内部ではこの配列内の位置（分子種別番号と名づける）をもって分子の種類を表現するものとする．分子種別番号は表 5.7 に定義する．物性値から演算によって求められるパラメータについては，プログラム起動時の初期化処理の一部で演算し，配列に記録しておく

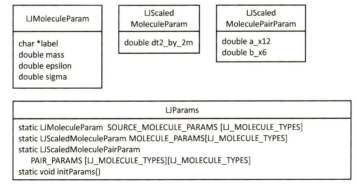

図 5.15　LJ ポテンシャルのパラメータを保持するための構造

ものとする．分子別のパラメータと分子の対に関するパラメータを保持する構造を図5.15に，変数の説明を表5.19，図5.20に示す．また，関連するソースの概要を例5.8に示す．

表 5.19 LJポテンシャルのパラメータを保持するための構造

#	クラス	変数	説明
1	LJMoleculeParam	label	分子の名称（文字列）
2	LJMoleculeParam	mass	分子の質量 [u]
3	LJMoleculeParam	epsilon	LJにおけるε[J]: 式 (4.6)
4	LJMoleculeParam	sigma	LJにおけるσ[Å]: 式 (4.6)
5	LJScaledMoleculeParam	dt2_by_2m	ループ不変量：表5.2 #1
6	LJScaledMoleculePairParam	a_x12	ループ不変量：表5.3 #1
7	LJScaledMoleculePairParam	b_x6	ループ不変量：表5.3 #2

表 5.20 LJParamsクラスの変数

#	クラス	変数	説明
1	LJParams	SOURCE_MOLECULE_PARAMS	計算の元となる値
2	LJParams	MOLECULE_PARAMS	分子の種類別のループ不変量
3	LJParams	PAIR_PARAMS	分子の種類の組合せごとのループ不変量

```
// ヘッダファイル"LJparams.h"の中
struct LJSourceMoleculeParam {
    const char *label_;
    double mass_; // [g/mol]
    double epsilon_; // [J]
    double sigma_; // [Angstrom]
};
struct LJMoleculeParam {
    double dt2_by_2m_; // [fs^2/u]
};
struct LJMoleculePairParam {
    double a_x12_;
    double b_x6_;
};
const int LJ_MOLECULE_TYPES = 6;
class LJParams {
public:
    static LJSourceMoleculeParam SOURCE_MOLECULE_PARAMS[LJ_MOLECULE_TYPES];
    static LJMoleculeParam MOLECULE_PARAMS[LJ_MOLECULE_TYPES];
    static LJMoleculePairParam
```

```
                    PAIR_PARAMS[LJ_MOLECULE_TYPES][LJ_MOLECULE_TYPES];
    static void initParams();
};
// ソースファイル LJParams.cpp の中
LJMoleculeParam LJParams::MOLECULE_PARAMS[LJ_MOLECULE_TYPES] = {
    {/* He */
        4.0026002, /* mass */
        0.141e-12, /* ε */
        2.56 /* σ */
    },
    {/* Ne */
        ....
    }
};
LJScaledMoleculeParam LJParms::MOLECULE_PARAMS[LJ_MOLECULE_TYPES];
LJMoleculePairParam
    LJParams::MOLECULE_PAIR_PARAMS[LJ_MOLECULE_TYPES][LJ_MOLECULE_TYPES];
void LJParams::initParams() {
    MOLECULE_PARAMS[i] と，MOLECULE_PAIR_PARAMS[i][j] の様々な値を設定する処理
}
// パラメータを参照するコードの書き方
void calcForce() {// 架空の関数
    int atype_1 = 0; // 一方は He
    int atype_2 = 1; // 他方は Ne
    LJMoleculePairParam *param =
        &LJParams::MOLECULE_PAIR_PARAMS[atype_1][atype_2];
    double A = param->A_; // その組合せに対する値を取得する．
    double B = param->B_;
}
```

例 5.8 LJ ポテンシャルに関する情報を保持するクラスのソース概要

5.7.8 境界条件の保持方法

本プログラムでは境界条件として 3 次元の周期境界条件 (Periodic Boundary Condition) を用いる．計算対象の直方体空間のサイズを Lx, Ly, Lz, としたときに，取りうる座標の範囲は $0 \leq x < Lx,\ 0 \leq y < Ly,\ 0 \leq z < Lz$ とする．Lx, Ly, Lz の値は，パラメータの個数として少ないので，計算条件を指定する，他のパラメータと同じクラスに保持するものとする．

境界条件を処理の中で意識する必要があるのは，境界面を越えて分子が移動する場合である．PBC の境界はプロセッサ分割セルの境界面にもなっているため，PBC の境界を越える分子の移動は必ずプロセス間の分子の移動になる．そこで，分子を 1 つのプロセスから他のプロセス

に送り出す場面において，送り出す側のプロセスで位置座標を必要に応じて補正することにする．具体的には分子を送り出す方向（26 通り）に応じて位置座標の補正量のベクトルを用意しておき，送信時には一律にこの値を加えるものとする．補正が必要ない方向に関しては補正量の値として 0 を格納しておく．

5.7.9 計算条件の保持方法

計算条件と，進捗状況に関するデータは 1 つのクラス（CaseData と名付ける）にまとめて保持する．このクラスのクラス図を図 5.16 に，変数の説明を表 5.21 に示す．

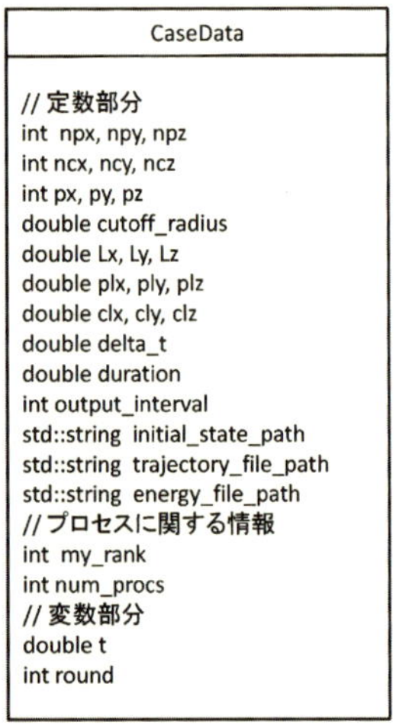

```
CaseData

// 定数部分
int npx, npy, npz
int ncx, ncy, ncz
int px, py, pz
double cutoff_radius
double Lx, Ly, Lz
double plx, ply, plz
double clx, cly, clz
double delta_t
double duration
int output_interval
std::string initial_state_path
std::string trajectory_file_path
std::string energy_file_path
// プロセスに関する情報
int my_rank
int num_procs
// 変数部分
double t
int round
```

図 5.16 計算条件を保持する CaseData クラス

表 5.21 CaseData クラスの変数

#	クラス	変数	説明
1	CaseData	npx, npy, npz	次元ごとのプロセスの数
2	CaseData	ncx, ncy, ncz	次元ごとのローカルセルの分割数
3	CaseData	px, py, pz	自身のプロセスの座標
4	CaseData	cutoff_radius	カットオフ半径 [Å]
5	CaseData	Lx, Ly, Lz	PBC の基本セルの大きさ [Å]
6	CaseData	plx, ply, plz	プロセッサセルの大きさ [Å]
7	CaseData	clx, cly, clz	カットオフセルの大きさ [Å]
8	CaseData	delta_t	時間刻み [fs]
9	CaseData	duration	計算する総時間 [fs]
10	CaseData	output_interval	ファイルにトラジェクトリーを出力する間隔 [時間発展の回数]
11	CaseData	initial_state_path	分子初期状態ファイルのパス名

5.7.10 物理計算と通信を分離するための構造

物理計算の処理と通信処理を独立にテストできるようにするためのクラス構造を考える．シミュレーション計算全体の順序に従い，おおまかな単位で計算や通信などの関数を呼び出して，計算全体を制御するクラス（MdDriver と名付ける）と，1プロセッサ分割セル分のデータを保持するクラスである MdProcData と，送受信する通信データを保持するクラスである MdCommData と，MdCommData が保持するデータを適切な通信相手に送り届け，相手からは逆に受信するクラスである MdCommunicator を設け，図 5.17 に示すように関連付ける．

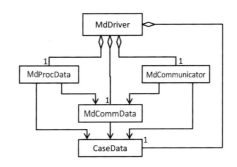

図 **5.17** 物理計算と通信とを分離するための構造

5.7.11 送受信データを保持するための構造

MdCommData クラスは，本プログラムで送受信が必要となるデータを，一旦格納するための領域（通信バッファ領域）である．送信に当たっては MdCommData にデータを格納してから送信し，受信に当たっては MdCommData の変数に受信内容を一旦格納してから，しかるべきほかの変数に値を転記する．MdCommData クラスは，送受信するデータをうまく格納できる構造になっている必要がある．それを検討するために，必要となる通信のパターンごとに，送受信するデータの内容を整理する．

表 5.22 に示す3パターンの通信データを保持できる構造を検討する．

まず，どのパターンにおいても分子のデータの配列の授受が生じる．分子のデータは int 値と double 値の組合せである．このような通信では，MPI の組込みのデータ型である double の配列などで表現するよりもユーザ定義型を用いた方が記述がしやすいので，利用するものとする．3つの通信パターンのそれぞれに合わせて分子の情報を保持する C++ の構造体を設け，各構造体を MPI の関数を用いてユーザ定義型として登録する（図 5.18）．登録の戻り値としてデータ型にコードが割り振られるので，この値を変数に保持しておき，通信する場面で使用する．各変数の説明を表 5.23 に示す．

表 5.22 送受信データの内容

名前	送信者と受信者	データの内容
通信 (A)	各プロセスが全隣接プロセスに対して送信し，全隣接プロセスから受信する	送信分子の個数 n [分子種別，通し番号，位置，速度，加速度] の配列
通信 (B)	各プロセスが全隣接プロセスに対して送信し，全隣接プロセスから受信する	送信分子の個数 n [分子種別，位置] の配列
通信 (C)	各プロセスが送信し，rank0 のプロセスが受信する	プロセス内のエネルギーの合計値 U_k, U_p 動径分布ヒストグラムの階級別度数 [n_k] の配列（階級の数は固定とする．） ローカルセル内の分子数 n [分子種別，通し番号，位置，速度] の配列

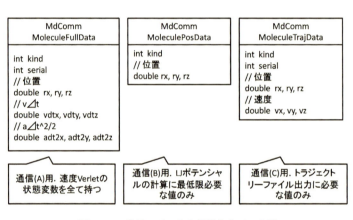

図 5.18 分子のデータを保持するデータ型

表 5.23 分子のデータを保持するデータ型の変数

#	クラス	変数	説明
1	MdCommMoleculeFullData	kind	分子種別番号：表 5.7
2	MdCommMoleculeFullData	serial	分子個体の通し番号
3	MdCommMoleculeFullData	rx,ry,rz	分子の座標 [Å]
4	MdCommMoleculeFullData	vdtx,vdty,vdtz	表 5.1 #1
5	MdCommMoleculeFullData	adt2x,adt2y,adt2z	表 5.1 #2
6	MdCommMoleculePosData	kind	#1 と同じ
7	MdCommMoleculePosData	rx,ry,rz	#3 と同じ
8	MdCommMoleculeTrajData	kind	#1 と同じ
9	MdCommMoleculeTrajData	serial	#2 と同じ
10	MdCommMoleculeTrajData	rx,ry,rz	#3 と同じ
11	MdCommMoleculeTrajData	vx,vy,vz	分子の速度 [Å/fs]

通信バッファのためのクラスは，バッファの構造全体の基点となる MdCommData クラスと，個々の通信相手に関する変数を保持する MdCommPeerBuffer クラスから構成される．これに加えて rank 0 では全 rank から送られてくる分子の座標を整列させる必要があるので，配列 all_molecule_pos を設ける．クラス図を図 5.19 に，変数の説明を表 5.24 に示す．

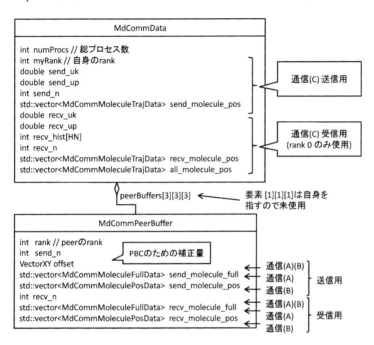

図 5.19　送受信データを保持する構造

表 5.24　送受信データを保持する構造の変数

#	クラス	変数	説明
1	MdCommData	num_procs	総プロセス数
2	MdCommData	my_rank	自身の rank
3	MdCommData	send_uk	プロセッサセル内の U_k
4	MdCommData	send_up	プロセッサセル内の U_p
5	MdCommData	send_n	rank0 に送る分子データ数
6	MdCommData	send_molecule_pos	rank0 に送るトラジェクトリーデータ
7	MdCommData	recv_uk	rank0 にて受信する U_k
8	MdCommData	recv_up	rank0 にて受信する U_p
9	MdCommData	recv_n	rank0 にて受信する分子データ数
10	MdCommData	recv_molecule_pos	rank0 にて受信するトラジェクトリーデータ
11	MdCommData	all_molecule_pos	rank0 にて全 rank からのトラジェクトリーデータを合わせる配列
12	MdCommPeerBuffer	rank	相手の rank
13	MdCommPeerBuffer	send_n	相手に送る分子データの数
14	MdCommPeerBuffer	offset	PBC のために送信時に座標に加える値

148　5　領域分割を用いた分子動力学シミュレータの設計

15	MdCommPeerBuffer	sen_molecule_full	分子の全情報の送信バッファ
16	MdCommPeerBuffer	send_molecule_pos	分子の位置情報の送信バッファ
17	MdCommPeerBuffer	recv_n	相手から送信された分子データの個数
18	MdCommPeerBuffer	recv_molecule_full	分子の全情報の受信バッファ
19	MdCommPeerBuffer	recv_molecule_pos	分子の位置情報の受信バッファ

5.8　1つのプロセスの処理シーケンス

5.8.1　初期化処理のシーケンス

　プログラム開始の過程の初期化処理のシーケンス図を図5.20に示す．

　初期化処理のうち，MdDriverクラスの初期化を詳細化した図を，図5.21に示す．

　さらに，MdCommunicatorクラスの初期化処理を拡大したシーケンス図を図5.22に，MdProcDataクラスの初期化処理を拡大したシーケンス図を図5.23に示す．

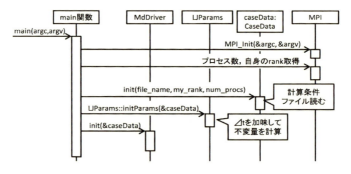

図 5.20　初期化処理の概要

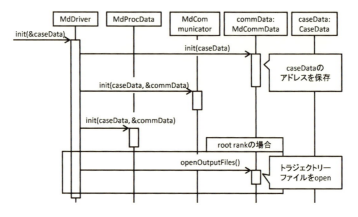

図 5.21　MdDriverクラスの初期化

5.8 1つのプロセスの処理シーケンス 149

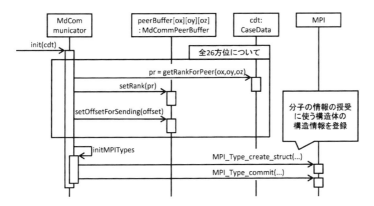

図 5.22 MdCommunicator の初期化処理

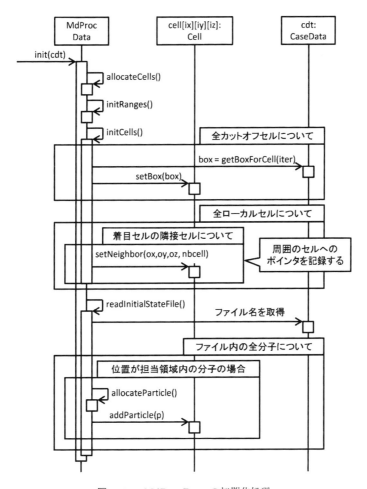

図 5.23 MdProcData の初期化処理

150　5　領域分割を用いた分子動力学シミュレータの設計

5.8.2　時間発展処理のシーケンス

時間発展処理のループの全体のシーケンスを図 5.24 に，初回の計算と通信処理を図 5.25 に示す．

トラジェクトリーや統計量のファイルへの出力が不要の回の処理を図 5.26 に，必要な回の処理を図 5.27 に示す．

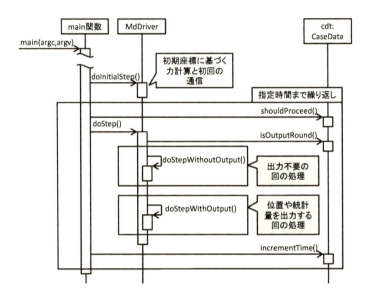

図 5.24　時間発展処理の全体像

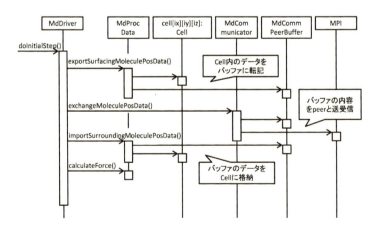

図 5.25　ループに入る前の初回の計算と通信の処理

5.8 1つのプロセスの処理シーケンス　151

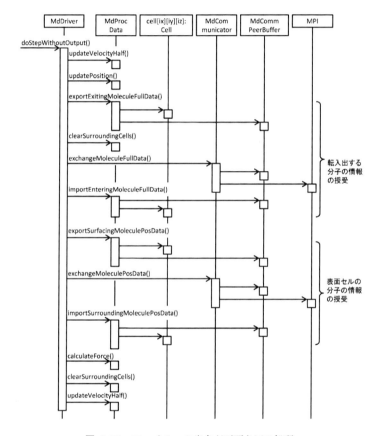

図 5.26　ファイルへの出力が不要な回の処理

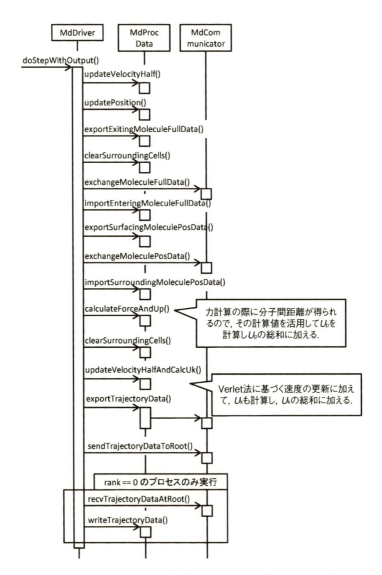

図 5.27 トラジェクトリーや統計量のファイル出力が必要な回の処理

5.8.3 ローカルセルに対するループの処理

速度更新処理のループ

ローカルセルに対するループ処理の様子を検討するために，一例として速度の更新処理を取り上げて詳細なシーケンス図を，図 5.28 に示す．

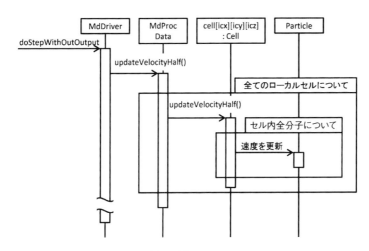

図 5.28 速度更新処理のシーケンス図

全ローカルセルに対する処理では，セルの持ち主である MdProcData クラスがセルについてのループを実装するクラスとして適当である．GridRange3d と GridIterator3d を活用してこのループを実装するには，全ローカルセルのセル座標の範囲を保持した GridRange3d オブジェクトを予め作っておき，その Range を用いて GridIterator3d でループすることができる．この処理に関係するソースコードの概要を例 5.9 に示す．

```
// MdProcData クラスの定義の一部
class MdProcData {
private:
    GridRange3d localCellsRange_; // ローカルセルの範囲を保持したレンジオブジェクト
                                  // ncx,ncy,ncz が確定したのちに値を設定しておく
    ....
};
// 速度更新ループの様子--- MdProcData クラス
void MdProcData::updateVelocityHalf() {
    GridIterator3d cellIt(localCellsRange_);
    while (cellIt.next()) {// ローカルセルの範囲の座標を次々に発生させる
        Cell *cell = cellFor(cellIt); // そのセルのアドレスを取得
```

```
            cell->updateVelocityHalf(); // そのセルに計算を命じる
        }
    }
    // 速度更新ループの様子 --- Cell クラスの中
    void Cell::updateVelocityHalf() {
        Particle *p;
        // particleList のリストに保持している全 Particle の速度を更新する
        for (p = particleList_.head(); p != NULL; p = p->next_) {
            p->vel_dt_ += p->a_dt2_half_; /* a*dt^2/2 の値は計算済み */
        }
    }
```

例 5.9　速度更新処理に関する処理の概要

力計算処理のループ

　速度更新処理では，一度に1つのローカルセルに着目すれば十分であった．いくつかの他の処理は同様のループで実装できる．しかし，力計算処理においては，着目する1つ目のセルと，その周囲の2つ目のセルの両方のデータを使って計算しなければならない．さらには，1つ目

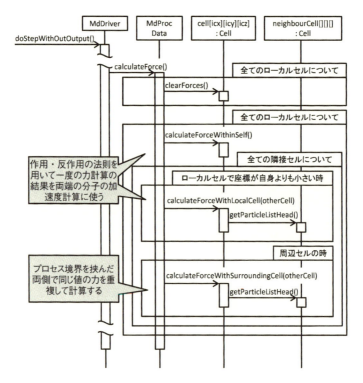

図 5.29　力計算処理のシーケンス図

のセル内部の分子対による力も当然計算する必要がある．このため，ループの様子が速度更新処理とはだいぶ異なるので，力計算処理についても詳細なシーケンス図を検討する（図 5.29）．

このシーケンス図でポイントとなるソースの箇所を例 5.10 に示す．

```cpp
// MdProcData クラスのソースファイルの中
void MdProcData::calculateForce() {
    GridIterator3d cellIt(localCellsRange_);
    while (cellIt.next()) {
        cellFor(cellIt)->clearForces(); // まず力の計算値の和を 0 にする
    }
    cellIt.reset(); // イテレータの状態を初期状態に戻す
    while (cellIt.next()) {
        Cell *cell = cellFor(cellIt);
        cell->calcForceWithinSelf();
        GridDirIterator3d ofs; // offset
        while (ofs.next()) {
            GridIndex3d otherIdx = cellIt + ofs;
            Cell *otherCell = cellFor(otherIdx);
            if (isLocalCell(otherIdx)) {// ローカルか周辺か判定する関数を設ける
                if (ofs.lessThan(0,0,0)) {
                    cell->calcForceWithLocalCell(otherCell);
                }
            } else {
                cell->calcForceWithSurroundingCell(otherCell);
            }
        }
    }
}
// Cell クラスのソースファイルの中
void Cell::calculateForceWithinSelf() {
    Particle *pi, *pj;
    // 自身が保持するリストに関する二重ループ
    // 作用反作用則を使うため，ループ範囲に注意
    for (pi = particleList_.head(); pi != NULL; pi = pi->next_) {
        for (pj = pi->next_; pj != NULL; pj = pj->next_) {
            pi->pos_と pj->pos_や，両分子の種類の組合せに基づいて力を計算
            pi->a_dt2_half_と pj->a_dt2_half_に足す．(ループに入る前に 0 にしておく)
        }
    }
}
```

156　5　領域分割を用いた分子動力学シミュレータの設計

```
void Cell::calculateForceWithLocalCell(Cell *otherCell) {
    Particle *pi, *pj;
    // 自身が保持するリストと，相手が保持するリストに関する二重ループ
    // 作用反作用則を使うため，計算結果を双方の分子に適用する．
    for (pi = particleList_.head(); pi != NULL; pi = p->next_) {
        // 二つ目の分子のループは先ほどと違う
        for (pj = otherCell->getParticleListHead(); pj != NULL; pj = pj->next_) {
            力を計算し，pi,pj 双方の加速度を更新する．
        }
    }
}
void Cell::calculateForceWithSurroundingCell(Cell *otherCell) {
    // 自身が保持するリストと，相手が保持するリストに関する二重ループ
    // 作用反作用則は使わず，計算結果はこちら側のセルの分子に対してのみ反映する．
}
```

例 5.10　力計算処理の要点ソース

5.8.4　隣接プロセス向けに送信データをバッファに集計する処理

隣接プロセス向けの送信データは，通信 (A) であれば表面セルから，通信 (B) であれば周辺セルから集める必要がある．集める先は，周囲 26 個の隣接プロセス向けの MdCommPeerBuffer オブジェクトである．ループ処理の構造としては，隣接プロセスに関するループが外側にあり，

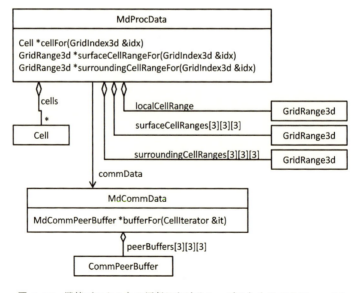

図 5.30　隣接プロセスとの通信におけるループのための GridRange3d

各隣接プロセス向けのデータに取り込む必要があるセルに関するループが内側に来る二重ループの構造が考えられる．送り先の隣接プロセスが決まると，対応するセルの範囲は決まる．相手プロセスと接し方が面であるか辺であるか点であるかに応じてセルは2次元の範囲か1次元の範囲か，単一のセルとなる．この違いを無視して，すべてのケースを3次元の範囲の一種とみなせば，GridRange3dで表現できる．そこで，隣接プロセス別に授受する範囲のセルを表現したGridRange3dを事前に作成しておいて，MdProcDataに持たせることとする．これらのセルは周辺セル用のものと，表面セル用のものとの，2系統が必要になる．この様子のクラス図を図5.30に示し，関連箇所のコード概要を例5.11に示す．

```
// 通信 (A) 用に，周辺セル内の分子のデータを隣接プロセス向けの MdCommPeerBuffer に登録する
void MdProcData::exportExitingMoleculeFullData() {
    // 隣接プロセスのループのための反復子．[0,0,0]-[2,2,2] の範囲で [1,1,1] はスキップする．
    GridPeerIterator3d peerIt;
    while (peerIt.next()) {
        // そのプロセスのための MdCommPeerBuffer を commData から取得する．
        MdCommPeerBuffer *buffer = commData_->bufferFor(peerIt);
        // そのプロセス向けに送り出すべきデータを保持したセルに関してループする反復子
        GridIterator3d cellIt(surroundingRangeFor(peerIt));
        while (cellIt.next()) {
            Cell *cell = cellFor(cellIt);
            peer->addMoleculeFullDataFrom(cell);
        }
    }
}
```

例 5.11　隣接プロセスとの通信に向けてデータを集める処理

コード例は周辺セルのデータの送信のパターンを示したが，受信の場合や，表面セルの場合のパターンも同様に記述できる．

5.8.5　隣接プロセスとの送受信処理

送受信の順序に起因するデッドロックの防止

隣接プロセスと分子のデータを送受信する処理では，MPI の基本的な送受信関数であるMPI_Send/MPI_Recvを不用意に用いると，呼び出しの順序によっては無限待ちが生じてしまう（相手からのデータの到着を待っているが，相手プロセスはこちらからのデータの到着を待って止まってしまうなどのデッドロック状態）．

そこで，MPI が提供する別の送受信関数である MPI_Isend/MPI_Irecv を利用する．これらの関数を利用すると，相手の準備が整っていなくともとりあえず呼び出した関数は戻ってくる．ひと通りの相手への MPI_Isend や MPI_Irecv 関数を読んだ後で，MPI_Waitall 関数を呼ぶとひと通りの MPI_Isend や MPI_Irecv のデータの授受が完了するまで待って MPI_Waitall 関数が終了する．MPI の実装によっては MPI_Isend や MPI_Irecv を呼び出した時点では通信は始まらず，MPI_Waitall 関数を呼び出したタイミングで通信を開始するものもあるので，送信相手にいち早く計算に着手させたい場合などでは，使い方に注意を要する．

方位の異なる送受信データの混同の防止

テストなどの目的で，比較的少数のプロセスで動作させると，異なる方位の隣接プロセスが重なる場合がある．たとえば nx=2, ny=2, nz=2 で，合計 $2 \times 2 \times 2 = 8$ プロセスに領域分割をした場合，どのプロセスを見ても，x 軸で正方向の隣接プロセスと，x 軸で負方向の隣接プロセスが同一プロセスになる．どの座標軸に関しても同様であり，辺や点で接する隣接プロセスについても類似の関係が成り立つ．

このような状況では，データを送り出した側のプロセスでは x 軸の正方向へのデータとして送ったつもりなのに，受け取った側は，x 軸負方向からの受信データとして扱うべきところを，正方向からのデータとして処理してしまい，処理方式によっては誤ったセルに受信データを格納するなどの間違いが生じてしまう．

そこで，隣接プロセスにデータを送る場合には MPI のタグ番号を活用して，どの方位に向けたデータなのかを指定するものとする．

送受信するデータの個数の授受

本プログラムでは送信する分子データの個数は事前には決まらないので，個数のデータを先に送ってから，その個数分の分子のデータを送る必要がある．

通信全体の様子

以上の検討をまとめると，MPI 関数の呼び出しは図 5.31 に示すシーケンス図のようになる．コードの概要を例 5.12 に示す．

5.8 1つのプロセスの処理シーケンス

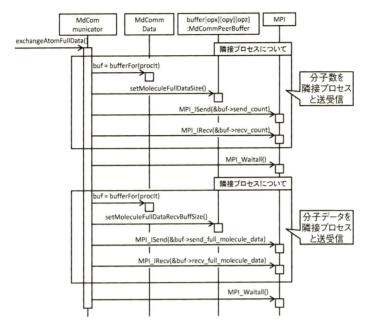

図 5.31 隣接プロセスと分子のデータを送受信する処理

```
void MdCommunicator::exchangeMoleculeFullData() {
    MPI_Request reqs[26+26]; // 個々のsend/recvのためのMPI_Request構造体の配列
    MPI_Status stats[26+26];
    // 分子の個数の送受信
    GridPeerIterator3d peerIt;
    int reqi = 0; // req 構造体のためのカウンタ
    while(peerIt.next()) {
        MdCommPeerBuffer *buf = commData_.bufferFor(peerIt);
        buf->setMoleculeFullDataSize(); // 送信分子数をsend_nに格納
        // 要素数を送信
        MPI_ISend(&buf->send_n_, 1, MPI_INT,
                buf->rank(), buf->sendTag(), MPI_COMM_WORLD, reqs[reqi]);
        MPI_IRecv(&buf->recv_n_, 1, MPI_INT,
                buf->rank(), buf->recvTag(), MPI_COMM_WORLD, reqs[reqi+1]);
        reqi += 2;
    }
    MPI_Waitall(reqi, reqs, stats);
    // 分子の位置の送受信
    peerIt.reset()
    reqi = 0;
    while(peerIt.next()) {
```

```
        MdCommPeerBuffer *buf = commData_.bufferFor(peerIt);
        buf->setMoleculeFullRecvBuffer(); // 受信バッファを割り当てる
        // 分子データを送信
        MPI_ISend(&buf->send_molecule_full_.front(), buf->send_n_,
                MOLECULE_FULL_TYPE,
                buf->rank(), buf->sendTag(), MPI_COMM_WORLD, reqs[reqi]);
        MPI_IRecv(&buf->recv_molecule_full_.front(), buf->recv_n_,
                MOLECULE_FULL_TYPE,
                buf->rank(), buf->recvTag(), MPI_COMM_WORLD, reqs[reqi+1]);
        reqi += 2;
    }
    MPI_Waitall(reqi, reqs, stats);
}
```

例 5.12　隣接するプロセスと分子のデータを送受信する処理の概要

5.9　クラスモデル

本節では，シーケンス図を書くことによって必要性が判明したメソッドの情報も取り込んだクラス図を示す．

5.9.1　CaseData クラス

```
CaseData
//メンバ変数は掲載済み
//シーケンス図に登場させたメソッド
readFile(caseDataFileName)
setRank(myRank, numProcs)
int getRankFor(ix, iy, iz)
int getRankForPeer(ox, oy, oz)
int getNx()
int getNy()
int getNz()
int shouldProceed()
bool isOutputRount()
incrementTime()
// 他に，必要と思われるメソッド
double getTime()
```

図 5.32　CaseData のクラス図

5.9.2 MdDriver クラス

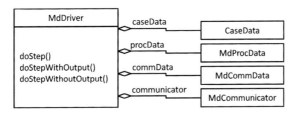

図 5.33 MdDriver のクラス図

5.9.3 MdProcData と Cell と ParticleList クラス

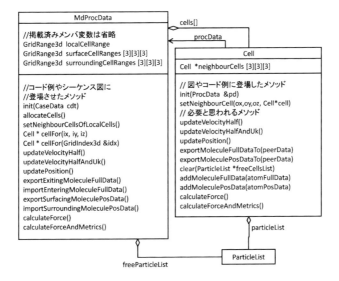

図 5.34 MdProcData, Cell, ParticleList のクラス図

5.9.4 ParticleList と Particle クラス

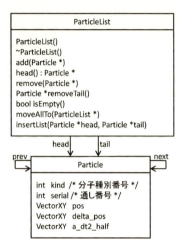

図 5.35　ParticleList クラスと Particle クラス

5.9.5 MdCommunicator と MdCommPeerData，MdCommPeerBuffer クラス

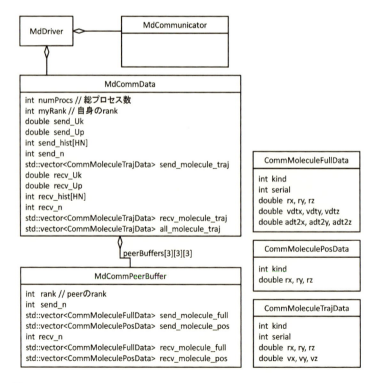

図 5.36　MdCommunicator，MdCommData，MdCommPeerBuffer クラス

5.10 テスト方針

5.10.1 機能に関するテスト

単体で動作確認が可能なクラスのテスト

以下のクラスは独立性が高く，単体でテスト可能であるので，それぞれ単体のテストプログラムを作成してテストする．

- 座標に関係するクラス：VectorXYZ, BoxXYZ

- イテレータ関連クラス：GridRange3d, GridIndex3d, GridIterator3d, GridDirIterator3d, GridPeerIterator3d

- LJ ポテンシャル関連クラス：LJParams

- 分子を保持する構造：ParticleList

通信処理のテスト

CommData にテスト用データを格納して通信するテストプログラムを作成して MPI の制御の下で実行する．プロセス数が 1, 8($2 \times 2 \times 2$)，64($4 \times 4 \times 4$) で意図どおりに動作するか確認する．誤った相手へのデータの到着が検知できるように送受信データの内容を工夫する．

分子の移動のテスト

セル間の分子の移動処理は複雑であるので，等速直線運動をする分子データを用いてテストする．力計算の処理を実装する前の時点で，初速度を持った単一の分子をいずれかのセルの中に配置して，ループさせる．セル内での移動，ローカルセル間の移転，プロセスをまたがる移転，周期境界面を越える移転などを順次テストする．

力計算に基づく単一プロセスでの運動のテスト

単一のセルの中で，2つの分子を，並行距離から少しずれた位置関係で配置して速度 Verlet 法の処理のみを繰り返し実行し，振動状の運動を示し，エネルギーが保存されていることを確認する．

複数プロセスでの運動のテスト

並列動作するテストプログラムを用いて，プロセス境界を狭んで2つの分子を対峙させ，振動状の運動を示し，エネルギーが保存されることを確認する．

5.10.2 性能に関するテスト

本書では割愛するが，5.4.7項で検討した性能特性がどの程度みられるかを，複数の計算条件を用いた性能測定によって評価する．

5.11 プログラムソースのディレクトリ構造

プログラムソースのディレクトリ構造を表5.25示す．

表5.25のディレクトリ構造の設計に当たっては，以下の点に留意している．

- プログラムの設計上，通信を必要とする部分と不要な部分を明確に分けているので，ソースの格納ディレクトリを分ける．Makefileの中では，このディレクトリの違いに基づいてコンパイルオプションを切り替える．

表 5.25 ディレクトリ構造

パス名	説明
./include	ヘッダファイルのディレクトリ
./include/MdDriver.h など	クラスごとのヘッダファイル
./src-nompi	通信が不要なクラスのソースファイルのディレクトリ
./src-nompi/Cell.cpp など	通信が不要なクラスのソースファイル
./src-mpi	通信が必要なクラスのソースファイルのディレクトリ
./src-mpi/MdCommunicator.cpp など	通信が必要なクラスのソースファイル
./out	コンパイル出力（オブジェクトファイルと実行形式ファイル）の格納ディレクトリ
./out/ARCH	CPUアーキテクチャ別のディレクトリ．ARCHはi386, x64やSPARCなど，コンパイル環境に合わせてつける．
./out/ARCH/Debug	アーキテクチャ別のデバッグ版コンパイル出力ファイル格納ディレクトリ
./out/ARCH/Release	アーキテクチャ別のリリース版コンパイル出力ファイル格納ディレクトリ
./docs	ドキュメント格納ディレクトリ
./Makefile.common	アーキテクチャ別のMakefileからインクルードされる共通のMakefile
./Makefile.ARCH	アーキテクチャ別のMakefile．中ではアーキテクチャ特有のパラメタを設定してMakefile.commonをインクルードする
./README	プログラムの目的と，コンパイル方法，実行方法が簡単に書かれたファイル

- 利用する計算機の環境によっては，仕様の異なる CPU の計算機が並存することがあるため，CPU アーキテクチャごとのディレクトリを設ける．
- デバッグ段階と実際の計算に供する段階とでは，コンパイルオプションを変えたいため，それぞれ Debug 版，Release 版として別の出力ディレクトリを設ける．

5.12　コンパイル手順

コンパイルには make を用いる．複数の CPU アーキテクチャに合わせてコンパイルオプションを切り替える工夫として，Makefile をアーキテクチャ別の Makefile である Makefile.ARCH と，アーキテクチャ間共通の Makefile である Makefile.common とに分ける．make の実行時には make −f Makefile.i386 のように明示的に利用する Makefile.ARCH を指定するか，シンボリックリンクを用いて，Makefile というリンク名で，当面作業する Makefile.ARCH を指すようにする．

Makefile.common には，表 5.26 のターゲットを作成する．

表 5.26　ターゲット一覧

ターゲット名	機能
release	Release 版のコンパイルオプションでコンパイルする
debug	Debug 版のコンパイルオプションでコンパイルする
clean	コンパイルの出力ファイルをすべて消去する

参考文献

[1] VMD: Visual Molecular Dynamics, http://www.ks.uiuc.edu/Research/vmd/

[2] XYZ, http://www.ks.uiuc.edu/Research/vmd/plugins/molfile/xyzplugin.html

[3] 2010CODATA : CODATA Recommended Values of the Fundamental Physical Constants: 2010, http://physics.nist.gov/cuu/Constants/Preprints/lsa2010.pdf

[4] Lennard–Jones Potential, http://www.diracdelta.co.uk/science/source/l/e/lennard–jones potential/source.html

6 ソフトウェア開発のモデルとポイント

　本書は，ここまで，HPC分野での基盤技術およびそれを使った流体力学と分子動力学のシミュレーションソフトウェア開発を述べてきた．本章では，このようなソフトウェアを実際に大学，企業などの組織で開発する場合，どのような知識が必要なのか，どのように考えてソフトウェアを開発していくと所期の目的通りにシミュレーションができるかをソフトウェア工学の見地で述べていく．

　一般的なソフトウェアの開発方法に関する方法論やノウハウは，すでに多くの良書が書店に並んでいる．本章は，シミュレーションのモデリングおよびその中でのソフトウェアの開発プロセスを述べ，それが一般的なソフトウェア開発に比べて何が特徴となるかを示す．続いて，シミュレーションソフトウェアの開発プロジェクトの特徴に基づいたソフトウェア開発のスキル，知識，役に立つツールなどを記述していく．実際にシミュレーションソフトウェア開発を始めようという方々は，本章を参考にしていただくとともに，本書の姉妹編『ソフトウェア開発入門』[1]や，参考文献に示す他の一般的なソフトウェア開発方法やツールを述べた書籍，情報も合わせて参考にしていただきたい．

6.1 シミュレーションソフトウェアの開発モデル

　現実世界のシステムやそれに付随する課題に対してシミュレーションを行うときのモデリングプロセスを図6.1に示す．このプロセスの中で，どのような知識，スキルが必要で，どのようにシミュレーションソフトウェアを開発していくかを説明する．

現実世界の課題から概念モデルの導出

　まず必要なのは，シミュレーションの対象となる課題，システムを理解することである．すなわち，シミュレーションで解明しようとする現実の課題について理解し，その課題に対してどのようなことを最終的に確認したいのかを言語で記述し明確化する．本書で述べてきたシミュレーションの分野では，図2.1で示した凹みのある形状でのピーク音発生のメカニズムを解明，ピーク音が発生しないような形状の設計といったものが課題の例である．

　続いて，これらのシステム，課題に対応した概念モデルを導出する．ここで概念モデルとは，現実世界の持つ様々な切り口のうち，設定した課題に対応したもののみを切り出して現実世界

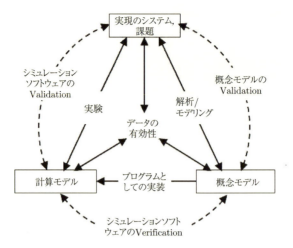

図 6.1　シミュレーションのモデリングプロセス [2]

の複雑なシステムを簡略化したものである．ピーク音発生のメカニズム解明の例の場合，原子・分子の運動にまでは考慮せず連続体として取り扱う，2次元モデルで解析するといった仮定を行い，課題の解決としての有効性を検証し，モデル化したものが概念モデルである．

現実世界のシステム，課題を解析，モデリングして，新たに概念モデルを導入する場合，現実世界のシステムや対象とする課題と導入した概念モデルが対応していることを示す必要がある．これを，概念モデルのValidationと呼ぶ．なお，概念モデルは，シミュレーション，実験でも共通に使うことができる．

6.1.1　概念モデルから計算モデルの導出

続いて，概念モデルをコンピュータの取り扱いが容易にできるような計算モデルに変換する．シミュレーションの分野では，数式のレベルからソフトウェア実装のレベルまでをすべて計算モデルとしている．真空中の物体の落下といったような運動方程式を単にプログラミングすればシミュレート可能なような場合は単に1段階のモデルで十分だろう．しかし，実際のシミュレーションソフトウェアの開発では，数式レベルのモデル化，実際に動作させるコンピュータの特性まで考えたソフトウェアとしてのモデル化，それのプログラムの実装というような複雑なプロセスがこの導出作業の中に含まれる．したがって概念モデルからシミュレーションソフトウェアの導出までのプロセスモデルを図6.2のように詳細化する必要がある．

(1) 数値モデリング

基礎方程式を離散化したり差分方程式を導入したりして，数式のレベルでコンピュータが取り扱いを容易にできるようにしたのが数値モデルである．シミュレーションで解決したい課題によっては，定番として使用する数値モデルが存在する場合もある．しかし，課題によっては，新たな数値モデルを導入したり複数の数値モデルを導入したりして，試行錯誤的にモデルを洗

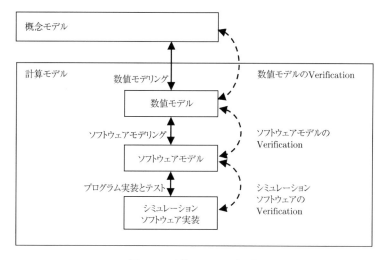

図 6.2 計算モデルの詳細化

練するようなこともある．本書では，流れの数値シミュレーションは第2章（ABMAC法等），分子動力学シミュレーションは第4章（Verletの差分方程式等）で説明した．数値モデルは，概念モデルとの整合性がなければならない．この整合性をレビュー等で確認することを数値モデルのVerificationと呼ぶ．

(2) ソフトウェアモデリング

さらにこの数値モデルから，ソフトウェアモデルに変換するための知識が必要となる．特に本書で取り上げた複数人で開発するソフトウェアの場合，開発するシミュレーションソフトウェアが，実行対象のスーパーコンピュータで効率的に動作したり，今後の機能追加，変更が容易にできるようにしたりするために，数値モデルを直接コーディングするのではなくソフトウェアとしてのモデリングを行う．このためには，ソフトウェアのモデリングの知識とともに，シミュレーションソフトウェアでよく使われるライブラリ（並列実行支援，行列計算等）の知識が必要になる．本書では，第3章，5章にそれぞれ，流れの数値解析シミュレーション，分子動力学シミュレーションに対応したソフトウェアモデルの例を示した．ソフトウェアモデルは，数値モデルと整合性がとれている必要があり，これを確認することをソフトウェアモデルのVerificationと呼ぶ．

(3) プログラム実装とテスト

続いて，これらのモデルに従って，プログラムとしてのコーディングを行い，出来たシミュレーションソフトウェア実装が，各種のモデルに合致しているかどうかを示す必要がある．これを，シミュレーションソフトウェアのVerificationと呼ぶ．具体的には，書いたコードをレビューしたり，実際に動かしてモデル通りに動作するか否かをテストしたりすることが，シミュレーションソフトウェアのVerificationである．本書の姉妹編である『ソフトウェア開発入門』

でこの部分に必要な知識を詳述しているので，参照してほしい．

6.1.2 シミュレーションソフトウェアの Validation

ここまでの，現実の課題と概念モデルの Validation および，概念モデルから導出した各種モデルやシミュレーションソフトウェア実装の Verification が完全にできたとする．理想的には，そのシミュレーションソフトウェアは，対象とした現実の課題を解決できるはずである．しかし実際にはそれだけでは，現実世界の挙動をシミュレートできない場合も多い．まず，モデリングとは本質的に現実世界のものの一部を簡略化することであり，それに起因する問題がある．さらに，シミュレーションソフトウェアの実運用で，実時間内にシミュレーションが終了しないケースや，メモリなどの計算資源が不足するといった課題もよく発生する．さらに，現実世界での振る舞いをシミュレートするため初期データ，初期条件を特定の設定にするなどの工夫が必要な場合もある．

このため，シミュレーションソフトウェアの最終的な目的を達成するために，元々意図した現実の課題に対応したシミュレーションができているかどうか確認しなければならない．具体的には，現実での実験の結果と，シミュレーション結果の照合やシミュレーションソフトウェアの結果が，運動保存則等の基礎方程式を満足しているか等を最終的に確認する．これを，シミュレーションソフトウェアの Validation と呼ぶ．シミュレーションソフトウェア固有の Validation については，6.2.4 項で詳しく述べる．

コラム　Vevification と Validation

　Verification と Validation は，シミュレーションでもソフトウェア工学でも，使用される用語 [3] である．Verification は，一般にはある過程の入力と出力の整合性がとれていることを示す．ソフトウェア開発の機能設計工程の場合，工程の入力となる要求仕様と工程の出力となる機能仕様の整合性がとれていることを確認することが，この工程の Verification となる．シミュレーションのソフトウェアモデリングの場合，入力になる数値モデルと，出力になるソフトウェアモデルの整合性がとれていることを確認することがこのモデリングの Verification である．したがって，シミュレーションソフトウェアのモデリングが複数ある場合，モデリングそれぞれに Verification が必要となる．

　一方 Validation は，最終的な成果物が元々の要求を満たしているかどうかを確認することをいう．シミュレーションソフトウェアの場合，最終的に出来上がったソフトウェアが現実世界の現象をシミュレートができることを確認することが Validation である．

　複数の工程を積み重ねて開発するようなソフトウェアの品質確保のためには，一般にこの Verification と Validation の両方が必要である．

6.2 シミュレーションソフトウェア開発時のポイント

本書では，前節で述べたシミュレーションのモデリングプロセスに従った各種のモデル，実装の例を述べてきた．しかし，実際にシミュレーションソフトウェアを開発しようという場合には，対象分野の知識や，ソフトウェア開発の知識だけでなく，開発をとりまく環境や，管理的，ビジネス的な知識や，スキルも必要となってくる．

複数人で開発するような大規模のシミュレーションソフトウェアを開発するときに必要な知識，スキルの全体像を表 6.1 に示す．本表は，組込みソフトウェアの開発に必要なスキル [4] を参考にシミュレーションソフトウェア特有の知識，スキルを追加したものである．

前章までに述べていない知識，スキルは，大きくシミュレーションソフトウェア開発で特有なものと，どのようなソフトウェアでも同じようなものに分類できる．本章では，前者，シミュ

表 6.1 大規模シミュレーションソフトウェアを開発に必要な知識，スキル

*：本書の姉妹編 [1] で記述

分類	必要な知識，スキル	本書記述
シミュレーション対象となる現実世界の知識	現実世界の課題の知識	−
	現実世界の物理的，化学的な基礎方程式の知識	2, 4 章
	シミュレーションのための代表的な概念モデル，数値モデルおよびモデリングの知識	2, 4 章
技術要素の知識	プログラム言語，OS，通信，ユーザインタフェース等の基本的知識	*
	科学技術計算の基礎，高速シミュレーション向け計算機工学	1 章，*
	並列計算ライブラリの使い方	1 章，付録
	開発マシン，ターゲットとなるスーパーコンピュータ関連の知識	−
開発技術の知識，スキル	システム分析，設計	−
	ソフトウェア分析，方式設計	3, 5 章
	ソフトウェア詳細設計，コード作成，ビルド	3, 5 章
	ソフトウェアテスト，Validation	本章，*
	システム統合，Validation	−
プロジェクト管理技術	QCD（品質，コスト，タイム）の管理	*
	組織，コミュニケーション，調達の管理	−
	リスクの管理	−
プロセス管理技術	開発プロセス設定	本章
	開発環境マネジメント	本章
	構成管理・変更管理	本章
	知的財産管理	−
パーソナルスキル	コミュニケーション，折衝，問題解決	−
ビジネススキル	経営，会計，マーケティング，人材管理	−

レーションソフトウェアを開発するときに特に気を付けたい知識やスキルについて述べていく．後者の例としては，ソフトウェア開発での知的財産管理や，プロジェクト内でのコミュニケーション，プロジェクト間の折衝等がある．このような管理的，ビジネス的なスキルや知識の詳細は，参考文献に示した組込みスキル標準 [4] や，プロジェクト管理のベストプラクティス [5] を参考にしていただきたい．

6.2.1 開発プロセスの設定

6.1 節で述べたシミュレーションのモデリングプロセスに忠実に従ってシミュレーションソフトウェアの開発プロセスを設定した場合，現実世界のシステムから，概念モデル，数値モデル，ソフトウェアモデル，ソフトウェア実装を順々に作って最終的に元々設定した問題に対するシミュレートができたかを確認するというプロセスになる．図 6.3 のように，決められた順番で 1 つ 1 つ実行し，後戻りをせずにソフトウェアを開発するプロセスをソフトウェア工学ではウォーターフォール型の開発プロセスという．

シミュレーションソフトウェアの場合，解決しようとしている問題に対応した概念モデルが確立しており，かつソフトウェア開発においても不安の要素があまり無いようなソフトウェア開発プロジェクトの場合，ウォーターフォール型の開発プロセスを採用するとよい．しかし，大部分のシミュレーションソフトウェア開発は，未知の問題に対する概念モデルや数値モデルの選択，確立，そこからソフトウェアのモデル化，コーディングにいたるまで，リスクが山積している場合が多い．このようなプロジェクトで，ウォーターフォール型の開発プロセスを採用した場合，たとえば最後の Validation のところで，概念モデルの不備が顕在化して，大きな手戻りになるというリスクを背負うことになる．大部分のシミュレーションソフトウェアの開発プロジェクトは，図 6.4 に示すような反復型の開発プロセスを採用することを推奨する．

図 6.4 のプロセス例では，大きくモデリングの部分と，ソフトウェアの実装部分のそれぞれで，工程を反復させている．モデリング部分の反復は，モデルを洗練するフェーズである．このフェーズでは，現実世界の課題との対応性を考慮しながら，数値モデル，ソフトウェアモデルを進化的に改善していくことを目標とする．このフェーズで，ソフトウェアとしての実現性，性能等の見極めが必要な場合には，この時点でプロトタイピングを行うのがよいだろう．一般に，この段階より後の工程で概念モデルまでさかのぼって変更するようなことはないようにする．

ソフトウェア実装部分の反復は，前のフェーズで洗練されたソフトウェアモデルに基づいてソフトウェアを増分的に（incremental に）開発し，ある反復単位（イテレーション）で開発

| 要件定義: そのプロジェクトで解決する現実問題，概念モデルの定義 | プロジェクト計画: 誰がいつ，どのように作業して最終的に要件が達成できるかを明確化 | 数値モデリング: 現実の課題に対応した概念および数値モデルの構築 | ソフトウェアモデリング: 数値モデルに対応したソフトウェアのモデルを構築 | 実装/テスト: ソフトウェアのモデルに従って，プログラム実装し，テスト | Validation: 開発したプログラムが実世界の問題を解決していることの最終確認 |

図 6.3 ウォーターフォール型の開発プロセス例

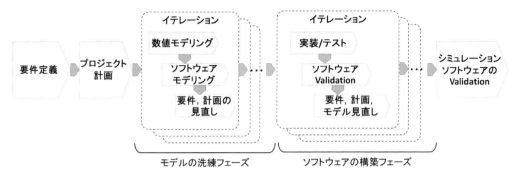

図 6.4 反復型の開発プロセス例

したソフトウェアに対して Validation を行う．

実際にシミュレーションソフトウェアを開発しようとするときに設定するプロセスは，上記で説明した典型的なプロセスを考慮し，プロジェクトの特性を踏まえて最適な開発プロセスをプロジェクトごとに検討する必要がある．ソフトウェアの開発プロセスを検討するときに考慮が必要な事項を 2 つ示す．

大きいリスクから見極めがつくようなプロセスにすること

リスクとは，もし顕在化すればプロジェクトの目標に影響を及ぼす不確実な事象あるいは状態をいう [5]．たとえば「概念モデルを考えたが，このモデルで最終的に課題に対応したシミュレートできるのか」，「設計したソフトウェアモデルで実装したときメモリ量が爆発しないだろうか」，「コーディングはしてみたものの，他の部分ができてみないとテストができない」は，シミュレーションソフトウェアの開発時に常に懸念されるリスクである．

シミュレーションソフトウェアの開発時に何がそのプロジェクトで大きなリスクかを熟考し，それを管理可能なリスクと，管理不可能なリスクに分類する．管理可能なリスクとは，たとえば，「解決したい現実の課題が，想定していた概念モデルではシミュレートできなかった」というようなプロジェクトのどこかで顕在化する可能性が予見できるようなリスクである．一方，管理不可能なリスクとは，たとえば，「シミュレーションを行うはずの製品が，開発中止になる」というようなシミュレーションソフトウェアの開発プロジェクトでは制御できないようなリスクである．このうち，前者の管理可能なリスクのうち，大きいリスクからできるだけ早い時期に顕在化できるような開発プロセスを組み立てるのがよい [6]．

反復型の開発プロセスにより中間工程で適時に Validation を組み込むことができる．すなわち，開発中のソフトウェアが最終的に本来の目的を達成できないという一番大きな課題を適切に中間工程にリスク分散することができる．しかし，これは，反復型の開発プロセスにすれば必ずリスクが軽減されるということではない．何も Validation せずに，反復を機械的に繰り返して，結局多くの作業が無駄になってしまったということは反復型開発プロセスでよく顕在化

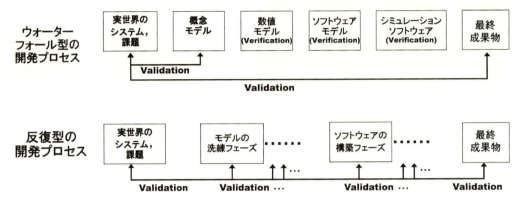

図 6.5 ウォーターフォール型と反復型の Validation プロセス

するリスクである．このため，反復型の開発プロセスの採用時には，その中間工程で意識的に Validation を設定することが重要である（図 6.5）．

開発管理能力に合った開発プロセス

一般的に，ウォーターフォール型の開発プロセスよりも反復型の開発プロセスのほうが，プロジェクト管理の観点で難易度が高い．したがって，不確定事項の少ないシミュレーションソフトウェア開発においては，ウォーターフォール型の開発プロセスを採用したほうが成功する場合が多い．たとえば，概念モデル，数値モデル，ソフトウェアモデルともに過去のプロジェクトと大きな変更がなく，経験のあるソフトウェア技術者もいるが，開発コストが予算外になるリスクは避けたいというようなシミュレーションソフトウェア開発プロジェクトもある．このようなプロジェクトに対しては，ウォーターフォール型に近い開発プロセスを採用するほうがよい．

反復型の開発プロセスを採用する場合は，本節のこれから述べる，開発者の役割割り当てや，開発環境の項の記述も考慮してソフトウェアの開発管理に対して重点的に資源 (人的，マシンともに) を割り当てる必要がある．

6.2.2 開発者の役割の割り当て

本項では，複数人が共同でシミュレーションソフトウェアを開発するプロジェクトにおいて，誰にどのような役割を担当させるべきなのかを示す．

どのようなソフトウェアの開発であっても，プログラムを書くソフトウェア技術者（すなわちプログラマ）が必要なことは自明である．一方，個人では開発できないような規模のソフトウェアの開発プロジェクトの場合，どのような人にどのような役割（ロール）を割り当てるかは考慮が必要である．表 6.2 に一般的なソフトウェア開発でよく割り当てられる典型的な役割を列挙した．

表 6.2 ソフトウェア開発での典型的な役割

役割（ロール）	説明
プロジェクト管理者	プロジェクト全体の管理．プロジェクト目標を達成する責任をもつ．
システムアナリスト	シミュレーションの対象となる現実世界のシステムや課題を解析し，どのようなシミュレーションソフトウェアが必要かを明確にする．
システムアーキテクト	技術面の責任者としてシミュレーションに必要な概念モデル，数値モデル，ソフトウェアモデルを作る．
ソフトウェア技術者（プログラマ）	ソフトウェアモデルから，シミュレーションソフトウェアを実装する．
サポート技術者	開発環境構築および保守，開発プロセス改善，ドキュメント執筆等ソフトウェア技術者がソフトウェア実装に専念できるような支援業務を行う．
テスト技術者（テスタ）	実装されたシミュレーションソフトウェアが，ソフトウェアモデルに対応しているかどうかをレビュー，テストする（シミュレーションソフトウェアの Verification がタスク）．
品質保証者	実装されたシミュレーションソフトウェアが，シミュレーションの所期の目標を満足しているかどうかをテストする（シミュレーションソフトウェアの Validation がタスク）．

一般に，2，3人のプロジェクトであれば，すべてソフトウェア技術者という場合もあるし，ソフトウェアを書く人間は1人にして，他のプロジェクトメンバは，ソフトウェア技術者のサポート即ちテスト技術者やサポート技術者を担当するということも多い．さらに5名以上のソフトウェアの場合は，複数の役割を組み合わせてソフトウェアを開発することが一般的である．このとき，様々な役割を知らなかったという理由でソフトウェア技術者だけにすることは論外である．一方，開発するソフトウェアの特性を考慮せずに単に「ソフトウェア開発にはこういう役割が必要」というだけの理由で不必要な役割を割り当ててしまうのもプロジェクト失敗の要因になりうる．

ソフトウェア工学の多くの知識は暗黙的に企業の業務プログラムを念頭に置いている．これらの開発では，システムアーキテクチャや方式設計の難易度は高いが，その実装は平易である場合が多い．また，業務プログラムの開発者は必ずしもそれを使う組織のモデルや課題を知っているわけではない．このようなソフトウェア開発では，上流工程に特化した役割即ち，システムアナリストやシステムアーキテクト的な役割は必須といって過言ではない．

一方，シミュレーションソフトウェアの場合は，アーキテクチャレベル，方式レベルだけでなく，コーディングレベルでも難易度が高いのが特徴である．また，多くの場合は，開発者自体が，シミュレーションの対象となる現実世界のシステム，課題や，概念モデルの専門家の場

合も多い.このようなシミュレーションソフトウェア開発では,上流工程に特化した役割は必ずしも専門化する必要はない.

では,大規模なシミュレーションソフトウェアの開発プロジェクトで,どのような役割を割り当てるとよいのだろうか.一般的に,10名程度以下のシミュレーションソフトウェア開発プロジェクトの場合,システムアナリスト,システムアーキテクトの役割は,ソフトウェア技術者が兼任で問題ない場合が多い.もちろん,その場合,そのソフトウェア技術者は単にプログラムの開発能力だけでなく,シミュレーションの対象とする現実のシステムや課題に関しても深い知見を持っている必要がある.

一方,シミュレーションソフトウェア開発の下流工程に近い役割,テスト技術者や品質保証者は,ソフトウェア技術者から分離したほうがよい場合が多い.

シミュレーションソフトウェア開発の下流工程では,単にプログラムにテストデータを与えてソフトウェアの仕様通りの結果が出てくることを確認(すなわち Verification)するだけでなく,仕様通りにできたシミュレーションが所期の目的通りにシミュレーションできることも確認(すなわち Validation)することも重要である.後者のタスクは,多くの場合,確認用のソフトウェアを開発することも多い.大規模のシミュレーションソフトウェアの場合,仕様通りの動作をすることを確認する役割としてのテスト技術者と,最終的に現実世界の課題に対して正しいシミュレーションを行っていることを確認する役割としての品質保証者に分けたほうがよい場合が多い.この場合,品質保証者は,テストプログラムの設計能力だけでなく,シミュレーションの対象となる現実世界の問題に対しても深い理解を持つことが期待される.なお,小規模のシミュレーションソフトウェア開発の場合,後者の役割はソフトウェア技術者が兼任することも可能である.

20名以上で開発といった大規模のシミュレーションソフトウェア開発であっても,中核部分のソフトウェア技術者はたかだか 2,3名で,その他の開発者は,ソフトウェア技術者をサポートする役割を持つように割り当てるほうが効率的にシミュレーションソフトウェアを開発できる場合が多い.

コラム　ソフトウェア開発者の割り当て

　ソフトウェア開発者が複数人の場合,それぞれの開発者にソフトウェアのどの部分を担当させるかは難しい問題である.通常,この割り当ては,独立性の高いプログラム(群)に分割して割り当てることが多い.ただ,シミュレーションソフトウェアの場合,プログラム的に切れが良かったとしても,ソフトウェア全体の妥当性を確保するという観点で,独立性の高いプログラムとプログラムが関連して,高い精度のシミュレートができたり,まったく所期の機能を発揮しなかったりする.たとえば,シミュレーションソフトウェアは,一般にソルバ部分と,プレ部分の独立性が高い.しかし,シミュレーションソフトウェアのシステム全体で本当に現実世界の挙動をシミュレートできるか(すなわち Validation できるか)のカギになるのは,これらの独立性が高いモジュー

ル間の連携である場合が多い．すなわち，プログラムという手段の独立性の高さで人を割り当てるのではなく，妥当性を確認しようとしたときに，多くの人が連携せずにできるように割り当てるのがよいだろう．実際の Validation をするときに，細かな調整が必要になるようなモジュール群はプログラム的な独立性が高くても 1 人または少数の人間に開発させたほうがプロジェクト全体の生産性は上がる．

6.2.3　ソフトウェア開発環境の構築

　ここまで述べてきた開発プロセスの設定，開発者の役割の割り当て等の要件を満足し，最大限にさせるためには，それらの要件を考慮したソフトウェアの開発環境を構築することが必要不可欠である．

　反復型の開発プロセスを採用したことを考えよう．ソフトウェアの構築フェーズで反復的にソフトウェアをコーディングし Verification を行い，Validation を行う．この場合，ある反復単位 (イテレーション) でコーディングした分のみ，Verification や Validation を行えばよいということはない．増分的にソフトウェアを開発する場合に，その前の反復単位までに開発し，Validation したものが，壊されていないことを再確認する必要がある．このような作り壊しを防ぐための作業をリグレッションテストと呼ぶ．このリグレッションテストを仮に手作業で行った場合，反復を積み重ねるうちにリグレッションテストのための作業が増加して実行困難になることは目に見えている．したがって，リグレッションテストを手作業抜きに自動実行できるような環境を整備することが反復型の開発プロセスを採用するための必要条件になっている．

　また，多数の開発者がシミュレーションソフトウェアの開発を行い，また多くの役割を設定するということは，それらの開発者間で，密接に連携が可能なソフトウェア開発環境が必要になる．特にシミュレーションソフトウェアの場合，その開発するための環境とターゲットマシンの実行環境は異なってくる場合が多い．これらの環境での複数の開発者の作業がスムーズに流れるようなソフトウェア開発環境も重要になっている．

　本項では，これらの課題に対応するために必要となるシミュレーションソフトウェアの開発環境のトピックと課題として，以下の 4 点について説明する．

(a) ソースコードの共有

(b) 開発項目，バグ，懸案の管理

(c) シームレスな開発環境と，実用環境の一体化

(d) プログラム面での考慮

(a) ソースコードの共有

複数の開発者でソフトウェアを開発する場合，同じソースコードの変更が競合しないような配慮が必要となる．また，大規模のソフトウェア開発プロジェクトでは，開発場所が複数になることも多く，それぞれの場所で違った開発をして，その結果をマージするときに大きなトラブルが発生することも多い．このような問題の解決のためには，複数の場所，複数の開発者の日々の開発結果を同期させ統合的に管理する仕掛けが必要となる．この課題を解決するソフトウェア開発ツールが，バージョン管理システム（version control system または revision control system）である．

図 6.6 にバージョン管理システムを使った，シミュレーションソフトウェア開発環境の例を示す．この例では，開発環境と，シミュレーションの実行環境が分かれており，また，開発者が，自宅等，通常の開発場所とは違う場所からも開発を行うことを想定している．

バージョン管理システムは同一ファイルに対する複数の開発者の同時変更を防止する機能や，別々に変更してしまったファイルをマージする機能，任意の過去のバージョンにソースコードを戻す機能など，多人数のソフトウェア開発プロジェクトでは必ず使われているツールである．現在，バージョン管理システムとしてよく使われているツールは，Subversion [9] と Git [10] である．Subversion は，個人個人の開発項目がある程度決まっており，開発するソフトウェアの改善計画もある程度決まっているようなプロジェクトに向いている．この場合，Subversion が想定しているプロジェクトの運用方法に沿って活用することにより大きな効果が得られる．一方，Git は，元々 Linux の開発のために作られたツールで，不特定多数の開発者が思い思いの

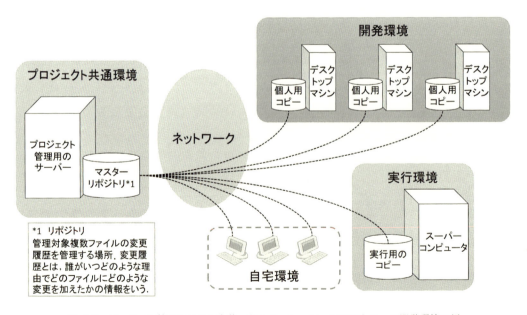

図 6.6 バージョン管理システムを使ったシミュレーションソフトウェア開発環境の例

機能を開発し，それを全体のまとめとなる人が取捨選択することを可能にした機能を持つ．また，Git は，プロジェクトレベルだけでなく，個人レベルでもソースの変更管理ができる．ソース変更の競合が起きた場合の解決する能力が Subversion より高いというメリットもある．反復型の開発プロセスで Subversion を使用時，プロジェクトで 1 つのリポジトリにテスト不足などで不適切なソースが混入してプロジェクト全体のテストが失敗するというリスクがある．

シミュレーションソフトウェアの開発プロジェクトでバージョン管理システムを選択するときには，プロジェクトの特徴を踏まえて最適なツールを選択するようにしたい．

(b) 開発項目，バグ，懸案の管理

古いスタイルのソフトウェア開発プロジェクトでは，管理する対象の種類，具体的には，開発項目，成果物，バグ，スケジュール，懸案などによって，管理の方法，管理に使うツールなどが異なっていた．昨今，反復型の開発プロセスが普及するにつれ，いろいろな種類の管理対象を，「そのプロジェクトの実行過程で解決しなければならない課題（issue）」と捉え，すべてチケットという単位で管理するチケットベースのプロジェクト管理手法がよく用いられるようになってきている．たとえば，ある機能に対応するプログラム開発の管理と，開発中に発見されたバグの管理は，まったく異なる管理に見える．「プロジェクトの過程で解決しなければならない課題の管理」という意味では同じであり，一体的な管理が可能になる．

図 6.7 に，シミュレーションソフトウェアの開発におけるチケットの種類と典型的な例を示す．

このチケットベースのプロジェクト管理を支援するツールが，課題管理ツール（ITS: Issue Tracking System）である．よく使われているツールとしては，Redmine [11]，JIRA，Trac [12] 等がある．これらツールは，単にバグの管理として開発の後工程のみ活用することも可能である．しかし，特に反復型の開発プロセスを採用した場合には，単なるバグ管理ツールとしてではなく，チケットベースのプロジェクト管理ツールとして利用したい．

課題管理ツールを使ったチケットベースのプロジェクト管理方法を簡単に説明する．

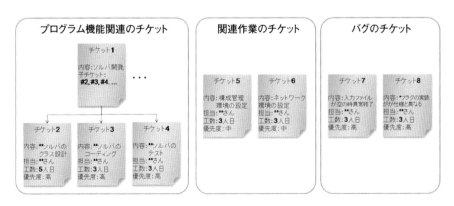

図 **6.7** チケットベースのプロジェクト管理におけるチケット例

プロジェクト計画時：作業，懸案事項の抽出

　シミュレーションソフトウェアの開発プロジェクトで実行すること，解決すべきことを洗い出す．プロセスの項で述べた通り，多くのシミュレーションソフトウェア開発ではプロジェクト開始時には不確定事項が多く存在しており，プロジェクト全体での実行項目を列挙することは困難である．特に，各種モデリングの部分は試行錯誤的な要素が強く，この部分の結果によって，ソフトウェア開発で実行するべきことが変わってくる．このため，プロジェクト開始時には，計画，事前準備，開発環境整備など，ソフトウェアを開発するために必要な作業と，概念，数値モデリングについて，1人が1週間以内の作業で完了するレベルまで細かく計画をしてチケット化する．これらのチケットには，具体的に誰がどれくらいの日数で課題を解決するかなど，具体的な項目を入れる．ソフトウェアモデリング，ソフトウェア開発，Validation に関連する作業は，大きな項目として必要な作業を（その時点で）漏れがないようにチケット化する．

　第3章で示したレベルの簡単なシミュレーションソフトウェア開発の開始時のチケットの構造例を図 6.8 に示す．この例は，シミュレーションソフトウェア開発に関連するチケットのみである．実際には，たとえば実験に関する作業等も含める必要がある．

プロジェクト実行段階：チケットに書かれた課題を解決

　この段階ではプロジェクト計画段階で計画したチケットの内容を実行し，チケットを閉じていく．実際には，元々あいまいな（大きな単位の）チケットを具体的な（小さな単位の）チケットに分割するということもあるし，ある反復での Validation の結果，開発の方針変更に迫られる場合もあるし，ソフトウェアのテスト段階に入ればバグが発生してチケットが増える場合もある．

　チケットベースのプロジェクト管理を反復型開発で実行する場合，適切にチケットの発行，消化を進めていかないと，「開発状況が把握できず，いつプロジェクトが終了するかまったく見えない」，「プログラムのバグがいつまでたっても収束しない」といった問題が発生する可能性が高い．このような問題に対応するプロジェクト管理の方法論が Scrum[7] である．Scrum は，ソフトウェア開発プロジェクトを構成する個人と，個人の集まりであるチームを重視した軽量のプロジェクト管理の手段を提供する．従来のプロジェクトの実行・監視・制御の段階が，予定調和的（完全な計画に対する実行），中央集権的（専門集団によるプロジェクト管理）なものだったのに対し，Scrum は，ソフトウェア開発プロジェクトに対する要件の変化に適応的に対応が可能で，かつ，プロジェクトを構成するメンバ全員がプロジェクトとしてのパフォーマンスを最大にするための役割を負い，主体的に活動できるという特徴がある．Scrum の実施方法の概要を図 6.9 に示す．

6.2 シミュレーションソフトウェア開発時のポイント 181

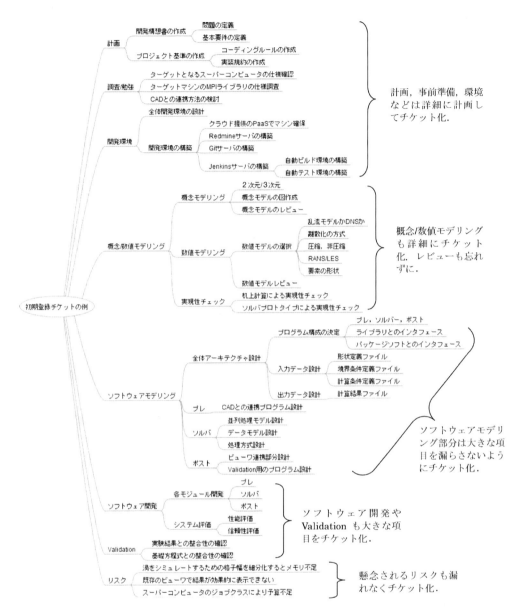

図 6.8 シミュレーションソフトウェア開発開始時に登録するチケットの構造例

プロジェクトの終結段階：残チケットで管理

チケットベースのプロジェクト管理では，プロジェクトの終結もチケットで管理する．ある時点で残っているチケットに見積もられた作業時間の総和がそのプロジェクトの終結までに必要な作業時間見積もりになる．また，すべての作業項目や，課題，バグなどが解決したときが，

> - ▶ ソフトウェア開発で必要な（機能，非機能）要件を抽出，優先順位付け（プロダクトバックログ）
> - ▶ 1つのスプリント（2週間〜1ヵ月）で消化する要件について，細かい単位（4〜16時間でできる作業）に分割（スプリントバックログ）
> - ▶ 毎日15分の会議で細かいバックログの解決状況をレビュー（デイリースクラム）
> - ▶ そのスプリントで実行可能なソフトウェアでプロダクトバックログを解決したことを検証．必要に応じて要件の変更．（スプリントレビューミーティング）
> - ▶ スプリントを運用，実行するうえの課題や改善策を検討して次のスプリントの計画を作成（スプリントレトロスペクティブ）
> - ▶ 上記をスプリントごとに繰り返す．

図 6.9　Scrum の実施方法概要（カッコ内は Scrum での用語）

プロジェクトの終結である．ただ，現実には，特に，期限，コストの関係で当初の計画を完全に達成せずにプロジェクトが終結する場合も多い．このため，プロジェクト実行段階で Scrum 実行時は，各スプリントの最後に行うスプリントレビューミーティングでそのプロジェクトでその後に実行するチケットを精査して，実際にそのプロジェクトで実行するもののみにしていく必要がある．

チケットベースのプロジェクト管理の詳細は，姉妹篇の『ソフトウェア開発入門』の第 II 部を参照いただきたい．

(c)　シームレスな開発環境と，実用環境の一体化

シミュレーションソフトウェアを開発するときに考慮が必要なのは試行錯誤的に開発するのに最適な環境である．可能であれば，ターゲットマシンと同じ場所で開発できればよい．ただ，シミュレーションソフトウェアの場合，本質的にターゲットマシンが高価で，開発環境，テスト環境，運用環境が共用できない場合が多い．環境の差異，具体的には，マシンのアーキテクチャの差異や，ライブラリの実装の差異などにより，テスト環境で動いても，実際の運用環境でトラブルが発生することも多い．このため，開発環境と実行環境が異なっていても，遠くに離れていても，差異や距離を感じさせないような環境を提供することが必要になってくる．本項では，開発環境の一体化を支援するツールの例を3つ示す．

継続的統合 (CI) ツール

継続的統合ツール（CI ツール：continuous integration tool）は，反復型の開発プロセスを採用したときにぜひ活用したいツールである．「継続的統合」とは，複数の開発者がソフトウェアを開発するときに，個々の開発者が別々に自分の環境で作業を進めて最後に全体の成果物を統合するのではなく，毎日のように各開発者のその日の成果となるソースを統合してコンパイル

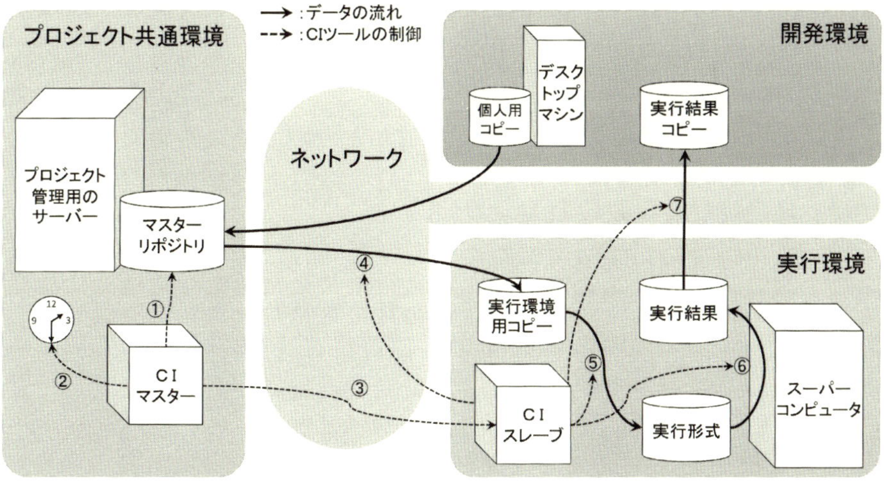

図 6.10 CIツールを活用したシミュレーションソフトウェアの開発環境例

し，自動的なテストなどを行うことをいう．継続的統合ツールは，開発する場所と，Validationする場所が異なっていても，サーバクライアント型の構成により，定型的な作業をシームレスに人手を介さずに実行することが可能である．

図 6.10 は，CI ツールを開発環境と実行環境が異なるシミュレーションソフトウェアの開発に適用した例を示している．

プロジェクト共通環境に位置する CI ツールのマスターは，マスターリポジトリが更新されたタイミング（①）または，決まった時間（②：真夜中等）に，実行環境に位置する CI ツールのスレーブに対してシミュレートの実行を指示する（③）．CI ツールのスレーブは，プロジェクト共通環境にあるマスタソースから実行環境にソースコードをコピーし（④），実行環境でビルドし（⑤）実行できる形式にする．さらに，ターゲットマシンであるスーパーコンピュータでシミュレートを行い（⑥），実行結果を開発環境に転送する（⑦）．この図の例では CI ツールのマスターとスレーブは 1 対 1 であるが，複数のサーバマシンでシミュレーションを実行する場合，またはビューワなどを複数種類の OS での実行を確認したいような場合などは，マスター 1 台に対して複数のスレーブを組み合せてテストや実行環境を自動化することもできる．

継続的統合ツールとして，ぜひ活用したいのがオープンソースベースの Jenkins[8] である．Jenkins は Web ベースの操作インタフェースでソフトウェア開発プロジェクトの特徴に合った継続的統合の環境を構築できる．

開発環境の自動構築ツール

開発環境の自動構築ツールとは，元々，インターネット向けに Web サービスを提供している企業が，そのサービスの開発，テスト，本番運用の各マシンを 1 日といった単位で同期させ，

日々，サービスを改善するために作られたツールである．このツールを使うと，たとえば，本番運用の環境で動作する数百台のサーバの OS やライブラリのバージョンをワンクリックで同期させるようなことが可能になる．有名なツールとしては，Chef，Puppet，Serverspec がある．

最近，これらのツールを使って複数人の開発環境を効率化する事例が増えている．多くの場合，前項で述べた Jenkins と連携し，複数のマシン環境にある，多数のマシン資源の OS やライブラリなどの構成変更を効率的に実行できる．シミュレーションソフトウェアの開発の場合でも，OS や開発に使う MPI などのライブラリなどの前提のライブラリの変更を複数の開発者の手を煩わせずに可能になる．また，開発環境の自動構築ツールをシミュレーションソフトウェアのテスト（Verification でも Validation でも）に使うことも可能である．たとえば，複数の OS をサポートするシミュレーションライブラリを開発する場合，従来であると，通常 OS ごとに手作業でテスト環境を構築していた．最近では，Jenkins，OS の種類を動的に生成可能な PaaS という技術と，この種のツールを組み合わせることにより，人手を介さずにテストの環境構築から実行までが可能になってきた．

コミュニケーションツール

ソフトウェアの開発の主体は人であり，複数人で開発するソフトウェア開発プロジェクトを成功させるためには，プロジェクトを構成する開発者相互のコミュニケーションをよくすることが必要不可欠である．

(b) 項で紹介した課題管理ツールは，それを使用する開発者間でコミュニケーションを活性化するような機能も持っている．たとえば，最近もっともよく使われている ITS ツールである Redmine の場合，チケットを介してのコミュニケーションも可能であるが，それ以外に Wiki，ニュース，ファイル共有などのコミュニケーション手段を提供している．これらの機能を効果的に活用することにより，コミュニケーション不足によるプロジェクト失敗のリスクを小さくすることができる．

さらに，今後は，遠隔地でのリアルタイムなコミュニケーションを可能にするような，ツールも活用したい．Skype や Pidgin といった P2P 技術を活用したインスタントメッセンジャーは従来のチャット機能だけでなく，ビデオ通話やプレゼンテーション資料の遠隔共有などが可能である．また，これらのツールの多くはフリーで活用可能である．

(d) プログラム面での考慮

「開発環境を効果的に使用するために，開発するプログラムに手を加える」と聞くとそれは本末転倒ではないかと思われる読者も多いと思う．しかし，ソフトウェアは，そのライフサイクルの中で，常に機能を追加，変更され続けるものであり，そのような初期開発以外の開発（派生開発と呼ぶ）がしやすいように作られているか否かによって，そのソフトウェアの価値は大きく変わってくる．

シミュレーションソフトウェア開発の多くの場合，開発環境と実行環境は異なってくる．また，実行環境は1つでも，複数の開発者がそれぞれ違った環境で，コーディング，テストをする場合も多い．初期開発では，ある開発環境に統一できたとしても，派生開発では違う環境を使用する方が生産性の観点で優位になるかもしれない．そのようなときに，プログラムと，開発環境の独立性を考慮する必要が出てくる．このため，シミュレーションソフトウェアの複数プラットフォームでの共通化設計が重要になってくる．使用するコンピュータのアドレス長，エンディアンといったマシンアーキテクチャの問題，C言語などでの言語実装による問題に対応した共通化設計は，本書の姉妹編の『ソフトウェア開発入門』に詳述されている．ぜひ，参考にしていただきたい．さらに，MPI，OpenMPといったライブラリや，コンパイラに付属した機能もその実装によって細かな挙動が変わってくる場合も多い．さらにこれらのライブラリの機能は同じだったとしても，性能面まで考えると大きく変わる可能性がある．

6.2.4　シミュレーションソフトウェアのValidation

　本章でここまで述べてきたとおり，シミュレーションソフトウェアの開発においては，元々，開発で意図した現実世界の課題に対応したシミュレーションができているかどうかの最終的な確認，即ちValidationができなければならない．各種モデルに従って開発しバグがまったく検出されなくても，目的となるシミュレートができなければ，開発プロジェクトとして失敗である．このために，シミュレーションの開発プロジェクトにおいては，できるだけ早い段階からValidationが可能になるような反復型の開発プロセスや，開発の中途段階でValidationが比較的容易にできる開発環境の構築技術を採用することを検討すべきであることを繰り返し述べてきた．

　ところが，皮肉なことにValidationというプロセスは，他のソフトウェアとシミュレーションソフトウェアで最も異なるプロセスである．一般のソフトウェア開発の場合，Validationのプロセスでも，Verificationのプロセスと同様，「こういう入力を与えれば，こういう出力が出力される」という入出力の関係で確認できる場合が多い．一方，シミュレーションソフトウェアの場合，モデルと実装の一致をチェックするVerificationの段階では他のソフトウェアと同様なチェックが可能であるが，Validationでは，現実世界のシステムをシミュレートできるかどうかが判断基準であり，モデル通りの結果が出たからといってValidationができたとは限らない．

　では，シミュレーションソフトウェアはどのようにしてValidationするのであろうか．シミュレーションソフトウェアのValidationの方法として，以下のような方法が考えられている [2]．

- 現実世界で得られる実験結果との比較

- 現実世界のシステムに近いようなモデルで視覚化して，人間の目で確認

- 複数の概念モデル/ソフトウェアモデルによる異なる実装のシミュレート結果の比較
- シミュレーション対象の現実世界の一部パラメタとの比較
- Validation 済みの過去のシミュレーションソフトウェアのデータとの比較
- Validation 済みの部品から形式的にシミュレーションソフトウェアを構築

　これらの Validation の方法は最終的には人間の判断能力に依存するものが大部分である．しかし，ここまで述べてきた，開発プロセスの中間段階で自動化を進めた開発環境を使って不完全であれ省力的に Validation が可能なものも多い．特に，1 回以上人間が Validation した結果をうまく活用する部分が，シミュレーションソフトウェアの Validation を効率的に行う鍵であろう．

6.3 最後に

　シミュレーションソフトウェアは，本質的に実験的な性質が濃い，すなわち動かしてみないと正しさが確認できないものである．さらに，この種類のソフトウェアを開発するプロジェクト自体も不確実性が高くなっている．このため本章の記述も，歯切れの悪い部分が多いと感じた読者も多いかもしれない．しかし，ソフトウェア工学的な立場から言うと，シミュレーションソフトウェアに限らず，ソフトウェアの開発は本質的に不確実性が高く，開発するソフトウェアの性質に特化した開発方法をプロジェクトごとに考えていくことが重要になってきている．

　単なる知識として，本章で述べた反復型の開発プロセスや，チケットベースのプロジェクト管理を知ることは一歩前進である．それらの知識の本質を理解せずに自分のプロジェクトに適用しようとすると必ずと言ってよいほど失敗する．しかし，これも，一歩前進といえる．本書の最初に述べたとおり，ソフトウェア開発プロジェクトのノウハウ自体が「自分自身で見つけた理由によるほうが納得する」ものなのである．本書を手にとった読者がシミュレーションソフトウェア開発に挑戦し，開発プロジェクトの前半戦で失敗し，納得し，後半で巻き返す．このようにして，すばらしいシミュレーションソフトウェアが開発できたとしたら，幸甚の至りである．

　本章は，何度も繰り返している通り，ソフトウェア開発プロジェクトに必要なすべての知識をカバーしていない．シミュレーションソフトウェアの開発で特に重要となる知識を記述したが，十分に記述できたとはいえない．ソフトウェア開発の基本，プロジェクト管理の基本については，ぜひ，本書の姉妹編『ソフトウェア開発入門』や参考文献に挙げた良書も一読いただければ幸いである．

参考文献

[1] 佐藤文俊・加藤千幸 編．ソフトウェア開発入門──シミュレーションソフト設計理論からプロジェクト管理まで，東京大学出版会，2014．

[2] R. G. Sargent, "Verification and Validation of Simulation Models", http://www.informs-sim.org/wsc11papers/014.pdf

[3] IEEE Std 610.12-1990, IEEE Standard Glossary of Software Engineering Terminology., 1990.

[4] 情報処理推進機構ソフトウェア・エンジニアリング・センター編．【新版】組込みスキル標準 ETSS 概説書，翔泳社，2009．http://www.ipa.go.jp/sec/publish/tn09-004.html

[5] Project Management Institute. A Guide to the Project Management Body of Knowledge: Official Japanese Translation (プロジェクトマネジメント 知識体系ガイド PMBOK ガイド), 4th ed.: Project Management Inst., 2009.

[6] B. W. Boehm. "A spiral model of software development and enhancement," Computer, **21**, 5, 61–72, May 1988.

[7] K. Schwaber et al. "スクラムガイド ™" http://www.scrumguides.org/download.html

[8] Jenkins, https://jenkins-ci.org/

[9] Subversion, http://subversion.apache.org/

[10] Git, http://git-scm.com/

[11] Redmine, http://redmine.jp/

[12] Trac, http://trac.edgewall.org/

付録A MPI 概説

　MPI は科学技術分野のシミュレーションにおいて，最も利用されている並列技術だろう．プロセス間通信に基づく MPI の並列処理方法は，PC クラスタのような分散メモリ型並列計算機に適していたからであろう．また，通信処理は MPI ライブラリが担っており，C/C++ や Fortran だけでなく様々なプログラミング言語で利用できたことも，MPI が広く利用されている一因だろう．ここでは，簡単な MPI の使用方法について記述した．MPI を用いた並列プログラムを高度にチューニングしたい場合は参考文献 [1, 2] を参照されたい．

　MPI を利用するにあたり，あらかじめ知っておくと理解を助ける事柄を以下に述べる．

- MPI ルーチンの名称はすべての MPI_から始まる．また，MPI によって定義される定数はすべて大文字である．これら MPI のルーチン名，定数はプログラム内で mpi.h ヘッダファイルをインクルードすることによって利用できる．したがって，MPI を利用するプログラムは MPI_を接頭辞として持つ関数，変数，マクロなどを定義するべきではない．

- 特に断りがない限り，本書は C/C++ 言語での利用を想定している．したがって，配列の添字は C/C++ 言語と同様に 0 から開始される．

- C/C++ 言語で利用するほとんどの MPI ルーチンは，返り値としてエラーコードを返す．MPI ルーチンが成功した場合は，定数 MPI_SUCCESS を返す．エラーが発生した場合の返り値は，実装に依存する．

1 MPI プログラムのコンパイル方法

　MPI は規格であるため，MPI プログラムのコンパイル・ビルド方法ならびに実行方法は実行環境に依存する．たいていの環境では，MPI ヘッダファイルやリンクに必要な MPI ライブラリのディレクトリを 1 つ 1 つ指定しなくてもよいように，ラッパプログラムが用意されている．MPI プログラムの C/C++ コンパイラとして mpicc や mpiCC といった名前で用意されている場合もある．また，実行時は mpiexec や mpirun といったコマンドを利用する場合もあ

る．利用環境に依存するために，計算機センターの利用ガイドや MPI ソフトウェアのマニュアルを参照すること．

2 初期化と終了処理

すべての MPI プログラムは，MPI ルーチンを呼び出す前に初期化を行い，またプログラムが終了する前に MPI 環境の終了処理を行わなければならない．その初期化処理を行うルーチンが MPI_Init() であり，終了処理のルーチンが MPI_Finalize() である．

int MPI_Init(int *argc, char ***argv);		
MPI 処理の初期化を行う．		
引数		
argc	[in]	引数の個数 (プログラム名を含む)
argv	[in]	引数の文字列を指すポインタの配列

ここで [in] と書かれているパラメータ (引数) は，関数に値を与えるのみの，読み取り専用の (関数の処理が終わった時点で値が変わらない) 変数であることを示す．後に現れる [out] と書かれているパラメータは，関数から戻ってきたときに値が代入 (上書き) されるパラメータである．[in/out] とあるパラメータは，関数に値を与えるだけでなく，関数終了時に値が代入されるパラメータであることを示している．

int MPI_Finalize(void)
MPI 処理の終了処理を行う．

初期化と終了処理を行うだけのシンプルなコードを以下に示す．

```
#include < mpi.h>

int main(int argc, char *argv[])
{
    MPI_Init(&argc, &argv);
    // 処理内容
    MPI_Finalize();
    return 0;
}
```

3 MPI コミュニケータの管理

3.1 SPMD

MPI はメッセージパッシングを用いたプロセス間通信を標準化した規格であるので，多様な並列プログラミングが可能である．とはいえ，多くの MPI を用いたプログラミングは，SPMD (Singple Program, Multiple Data) と呼ばれる考え方に基づいている．SPMD とは，すべてのプロセスは 1 つのプログラムを実行し，それぞれのプロセスは個別のデータを同時並行に処理するスタイルを表す．プログラマはどのプログラムをどの計算機・プロセッサで実行させるかなどを気にすることなく，1 つのプログラムを記述することに専念できる．大規模データの分割方法を考えるだけでよいので，一般にプログラムがシンプルになる長所がある．

3.2 MPI を使った並列プログラミング

SPMD を使った並列プログラミングでは，プログラマは処理しなければならない大規模データのうち，そのプロセスが担当するデータ領域を決定する必要がある．通常，データサイズや並列実行されるプロセス数はプログラミング時点ではわからず，実行時にならないとわからない．プログラム実行時に，並列実行されたプロセスの総数と，そのプロセスを識別できればよい．これを提供するのが，以下の MPI_Comm_size() 関数と MPI_Comm_rank() 関数である．

int MPI_Comm_size(MPI_Comm comm, int *size);		
コミュニケータグループ内での全プロセス数を取得する．		
引数		
comm	[in]	コミュニケータ (ハンドル)
size	[out]	comm グループ内の全プロセス数

int MPI_Comm_rank(MPI_Comm comm, int *rank);		
コミュニケータグループ内でのプロセス番号 (ランク) を取得する．		
引数		
comm	[in]	コミュニケータ (ハンドル)
rank	[out]	comm グループ内でのプロセス番号

MPI_Comm_size() 関数では，全プロセス数がパラメータ size に代入される．また，MPI_Comm_rank() 関数では，そのプロセスのランク (プロセス番号) が代入される．ランクは 0 から [全プロセス数 -1] の間を取る．

ここで，はじめてコミュニケータが出現する．コミュニケータは MPI プロセス集合を表すハンドル (識別子) である．MPI_Comm_size()，MPI_Comm_rank() 関数では，パラメータ

としてコミュニケータハンドルを指定することで，そのコミュニケータに属する全プロセス数やランクを取得することができる．実行時の MPI プロセスすべてを表すコミュニケータとして，MPI_COMM_WORLD 定数があらかじめ用意されており，MPI_COMM_WORLD を MPI_Comm_size()，MPI_Comm_rank() 関数に指定することで全プロセス数，(全プロセスにおける該当プログラムの) ランクを取得することができる．

4　1 対 1 (point-to-point) 通信

MPI はメッセージパッシングと呼ばれるプロセス間通信を用いた並列処理方法である．もっともシンプルな通信方法は 1 対 1 の通信であろう．まずは 1 対 1 通信に使われる MPI 関数を紹介する．

4.1　ブロッキング通信とノンブロッキング通信

MPI における 1 対 1 通信には，大きく分けてブロッキング通信とノンブロッキング通信の 2 種類がある．

ブロッキング通信の MPI 関数は，通信処理が完了するまでプログラムに戻らない (処理が先に進まない，後続処理をブロックする)MPI 関数である．ブロッキング通信で使用したデータは，その関数から復帰したらすぐに使用することができる．

一方，ノンブロッキング通信の MPI 関数は，通信処理が完了する前にプログラムに復帰する (後続処理をブロックしない)MPI 関数である．ノンブロッキング通信で使用した通信用データは，その MPI 関数から復帰後も MPI 関数が使用するために即座に使用・解放することができず，後述の MPI_Test() 関数や MPI_Wait() 関数などを用いて，プログラマの責任で MPI 通信の完了を管理・確認しなければならない．

ノンブロッキング通信のメリットの 1 つは，メインプログラムの処理を行いながら MPI 通信を行うことができることである．並列処理を行う上で必要な通信時間を隠蔽する (見かけ上通信時間が発生していないように見せる) ことができるため，並列化率の向上には欠かせないテクニックである．

ノンブロッキング通信のもう 1 つのメリットは，デッドロックを回避できることである．たとえば 2 つのプロセスがブロッキング通信で受信・送信を順に行った場合，はじめの受信処理が完了しない限り送信処理が完了しない．互いに送信せずに受信待ちつづけるため，(互いに処理が先に進まない) デッドロックが発生する．ノンブロッキング通信ではこのデッドロックを回避することが可能である．

一方で，ノンブロッキング通信のデメリットは通信の完了をプログラマが管理しなければならないため，プログラムが複雑になりがちになり，バグを生み出す可能性が高いことである．はじめのうちはブロッキング通信の MPI 関数を使い，並列処理が正しく行われることを確認し

た上で通信時間の隠蔽が可能であれば，ノンブロッキング MPI 関数の利用を検討した方がよいだろう．

MPI_Send() 関数はブロッキング通信のメッセージ送信関数である．データの送信にはどのデータ (データの場所，種類，大きさ) を，どこへ送るのか，という情報が必要である．MPI_Send() 関数には，送信するバッファメモリの先頭アドレス (buf) と個数 (count)，データ型 (datatype) を指定することで送信データの場所，種類，そして大きさを指定し，コミュニケータ (comm) と送信先ランク (dest) を指定することで送信先を指定している．

タグ (tag) はそれぞれの送受信処理を区別するために用意されたパラメータであり，プログラマが自由に設定することができる．このタグ情報は送信先に一緒に送られるので，受信側がタグによってデータを区別することが可能となっている．

MPI_Send() 関数はブロッキング通信の関数であるので，関数の処理が完了後すぐにバッファの内容を変更・破棄してもかまわない．

int MPI_Send(const void* buf, int count, MPI_Datatype datatype, int dest, int tag, MPI_Comm comm);		
データを送信する．		
引数		
buf	[in]	送信バッファの先頭アドレス
count	[in]	送信する要素数
datatype	[in]	送信データ型
dest	[in]	送信先ランク
tag	[in]	タグ
comm	[in]	コミュニケータ (ハンドル)

MPI_Datatype は mpi.h を include することで利用できる．MPI_Datatype と C/C++ 言語のデータ型の対応は以下の通りである．

MPI Datatype	C datatype
MPI_CHAR	char
MPI_SIGNED_CHAR	signed char
MPI_UNSIGNED_CHAR	unsigned char
MPI_SHORT	signed short int
MPI_UNSIGNED_SHORT	unsigned short int
MPI_INT	signed int
MPI_UNSIGNED	unsigned int
MPI_LONG	signed long int
MPI_UNSIGNED_LONG	unsigned long int
MPI_LONG_LONG_INT (MPI_LONG_LONG)	signed long long int
MPI_UNSIGNED_LONG_LONG	unsigned long long int
MPI_FLOAT	float

MPI_DOUBLE	double
MPI_LONG_DOUBLE	long double
MPI_WCHAR	wchar_t (<stddef.h>で定義)
MPI_C_BOOL	_Bool
MPI_INT8_T	int8_t
MPI_INT16_T	int16_t
MPI_INT32_T	int32_t
MPI_INT64_T	int64_t
MPI_UINT16_T	uint16_t
MPI_UINT32_T	uint32_t
MPI_UINT64_T	uint64_t
MPI_C_COMPLEX (MPI_C_FLOAT_COMPLEX)	float _Complex
MPI_C_DOUBLE_COMPLEX	double _Complex
MPI_C_LONG_DOUBLE_COMPLEX	long double _Complex

MPI datatype	C++ datatype
MPI_CXX_BOOL	bool
MPI_CXX_FLOAT_COMPLEX	std::complex<float>
MPI_CXX_DOUBLE_COMPLEX	std::complex<double>
MPI_CXX_LONG_DOUBLE_COMPLEX	std::complex<long double>

　MPI_Recv() 関数はブロッキング通信のメッセージ受信関数である．受信すべきデータをどこ (buf) に受け取るのか，その大きさ (count) と種類 (datatype) を指定するとともに，どこ (dest, comm) から送られてくるのかを指定する．MPI_Recv() 関数はブロッキング通信であるので，MPI_Recv() 関数から戻ってすぐに受信バッファ (buf) の内容を読み取ることができる．

int MPI_Recv(void* buf, int count, MPI_Datatype datatype, int source, int tag, MPI_Comm comm, MPI_Status *status)			
データを受信する．			
引数			
buf	[out]		受信バッファの先頭アドレス
count	[in]		受信する要素数
datatype	[in]		受信データ型
dest	[in]		送信元ランク
tag	[in]		タグ
comm	[in]		コミュニケータ (ハンドル)
status	[out]		status オブジェクトのアドレス

　データを受信する際は，データの送信元ならびにタグがあらかじめ指定される必要はない．送信元ランク (dest) に MPI 定数である MPI_ANY_SOURCE を指定すると，どのランクからでもデータを受信することを意味する．同様にタグ (tag) に MPI_ANY_TAG を指定するとタ

グの種類にかかわらず受信することを指示したことになる．

MPI_ANY_SOURCE や MPI_ANY_TAG を利用すると，どのランクから受信されたのか，どういったタグを付与されたデータなのか，そのままでは不明である．そこで利用できるのが MPI_Status オブジェクト (status) である．MPI_Status オブジェクトのポインタを MPI_Recv() 関数に指定することで，受信処理に関連する情報を受け取ることができる．

MPI_Status 構造体のメンバ変数として，MPI_SOURCE, MPI_TAG, そして MPI_ERROR が含まれている．それぞれ送信元ランク，タグ，エラー情報を表すメンバ変数である．MPI_Recv() 関数の処理が完了した場合は，それぞれのメンバ変数に値が格納されているので，MPI_ANY_SOURCE や MPI_ANY_TAG を利用した場合でも，送信元やタグを確認することができる．

MPI_Isend() 関数は MPI_Send() 関数に対応するノンブロッキング通信のメッセージ送信関数である．ノンブロッキング通信の MPI 関数は，通信完了を待たずにメインプログラムに返ってくるので，MPI_"I" (Immediately) から始まる関数名になっている．引数のほとんどは MPI_Send() 関数と変わらないが，MPI_Request オブジェクトのポインタ (request) を要求することが，MPI_Send() 関数と異なる．ノンブロッキング通信である MPI_Isend() 関数は通信処理が完了する前にメインプログラムに戻るため，後に MPI_Wait() 関数などで通信処理の完了を待つ必要がある．通信完了を待つ際に，どの通信処理を待つのか明確にするための識別子 (ハンドル) が MPI_Request オブジェクトである．後述の通信処理の完了を待つ MPI_Wait() 関数で，この MPI_Request オブジェクトが必要である．MPI_Isend() 関数によって MPI_Request オブジェクトに値が代入されるため，MPI_Request オブジェクトのアドレス (ポインタ) を MPI_Isend() 関数に渡す必要がある．

int MPI_Isend(const void* buf, int count, MPI_Datatype datatype, int dest, int tag, MPI_Comm comm, MPI_Request *request)		
データを送信する（ノンブロッキング）．		
引数		
buf	[in]	送信バッファの先頭アドレス
count	[in]	送信する要素数
datatype	[in]	送信データ型
dest	[in]	送信先ランク
tag	[in]	タグ
comm	[in]	コミュニケータ (ハンドル)
request	[out]	リクエストハンドル

MPI_Isend() 関数などのノンブロッキング通信の MPI 関数は，通信処理が完了せずともすぐに返ってくるので，通信完了まで MPI 関数に渡したバッファの内容変更・破棄はできない．通信処理の完了を待つ MPI 関数が MPI_Wait() である．どの通信処理の完了を待つのか指定するために，ノンブロッキング関数で受け取った MPI_Request オブジェクトのポインタを MPI_Wait()

関数に渡す必要がある．通信処理が完了すると MPI_Wait() 関数はその MPI_Request オブジェクトポインタに MPI_REQUEST_NULL を代入する．

int MPI_Wait(MPI_Request *request, MPI_Status *status)		
ノンブロッキング通信の処理完了を待つ．		
引数		
request	[in/out]	MPI_Request オブジェクトのポインタ
status	[out]	MPI_Status オブジェクトのポインタ

MPI_Recv() 関数に対応するノンブロッキング通信のメッセージ受信関数が MPI_Isend() 関数である．MPI_Isend() 関数と同様に MPI_Request オブジェクトのポインタを要求する以外は，MPI_Recv() 関数と引数は変わらない．また，ノンブロッキング通信であるので，通信処理が完了するまで受信バッファの内容は利用できない．

int MPI_Irecv(void* buf, int count, MPI_Datatype datatype, int source, int tag, MPI_Comm comm, MPI_Request *request)		
データを受信する（ノンブロッキング）．		
引数		
buf	[out]	受信バッファの先頭アドレス
count	[in]	受信する要素数
datatype	[in]	受信データ型
source	[in]	送信元ランク
tag	[in]	タグ
comm	[in]	コミュニケータ (ハンドル)
request	[out]	リクエストハンドル

MPI_Irecv() 関数でも同様に，任意の送信元ランクやタグのデータを受信できるようにする MPI_ANY_SOURCE や MPI_ANY_TAG が利用できる．ブロッキング通信の MPI_Recv() 関数のときには，MPI_Recv() 関数が返ってきたときにはすでに受信処理が完了しているので，何らかのデータを受け取ったことは明らかである．しかし，ノンブロッキング通信である MPI_Irecv() 関数では，データが受信しているのか，していないのか，メインプログラムが知ることができない．そこで利用するのが MPI_Test() 関数である．

MPI_Test() 関数では，ノンブロッキング通信関数で利用した MPI_Request オブジェクトを指定して，その通信リクエストが完了しているか，未完であるか，問合せを行う．結果は MPI_Status オブジェクトに代入され，また通信処理が完了していれば flag に true が代入される．操作が完了した場合，すぐに (MPI_Test() 関数を呼ばずに) バッファが利用可能であるか，MPI_Test() 関数を呼ぶ必要があるかは，実装に依存するため注意が必要である．

int MPI_Test(MPI_Request *request, int *flag, MPI_Status *status)		
ノンブロッキング通信処理の完了の問合せを行う.		
引数		
request	[in/out]	MPI_Request オブジェクトのポインタ
flag	[out]	操作が完了した場合は true が代入される
status	[out]	MPI_Status オブジェクトのポインタ

5 グループ通信

1つのプログラムがすべてのプロセスで動作する SPMD 方式のプログラムでは,プロセス全体 (グループ) に対するデータ通信処理が簡単に記述できると便利である.ここでは,グループ通信を行う MPI 関数を紹介する.

グループ通信の MPI 関数を使う上で注意すべきは,(コミュニケータ内の) すべてのプロセスで同じ全体通信の MPI 関数を呼ぶ必要があることである.1つでも全体通信を発効しないプロセスがあるとプログラムが停止してしまう.if 文などを使ってプロセスごとに分岐処理を行った場合,あるプロセスは全体 MPI 関数を呼ぶものの,あるプロセスは呼ばないといった状況を生み出しがちなので特に注意が必要である.

5.1 バリア同期

並列計算を効率的に行うためには,全プロセスが均等にタスク処理を行うことが理想である.実際にはプロセスごとに処理内容がわずかに異なることで同一時間で処理が完了せず,すべてのプロセスの完了を待つ同期が必要になる場合がある.MPI_Barrier() 関数は,コミュニケータ全体に対するバリア同期を行う.

int MPI_Barrier(MPI_Comm comm)		
バリア同期を行う.		
引数		
comm	[in]	コミュニケータ ハンドル

5.2 放送 (ブロードキャスト) 通信

プロセス全体に同じデータを送りたい場合に使うのが MPI_Bcast() 関数である.すべてのプロセスで同じデータサイズを扱うように注意する.

int MPI_Bcast(void* buffer, int count, MPI_Datatype datatype, int root, MPI_Comm comm)		
コミュニケータ内のすべてのランクへ，root ランクのデータをコピーする		
引数		
buffer	[in/out]	送受信バッファ
count	[in]	データ数
datatype	[in]	データ型
root	[in]	送信元ランク
comm	[in]	コミュニケータ ハンドル

5.3 データ収集と分配

MPI_Gather() 関数は，グループ内のプロセスから送られてきたデータを順番に受信プロセスの受信バッファに集める操作を行う．通常，sendcount と recvcount は同じであり，また sendtype と recvtype も同じである．データの受信は root ランクのみなので，root ランク以外は受信に関わるパラメータ (recvbuf, recvcount, recvtype) は無視される．

受信バッファには注意が必要である．1つは受信バッファの大きさである．グループ内全プロセスからデータが送られてくるので，recvbuf の要素数は最低でも [recvcount × 全プロセス数] 分必要である．recvcount 分ではないことに注意しなければならない．もう1つは受信バッファの場所である．(root ランクにおいて) 送信バッファと受信バッファが重なってはいけない．すなわち，受信バッファは送信バッファとは別の変数を用意する (MPI_IN_PLACE を利用すると同一変数でも可能).

int MPI_Gather(const void* sendbuf, int sendcount, MPI_Datatype sendtype, void* recvbuf, int recvcount, MPI_Datatype recvtype, int root, MPI_Comm comm)		
グループプロセスのデータを収集し，受信ランクの受信バッファに格納する．		
引数		
sendbuf	[in]	送信バッファ
sendcount	[in]	送信データの数
sendtype	[in]	送信データ型
recvbuf	[out]	受信バッファ (root ランクのみ有効)
recvcount	[in]	(1 ランク当たりの) 受信データ数 (root ランクのみ有効)
recvtype	[in]	受信データ型 (root ランクのみ有効)
root	[in]	データを受信するランク
comm	[in]	コミュニケータ ハンドル

MPI_Gather() 関数と対をなす，データを分配する関数が MPI_Scatter() である．MPI_Scatter() 関数は，送信バッファのデータをコミュニケータ内の全ランクに分配する．各ラン

クに分配されるデータ数は一定 (sendcount) であり，ランク数の小さい順に分配される．したがって sendbuf の要素数は [sendcount × コミュニケータ内の全プロセス数] 分必要である．MPI_Gather() 関数と同様に，(root ランクにおいて)sendbuf と recvbuf のメモリ領域は重なってはいけない．通常 sendcount と recvcount は同じであり，また sendtype と recvtype も同じである．

int MPI_Scatter(const void* sendbuf, int sendcount, MPI_Datatype sendtype, void* recvbuf, int recvcount, MPI_Datatype recvtype, int root, MPI_Comm comm)		
root ランクのデータをグループプロセスに分配する．		
引数		
sendbuf	[in]	送信バッファ (root ランクのみ有効)
sendcount	[in]	送信データの数 (root ランクのみ有効)
sendtype	[in]	送信データ型 (root ランクのみ有効)
recvbuf	[out]	受信バッファ
recvcount	[in]	受信データ数
recvtype	[in]	受信データ型
root	[in]	データを送信するランク
comm	[in]	コミュニケータ ハンドル

MPI_Gather() 関数や MPI_Scatter() 関数において，それぞれのランクが収集・分配するデータ量は一定であった．収集・分配するデータ量がランクごとに異なる場合は，MPI_Gatherv() 関数・MPI_Scatterv() 関数を用いる．

MPI_Gatherv() 関数は，MPI_Gather() 関数と同様に，root ランクへデータを収集する通信関数である．ほぼ MPI_Gather() 関数と引数は同様であるが，コミュニケータ内ランクごとに送信する要素数が可変であるため，その情報を扱う 2 つの引数が MPI_Gather() 関数と異なる．

recvcounts は，整数の配列データであり，データを受信するランクにおいて，各ランクから受信するデータ要素数を順に格納し MPI_Gatherv() 関数に通知する．すなわち，recvcounts 配列の i 番目の値は，ランク i から送られる要素数を表す．

一方，displs もまた整数の配列データである．displs 配列の値は，各ランクから送られたデータを格納する受信バッファの位置を格納する．displs 配列の i 番目の値は，ランク i から送られたデータを受信バッファに保存するインデックス位置を表している．

200　付録 A　MPI 概説

int MPI_Gatherv(const void* sendbuf, int sendcount, MPI_Datatype sendtype, void* recvbuf, const int recvcounts[], const int displs[], MPI_Datatype recvtype, int root, MPI_Comm comm)		
グループプロセスのデータを収集し，受信ランクの受信バッファに格納する．		
引数		
sendbuf	[in]	送信バッファ
sendcount	[in]	送信データ要素数
sendtype	[in]	送信データ型
recvbuf	[out]	受信バッファ
recvcounts	[in]	受信データ要素数のリスト (root ランクのみ有効)
displs	[in]	受信データを受け取る位置のリスト (root ランクのみ有効)
recvtype	[in]	受信データ型 (root ランクのみ有効)
root	[in]	データを受信するランク
comm	[in]	コミュニケータ ハンドル

　MPI_Scatterv() 関数は，MPI_Gatherv() 関数と対となる，root ランクのデータをコミュニケータ内の各ランクへ可変長のデータを分配する集合通信の関数である．MPI_Scatterv() 関数の引数は，MPI_Scatter() 関数とほぼ同様であるが，コミュニケータ内のランクごとに可変長のデータを送るために，sendcounts と displs の引数が用意されている．sendcounts と displs の使い方は，MPI_Gatherv() 関数と同様である．sendcounts は整数の配列であり，i 番目の値はランク i への送信要素数を表している．また，同じく整数の配列である displs は，i 番目の値がランク i へ送るデータの sendbuf の先頭インデックスを表している．

int MPI_Scatterv(const void* sendbuf, const int sendcounts[], const int displs[], MPI_Datatype sendtype, void* recvbuf, int recvcount, MPI_Datatype recvtype, int root, MPI_Comm comm)		
root ランクのデータをグループプロセスに分配する．		
引数		
sendbuf	[in]	送信バッファ (root ランクのみ有効)
sendcounts	[in]	送信要素数のリスト (root ランクのみ有効)
displs	[in]	送信要素の開始位置のリスト (root ランクのみ有効)
sendtype	[in]	送信データ型
recvbuf	[out]	受信バッファ
recvcount	[in]	受信データ要素数
recvtype	[in]	受信データ型
root	[in]	送信ランク
comm	[in]	コミュニケータ ハンドル

MPI_Gather() 関数と MPI_Gatherv() 関数は，各ランクからのデータを root ランクに収集するグループ関数であった．この収集したデータをグループ内の全ランクにコピーしたいときに利用できるのが，以下に示す MPI_Allgather() 関数と MPI_Allgatherv() 関数である．つまり，MPI_Gather()・MPI_Gatherv() 関数でデータ収集の後に MPI_Bcast() 関数で収集データをコピーすることと同じである．

MPI_Allgather()・MPI_Allgatherv() 関数の引数は，それぞれ MPI_Gather()・MPI_Gatherv() 関数と同様である．収集されたデータはコミュニケータ内の全ランクに等しく格納されるため，MPI_Gather()・MPI_Gatherv() 関数にあった root パラメータがなくなっている．全ランクから送られるデータが各ランクに送信されるので，各ランクの受信バッファの大きさに注意したい．なお，(MPI_IN_PLACE を使わない場合,) 送信バッファと受信バッファはメモリ上で衝突してはいけない．

int MPI_Allgather(const void* sendbuf, int sendcount, MPI_Datatype sendtype, void* recvbuf, int recvcount, MPI_Datatype recvtype, MPI_Comm comm)		
各ランクのデータを収集し，全ランクにコピーする．		
引数		
sendbuf	[in]	送信バッファ
sendcount	[in]	送信要素型
sendtype	[in]	送信データ型
recvbuf	[out]	受信バッファ
recvcount	[in]	受信要素数
recvtype	[in]	受信データ型
comm	[in]	コミュニケータ ハンドル

int MPI_Allgatherv(const void* sendbuf, int sendcount, MPI_Datatype sendtype, void* recvbuf, const int recvcounts[], const int displs[], MPI_Datatype recvtype, MPI_Comm comm)		
各ランクのデータを収集し，全ランクにコピーする．		
引数		
sendbuf	[in]	送信バッファ
sendcount	[in]	送信要素数
sendtype	[in]	送信データ型
recvbuf	[out]	受信バッファ
recvcounts	[in]	受信される要素数のリスト
displs	[in]	データの格納位置
recvtype	[in]	受信データ型
comm	[in]	コミュニケータ ハンドル

5.4 集計

全体に分散したデータを集計するには MPI_Reduce() 関数が便利である．MPI_Reduce() 関数では，使用する各ランクのデータ (sendbuf) に対しリダクション演算 (op) し，その結果を指定のランク (root) の受信バッファ(recvbuf) に書き込む．

int MPI_Reduce(const void* sendbuf, void* recvbuf, int count, MPI_Datatype datatype, MPI_Op op, int root, MPI_Comm comm)		
指定した演算によってデータを集計し，指定のランクに結果を送信する．		
引数		
sendbuf	[in]	送信バッファ
recvbuf	[out]	受信バッファ
count	[in]	データ数
datatype	[in]	データの種類
op	[out]	演算の種類
root	[in]	結果を受信するランク
comm	[in]	コミュニケータ ハンドル

MPI で指定できるリダクション演算は以下のとおりである．演算の種類によって演算可能なデータ型が異なることに注意する．

MPI リダクション演算

MPI_Op	演算	データ型
MPI_MAX	最大値	整数・浮動小数点型
MPI_MIN	最小値	整数・浮動小数点型
MPI_SUM	合計	整数・浮動小数点型・複素数
MPI_PROD	積	整数・浮動小数点型・複素数
MPI_LAND	論理 AND	整数，bool 型
MPI_BAND	ビット AND	整数，byte 型
MPI_LOR	論理 OR	整数，bool 型
MPI_BOR	ビット OR	整数，byte 型
MPI_LXOR	論理 XOR	整数，bool 型
MPI_BXOR	ビット XOR	整数，byte 型
MPI_MAXLOC	最大値と場所	
MPI_MINLOC	最小値と場所	

MPI_Reduce() 関数はリダクション演算の結果を 1 つのランクに送信するが，MPI_Allreduce() 関数は演算結果を全プロセスに送信したいときに使用する．全プロセスに送信するため，MPI_Reduce() 関数にあったランクの指定 (root) がなくなっている．MPI_Allreduce() 関数は，MPI_Reduce() 関数の後に MPI_Bcast() 関数を実行する操作と結果は同じである．

int MPI_Allreduce(const void* sendbuf, void* recvbuf, int count, MPI_Datatype datatype, MPI_Op op, MPI_Comm comm)		
指定した演算によってデータを集計し，すべてのランクに結果を送信する．		
引数		
sendbuf	[in]	送信バッファ
recvbuf	[out]	受信バッファ
count	[in]	データ数
datatype	[in]	データ型
op	[out]	演算の種類
comm	[in]	コミュニケータ ハンドル

6 ユーザー定義データ型 (派生データ型)

MPIでデータを通信する際に，MPIで用意されたデータ型以外にも任意のデータ型 (構造体) を利用することができる．構造体のデータを通信したい場合は，プログラマが新しいデータ型 (ユーザー定義データ型) を定義してMPIに宣言する手順が必要である．MPI_Type_create_struct() 関数は，新しいユーザー定義データ型を宣言する目的で用意された関数である．

構造体をMPIのデータ型として登録するために，構造体に含まれているメンバ変数 (ブロック) の数 (count) とそれぞれの要素数，データ型を指定する．構造体の宣言が完了すると，新しいユーザー定義データ型を，MPI_Datatype型オブジェクトのポインタ (newtype) として受け取ることができる．そのポインタは MPI_Datatype 型のポインタなので，後述する MPI_Type_commit() 関数で登録した後，MPI_Send() 関数などのデータ型として利用することができる．

ここで MPI_Type_create_struct() 関数の第3引数として，バイトオフセットの配列が要求されていることに注意したい．C/C++ 言語において，構造体のサイズはメンバ型の単純な和にならないことがある．これは実行する OS や CPU の種類に応じて，メモリアクセスが効率的に実行できるようコンパイラが自動的にアドレスを調整するためである．アラインメントと呼ばれるこの操作によって，メンバ変数の間に数バイトの空間 (パディング) が入れられ，構造体のサイズはメンバ型の単純な和にならないことがある．この構造体における各メンバ変数のオフセット値のリストが MPI_Type_create_struct() 関数の第3引数である．

構造体のメンバ変数のアドレスを知るためにはいくつか方法があるが，MPIでは MPI_Get_address() 関数を利用すると便利である．構造体メンバのアドレスをそれぞれ取得し，それらの差を求めるとメンバ変数のバイトオフセット値が求められる．

int MPI_Type_create_struct(int count, const int array_of_blocklengths[], const MPI_Aint array_of_displacements[], const MPI_Datatype array_of_types[], MPI_Datatype *newtype)		
ユーザー定義データ型 (構造体) を宣言する.		
引数		
count	[in]	ブロックの数
array_of_blocklength	[in]	各ブロックにおける要素数の配列
array_of_displacements	[in]	各ブロックのバイトオフセットの配列
array_of_types	[in]	各ブロックのデータ型の配列
newtype	[out]	新しいデータ型ハンドル
int MPI_Get_address(const void *location, MPI_Aint *address)		
変数のアドレスを取得する.		
引数		
location	[in]	変数のポインタ
address	[out]	変数のアドレス

MPI_Type_commit() 関数は，MPI_Type_create_struct() 関数で宣言されたユーザー定義データ型を登録する関数である．MPI_Type_create_struct() 関数で得られた識別子 (ハンドル) を指定することで，そのデータ型を登録し，MPI_Send() 関数などの通信処理に利用することができる．

int MPI_Type_commit(MPI_Datatype *datatype)		
ユーザー定義データ型を登録する.		
引数		
datatype	[in]	ユーザー定義データ型ハンドル

ユーザー定義データ型の使用が済んだときには，登録を解放しなければならない．MPI_Type_free() 関数はユーザー定義データ型の登録解放を行う関数となっており，登録が解除されれば識別子には MPI_DATATYPE_NULL が代入されユーザー定義データ型が利用できなくなる．

int MPI_Type_free(MPI_Datatype *datatype)		
登録済み MPI データ型を解放する.		
引数		
datatype	[in/out]	データ型ハンドル 解放されると MPI_DATATYPE_NULL が代入される.

MPI_Type_create_struct() 関数以外にも，ユーザー定義データ型の作成方法が MPI に用意されているが，既に MPI に用意されているデータ型の他に構造体が作成できればたいていのデータ構造は対処できるはずである．一連のユーザー定義データ型利用に関する手続きをサンプルコードに収めているので，適宜参照されたい．

```
    #include< mpi.h>

    int main()
    {
        // MPI 初期化
        struct Value {
            int x;
            int y;
            int z;
            double v;
        };
        MPI_Datatype value_type;
        MPI_Datatype type[4] = {MPI_INT, MPI_INT, MPI_INT, MPI_DOUBLE};
        int blocklengths[4] = {1, 1, 1, 1};
        MPI_Aint displacements[4];
        struct Value value;
MPI_Aint addr_x, addr_y, addr_z, addr_v;
        MPI_Get_address(value.x, &addr_x);
        MPI_Get_address(value.y, &addr_y);
        MPI_Get_address(value.z, &addr_z);
        MPI_Get_address(value.v, &addr_v);
        MPI_Type_create_struct(4, blocklengths, displacements, type, &value_type);
        MPI_Type_commit(&value_type);
        MPI_Send(values, 10000, value_type, dest, tag, comm);
        MPI_Type_free(&value_type);
        return 0;
    }
```

参考文献

[1] 片桐 孝洋．スパコンプログラミング入門——並列処理と MPI の学習，東京大学出版会，2013．

[2] http://www.hpci-office.jp/pages/seminar_text

付録B　OpenMP 概説

OpenMP はスレッドを用いた並列処理方法である．プログラムに指示文・指示句を少々追加するだけで容易にスレッド並列を実装できるために科学シミュレーションではよく使われている．ここでは，C/C++ 言語を用いた OpenMP プログラムの書き方・コンパイル・実行方法について紹介する．

1　OpenMP プログラムのコンパイル

OpenMP の関数を使わない場合，ディレクティブ (#pragma omp) を使って並列処理を指示する．C/C++ コンパイラが OpenMP 指示句を処理するために，多くのコンパイラでは特定のコンパイラオプションを指定する．コンパイラオプションを指定しない場合は，OpenMP のディレクティブは無視されてコンパイルされる（OpenMP 並列化されない）．コンパイラへの指示方法はコンパイラによって異なる．同じ配布元のコンパイラでも，開発・実行環境やコンパイラのバージョンによって OpenMP の使用を指示するコンパイルオプションが異なる場合があるので，使用するコンパイラのマニュアルを参照してほしい．

コンパイラと OpenMP を有効にするオプションの対応

コンパイラ	オプション
GNU GCC (gcc / g++)	-fopenmp
intel (icc / icpc)	-openmp
PGI (pgcc / pgCC)	-mp

2　OpenMP 指示構文

2.1　パラレル構文

OpenMP の指示文はすべて#pragma omp から始まる．さっそく OpenMP を用いた並列処理の記述方法を紹介する．OpenMP のスレッド作成は，parallel 指示文を使って指定できる．parallel 指示文によって並列処理される処理は，parallel 指示文の直後の処理である．複数行にまたがる処理を並列化したい場合は，{}を使ってブロック（構造化ブロック）としてひとま

とめにする．すなわち，ブロックの開始に伴い OpenMP（論理）スレッドを作成し，ブロックの終了とともにスレッドが破棄される（実際にこのタイミングでスレッドの生成・されるかどうかは，実行効率向上のためコンパイラや実行環境に依存する）．スレッドの作成や破棄に関して，プログラマは煩雑な手間をかけずに済むところが OpenMP の良いところである（反面，処理がブラックボックス化されて内容が見えにくくなる問題もある）．

なお，このときに作成される OpenMP スレッド群をスレッドチームと呼ぶ．スレッドチームに含まれるスレッド数は，プログラムコードやコンパイラ，実行環境に依存し，常に一定というわけではない．スレッドチーム内のスレッドは ID 番号が 0 番から順に自動的につけられ，区別される．特に 0 番のスレッドはマスタースレッドと呼ばれる．後述の OpenMP 関数を用いてスレッド番号ごとに処理を場合分けしてプログラムすることもできるが，実行環境により並列数が異なることを念頭に置いておきたい．OpenMP がもつ汎用性を失うことに繋がるので，スレッドを決め打ちしたプログラミングはできるだけ避けたい．

```
#pragma omp parallel [clause[[,]clause] ...]   new-line
structured-block

指定節:
if (scalar-expression)
  num_threads (integer-expression)
  default (shared |none)
  private (list)
  firstprivate (list)
  shared (list)
  copyin (list)
  reduction (reduction-identifier :list)
  proc_bind (master |close |spread)
```

以下にシンプルな OpenMP を使った C++ コードを示した．OpenMP を有効にしてコンパイル・ビルドして実行すると，複数 CPU コアが搭載されたシステムでは複数の "Hello, world!" が表示されるはずである．

```
openmp_sample1.cpp
#include <iostream>

int main()
{
#pragma omp parallel
```

```
    {
        std::cout < < "Hello, world!" < < std::endl;
    }
    return 0;
}
```

2.2 shared 変数・private 変数

　OpenMP では変数はどのように扱われるのだろうか．OpenMP はスレッド並列ベースの並列処理方法であるので，各スレッドは同じメモリ空間上で動作する．すなわち，OpenMP で作成されたそれぞれのスレッドは同じ変数を読み込み，また書き込みすることができる．これを shared 変数と呼ぶ．shared 変数はパラレル構文で作成されたすべてのスレッドが書き込むことができるので，同時に複数スレッドが変数を書き込まないようにする排他処理が必要になる．逐次処理と OpenMP による並列処理で計算結果が異なる原因の 1 つがこの shared 変数の取り扱いであり，注意が必要である．

　一方，自スレッド以外からは読み書きされない，各スレッドに専用の変数も用意することができる．これを private 変数と呼ぶ．OpenMP のデフォルトでは，パラレル構文よりも前に宣言された変数は自動的に shared 変数となり，パラレル構文内（ブロック）で宣言された変数は private 変数となる（このデフォルトの挙動を変えるのが default 節である）．この考え方は，auto 変数はブロック内でのみ生存するという，C/C++ 言語における変数のスコープの考え方と同じである．

　プログラマが明確に shared 変数，private 変数を指定したい場合は，それぞれ後述の shared 指定節，private 指定節を利用する．思わぬところで shared 変数が利用されて並列処理では計算結果が異なったり，並列性能が芳しくないときは，デフォルトの挙動を変更して（default 指定節を none に指定して），shared 変数を明示的に記述することも 1 つの方法である．

2.3　ワークシェアリング構文

for 構文

　並列処理によって短時間に完了したい箇所は，処理に長時間要する箇所であり，たいていループ構造のはずである．ループ構造としてよく使われる for 文を OpenMP を使って並列に処理する場合，次のワークシェアリング構文が使われる．

```
#pragma omp for [clause[[,] clause] ... ]   new-line
for-loops
利用可能な指定節：
```

```
    private(list)
    firstprivate(list)
    lastprivate(list)
    reduction(operator:  list)
    schedule(kind[,chunk_size]) collapse(n)
    ordered
 nowait
```

for 構文では，for ループのループ回数をチャンクと呼ばれる処理単位に分割し，チャンクを OpenMP スレッドに割り当てることで並列処理を行う．チャンクの分割やスレッドへの割り当て方法は，後述の schedule 指定節で指定できる．以下に for 構文を使った例を示す．

```
// openmp_sample2.cpp
#include < iostream>

int main()
{
#pragma omp parallel
    {
#pragma omp for
    for (int i = 0; i < 10; ++i) {
        std::cout < < "Hello, world!" < < std::endl;
        }
    }
    return 0;
}
```

ここでは一度 parallel 構文で OpenMP スレッドを作成した後に for 構文で for ループを並列処理している．つまり，parallel 構文のブロックの中で生成された OpenMP スレッドを使って for 構文のブロックを並列処理しているのである．for ループのみを並列処理したい場合は

```
#pragma omp parallel for
```

として一度に書いてしまうこともできる．このとき，for 構文のブロックで OpenMP スレッドの生成・並列処理・スレッドの破棄の処理が一連して行われる．一般に OpenMP スレッドの作成・破棄は処理コストが高いため，スレッドの作成・破棄を意識してプログラミングしたい．

ordered 構文

すぐ下の構造化ブロックをループの反復順になるように実行する．対象ブロックの処理は逐次処理されるが，そのブロック以外は並列に実行される．

```
#pragma omp ordered new-line
    structured-block
```

たとえば，以下のコードで ordered 構文がなければ実行環境に応じて順不同に出力されるが，ordered 構文を記述することによりループインデックスが小さい順に出力される．

```
#pragma omp for
for (int i = 0; i < 100; ++i) {
#pragma omp ordered
    {
        std::cout << "i = " << i << std::endl;
    }
}
```

sections 構文

sections 構文は，いくつか独立した処理が並行に行うことができるときに利用される．

```
#pragma omp sections [clause[[,] clause] ... ]  new-line
{
[#pragma omp section new-line]
    structured-block
[#pragma omp section new-line]
    structured-block
...
}

利用可能な指定節:
  private(list)
  firstprivate(list)
  lastprivate(list)
  reduction(operator: list)
  nowait
```

sections 構文はたいてい直後に構造化ブロックを記述し，そのブロック内で section 構文のブロックが複数記述される．sections 構文では，section 構文ブロックを 1 つの処理単位として，OpenMP スレッドに割り当てて並行に実行する．sections 構文内の section 構文の数は，OpenMP スレッドの数と一致する必要はない．

sections 構文もまた for 構文と同様に，parallel 構文と一度に指定できる．すなわち

```
#pragma omp parallel sections
```

とすることで OpenMP スレッドの生成・消滅と sections 構文を同時に実行できる．

task 構文

再帰関数や while ループを OpenMP で並列処理を行うには，これまでのワークシェアリング構文 (for 構文や sections 構文) ではうまく記述できない．OpenMP 3.0 で新しく用意された task 構文を利用することで，これらの問題を解決できる．

```
#pragma omp task [clause[[,] clause] ...]   new-line
    structured-block

利用可能な指定節：
  if(scalar-expression)
  final(scalar-expression)
  untied
  default(shared |none)
  mergeable
  private(list)
  firstprivate(list)
  shared(list)
  depend(dependence-type : list)
```

具体的に，while ループを並列化するときの例を以下に示す．まず並列スレッドを作成した後に，while ループ全体を後述の single 構文で 1 つのスレッドだけが実行するように制限してしまう．その上で，task 構文によりループ内の処理をチーム内の各スレッドに割り当てて並行に処理する．

```
#pragma omp parallel
{
    #pragma omp single
    {
        int it = begin()
        while (it != end()) {
            #pragma omp task
            {
                do()
            }
```

```
            it = next()
        }
    }
}
```

single 構文

single 構文は，構造化ブロック内の処理を 1 つの OpenMP スレッドのみで実行するように指示する．nowait 指定節が指示されていない限り，single 構文の処理が行われている間，他のスレッドはその処理の終了を待機する．

```
#pragma omp single [clause[[,] clause] ...]   new-line
    structured-block

利用可能な指定節：
  private(list)
  firstprivate(list)
  copyprivate(list)
  nowait
```

master 構文

single 構文に類似した構文として master 構文がある．master 構文では，すぐ下の構造化ブロックはマスタースレッドでのみ実行される (single 構文ではどのスレッドが実行するかは決まっていない)．

```
#pragma omp master  new-line
    structured-block
```

次に再帰関数を使った場合の例を以下に示す．再帰関数を使った場合も，あらかじめ parallel 構文でスレッドチームを作成した上で，はじめの再帰関数を 1 スレッドの実行に制限する．再帰関数の 1 つ 1 つの処理を task 構文で各スレッドに割り当てる．再帰関数内では，task でスレッドに割り当てた再帰関数の答えが必要なので，taskwait 構文で割り当てた task の完了を待っている．

```
#include <iostream>

int fib(int n) {
```

```
    int i, j;
    if (n < 2) {
        return n;
    }else {
        #pragma omp task
        i = fib(n -1);
        #pragma omp task
        j = fib(n -2);
        #pragma omp taskwait
        return i+j;
    }
}

int main() {
    #pragma omp parallel
    {
        #pragma omp single
        std::cout < < fib(n) < < std::endl;
    }
}
```

taskwait 構文

taskwait 構文は，task 構文によって作成されたタスクが完了するまで待機することを指示する．

```
#pragma omp taskwait newline
```

2.4 指定節

データ共有に関する指定節

default (*shared* |*none*)	スレッドチーム間のデフォルトのデータ共有属性を設定する．
shared (*list*)	list 内の変数をスレッド間で共有する．
private (*list*)	list 内の変数をスレッドごとにプライベートな変数として扱う．
firstprivate(*list*)	list 内の変数をスレッドごとにプライベートな変数として扱う．プライベート変数の値は，並列開始時のもとの変数の値で初期化される．
lastprivate(*list*)	list 内の変数をスレッドごとにプライベートな変数として扱う．

		リストのオリジナル変数の値は，並列終了時に最後スレッドの変数の値が代入される．
	reduction(*operator: list*)	指定の演算子を使用して，各スレッドのプライベート変数を演算し，オリジナルの変数を更新する．

データコピー指定節

copyin(*list*)	並列処理の開始時に，threadprivate 変数をマスタースレッドの内容で各スレッドにコピーする．
copyprivate(*list*)	single 構文終了時にチームスレッドにコピーする．

2.5 スレッドの同期

煩雑な手続きをプログラミングせずに気軽にスレッド間並列処理が実装できる OpenMP であるが，複雑なアルゴリズムを並列化するにつれてスレッド間の共有メモリの読み書きを制限したり，外部装置やプロセスとの入出力を制御する必要が出てくる．いわばスレッドの交通整理の方法を紹介する．

critical 構文

OpenMP スレッド間において，たとえば共有の変数に書き込むときに同時に書き込まないように，書き込むスレッドを 1 つのみに制限したいことがある．critical 構文は，構造化ブロックの処理を 1 つだけに制限するように指示する．

```
#pragma omp critical [(name)] new-line
    structured-block
```

同じ *name* の critical 文で指示された構造化ブロックは，同時に複数の OpenMP スレッドが処理できない．名前無しで critical 文を使用することができるが，不要なブロック処理が行われないように名前をつけておくことをすすめる．

atomic 構文

一般に critical 構文で利用される排他制御は処理が重い．アトミック操作の種類によってはより軽量な (高速な) プロセッサ命令で置き換えることが可能である．atomic 構文によってアトミック操作を指示できる．

```
#pragma omp atomic
    expression-statement
```

216　付録B　OpenMP 概説

expression-statement に使用できるのは以下のいずれかである.

```
x biop= expr
x++
++x
x-
-x
```

ここで x はスカラー変数, *biop* は多重定義していない二項演算子 (+, -, *, /, &, ^, |, <<, >>) であり, *expr* は x を含まないスカラー文である. atomic 構文が利用できる場合は, 積極的に利用すべきである.

barrier 構文

一方, 複数スレッドが同時に開始されるようにバリアを指定することができる. barrier 構文は, 明示的なバリアを指定する. すべてのスレッドが, バリアまでの処理が完了するまで待機する. barrier 構文は直下のブロック構文を必要とせず, 単独で使用できる.

```
#pragma omp barrier new-line
```

排他処理・バリアは実行速度・並列効率を低下させる. 必要な場合を除いて, 排他処理・バリアは極力さけるべきである. スレッドのローカル変数を利用する, 排他処理・バリアを使わない, または少なくなるアルゴリズムなどを検討することも重要である.

flush 構文

すべてのスレッドに共有メモリの値を更新するように指示する. flush 構文は単独で使用できる.

```
#pragma omp flush [(list)] new-line
```

3　OpenMP 関数

OpenMP の関数はすべてヘッダファイル (omp.h) をインクルードすることで利用できる. 以下に OpenMP の関数のいくつかを列挙した. OpenMP 関数は OpenMP の機能をプログラム内で記述することができるので便利であるが, 汎用性を考えると OpenMP が使用できないビルド・実行環境があることも忘れてはならない. OpenMP が有効なコンパイラでは, _OPENMP

マクロが有効化されている．OpenMP 関数を利用するときは，_OPENMP マクロを使った条件付きコンパイルができるように工夫したい．

void omp_set_num_threads(int num_threads);		
OpenMP スレッド数を変更する．		
引数		
num_threads	[in]	スレッド数

int omp_get_num_threads(void);
現在の OpenMP スレッド数を返す．

int omp_get_max_threads(void);
並列領域で使用可能な最大スレッド数を返す．

int omp_get_thread_num(void);
現在の OpenMP スレッドの ID を返す．ID はから始まる．omp_get_max_threads() と名前が似ているので注意．

int omp_get_num_procs(void);
プログラムで利用できる論理プロセッサ数 (コア数) を返す．一般に，OpenMP スレッド数はコア数と同数が望ましい．

int omp_in_parallel(void);
この関数が呼ばれた場所が OpenMP 並列領域であれば true(非 0) を返す．それ以外は false(0) を返す．

void omp_set_dynamic(int dynamic_threads);		
スレッド数の動的変更を有効または無効にする．		
引数		
dynamic_threads	[in]	有効 (非 0) もしくは無効 (0)

int omp_get_dynamic(void);
スレッド数の動的変更が有効 (true) か無効 (false) かを返す．

void omp_set_nested(int nested);		
入れ子になった並列処理を可能にするかどうかを指定する．		
引数		
nested	[in]	有効 (非 0) もしくは無効 (0)

int omp_get_nested(void);
入れ子になった並列処理が有効 (true) か無効 (false) かを返す．

void omp_set_schedule(omp_sched_t kind, int modifier);		
OpenMP スケジューラが runtime の場合に適用されるスケジュールを指定する.		
引数		
kind	[in]	omp_sched_static, omp_sched_dynamic, omp_sched_guided, omp_sched_auto のいずれか.
modifier	[in]	(omp_sched_auto 以外のとき) 設定したいチャンクの数

void omp_get_schedule(omp_sched_t *kind, int *modifier);		
OpenMP スケジューラが runtime の場合に適用されるスケジュールを返す.		
引数		
kind	[out]	omp_sched_static, omp_sched_dynamic, omp_sched_guided, omp_sched_auto のいずれか.
modifier	[out]	(omp_sched_auto 以外のとき) 設定したいチャンクの数

int omp_get_thread_limit(void)
プログラムが利用できる OpenMP スレッドの最大値を返す.

void omp_set_max_active_levels(int max_levels);		
並列領域が入れ子になったときのアクティブな並列領域の数を指定する.		
引数		
max_levels	[in]	入れ子になったアクティブな並列領域数の最大値

int omp_get_max_active_levels(void);
アクティブな並列領域の数を返す.

int omp_get_level(void);
(入れ子になった) 現在の並列領域の数を返す.

int omp_get_ancestor_thread_num(int level);		
指定された入れ子レベルの上位のスレッド番号を返す.		
引数		
level	[in]	入れ子のレベル

int omp_get_team_size(int level);		
指定された入れ子レベルのスレッドチームのサイズを返す.		
引数		
level	[in]	入れ子のレベル

int omp_get_active_level(void);
アクティブな並列領域の数を返す.

4 OpenMPで使用する環境変数

OpenMPを使ってプログラミングされたプログラムは，実行環境の環境変数によって並列動作をある程度制御することができる．以下によく使う環境変数を列挙した．

OMP_SCHEDULE

ループ処理におけるスケジューリングの方法とチャンク(小さな実行単位)サイズの指定を行う．

```
OMP_SCHEDULE=type[,chunk_size]
```

指定できるスケジューリングの方法は以下のとおりである．

type	内容
static	データを chunk_size の大きさに分割し，ラウンドロビン方式でチームスレッドに割り当てる．ループごとの処理が均等の場合は各スレッドの処理が均等になる．
dynamic	各スレッドはチャンクを実行し，実行が終わると次のチャンクの処理を要求する．処理すべきチャンクがなくなったら終了する．ループごとの処理が異なる場合に有用．
guided	各スレッドはチャンクを実行し，実行が終わると次のチャンクの処理を要求する．処理すべきチャンクがなくなったら終了する．大きな chunk_size から処理を開始し，chunk_size になるまで徐々に減少させる．ループごとの処理が異なる場合に有用．
auto	スケジューリングをコンパイラやランタイムシステムが決定する．

OMP_NUM_THREADS

並列領域で使用するスレッド数を設定する．

```
OMP_NUM_THREADS=num
```

OMP_NESTED

入れ子になった並列処理を有効(true)または無効(false)にする．

```
OMP_NESTED=(true |false)
```

OMP_STACKSIZE

OpenMPスレッドのスタックサイズを指定する.

```
OMP_STACKSIZE=size[B, K, M, G]
```

5 MPIとOpenMPのハイブリッド並列

MPIはプロセス間の並列処理を扱うのに対し,OpenMPはスレッド間の並列処理を扱う.MPIとOpenMPは互いに独立した関係であるので,MPIとOpenMPをともに扱うハイブリッド並列なプログラムを書くことができる.これによりPCクラスタをはじめとする分散メモリ型並列計算機において,異なる計算機上にあるプロセス間はMPIで並列実行し,各計算機上ではOpenMPによるスレッド並列を実行するプログラムが実現する.通常,各計算機上では1つのMPIプロセスが実行され,OpenMPのスレッド数は計算機に搭載されているCPUコア数と一致させる.一方,OpenMPを使わずに同一計算機上でもすべてMPIを使って並列実行する方法は,フラットMPIと呼ばれる.フラットMPIが計算機に搭載されているメモリをそれぞれのメモリに独立して割り当てて,1プロセス当たりのメモリ量が少なくなるのに対し,ハイブリッド並列は1つのプロセスが計算機のメモリを独占できる長所がある.また,一般にプロセス間通信よりも共有メモリを使ったスレッド並列の方が高速に動作すると言われている.したがって,分散メモリ型並列計算機で動作する並列プログラムは,できるだけMPI/OpenMPハイブリッド並列で記述したい.OpenMPはディレクティブベースゆえに記述が容易である.一度MPIで書かれたプログラムをOpenMPに対応させることは比較的容易であるに違いない.

とはいえ,OpenMPにも死角はある.OpenMPの記述の容易さが,逆に処理内容のブラックボックス化を招いている.数スレッドから数十スレッドの並列計算であればOpenMPでも並列性能を出すことは比較的容易であるが,数百CPUコアを搭載した計算機上でOpenMPを使って並列性能を出すことは難しい.数百CPUコアを搭載した共有メモリ並列計算機上では,OMP_NUM_THREADS環境変数を使ってOpenMPスレッド数を制限して運用するテクニックも必要かもしれない.

CPUだけでなくアクセラレータやGPUでの処理をOpenMPで書けるように,新しいバージョンのOpenMPの策定が進められている [1]. アクセラレータやGPUはすでに数十から数百のコアを搭載しており,OpenMPは数百を超えたスレッドを扱えるようになるだろう.OpenMP

とOpenMPをサポートするコンパイラの最新情報を常にチェックしておきたい．

参考文献

[1] OpenMP, http://openmp.org/wp/

付録C 行列演算演習

MPIやOpenMPを使った並列計算の演習課題として，行列の乗算プログラムを作成してみよう．行列積のプログラムは，処理内容がわかりやすいうえに，正しい解が得られるかチェックしやすく，並列処理の初心者には適した課題の1つである．上級者にとっては，LINPACKベンチマークソフトでも利用されるBLASライブラリの行列積サブルーチン (dgemm) と実効速度を競うことで，プログラミングスキルの向上に役立てられる．

具体的な課題の内容（仕様）は以下の通りである．2つの行列 A, B の積となる行列 C を求めるプログラムを作成する．行列要素は実数（倍精度浮動小数点型）とする．行列 A, B はファイルによって与えられ，ファイルには行列のサイズと行列要素が記述されている．つまり，行列のサイズはあらかじめ決まっていない．また，並列計算を行う際には，実行時にプロセス数やスレッド数が与えられるものとする．したがって，ソースコードに行列のサイズや並列数をハードコーディングしてはいけないということである．

行列の乗算では，行列 A のサイズが M 行 N 列，行列 B のサイズが N 行，K 列のとき，乗算 $A \times B$ の解 C のサイズは M 行 K 列となる（図1）．このとき，処理内容をそのまま記述した場合は，以下の通りになる．

```
// simple matmul
for (int i = 0; i < M; ++i) {
    for (int j = 0; j < K; ++j) {
        for (int k = 0; k < N; ++k) {
            C[i][j] += A[i][k] * B[k][j];
        }
    }
}
```

このままではノード内のメモリに収まらない大きさの行列計算はできない．任意の大きさの行列の乗算を行うには，行列の分割を考慮したアルゴリズムを採用しなくてはならない．また，注意したいのは行列要素のアクセス方向である．近年のCPUで効率良く計算するためには，キャッシュを有効利用しなければならない．行方向格納の言語であるC/C++を利用するにあたり，最内のループではなるべく行列要素のアクセスを連続させるべきである．ループの交換な

らびに行列のブロック化を工夫することによって，仕様を満たす行列乗算プログラムができあ
がるだろう [1]．キャッシュに収まるサイズに行列を分割することにより，さらなる高速化 (スー
パーリニア速度向上) も期待できる．

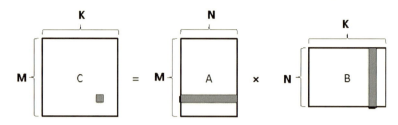

図 1　行列積におけるアクセス方向

　行列を分割することによる新たな利点として，計算量を減らせる Strassen のアルゴリズムを
紹介したい [2]．行列を以下の部分行列に分解する．

$$\begin{pmatrix} C_{11} & C_{12} \\ C_{21} & C_{22} \end{pmatrix} = \begin{pmatrix} A_{11} & A_{12} \\ A_{21} & A_{22} \end{pmatrix} \begin{pmatrix} B_{11} & B_{21} \\ B_{12} & B_{22} \end{pmatrix}$$

このとき，以下の 7 つの行列を計算する．

$$P_1 = (A_{11} + A_{22})(B_{11} + B_{22})$$
$$P_2 = (A_{21} + A_{22})B_{11}$$
$$P_3 = A_{11}(B_{12} - B_{22})$$
$$P_4 = A_{22}(B_{21} - B_{11})$$
$$P_5 = (A_{11} + A_{12})B_{22}$$
$$P_6 = (A_{21} - A_{11})(B_{11} + B_{12})$$
$$P_7 = (A_{12} - A_{22})(B_{21} + B_{22})$$

すると，行列 C は以下のように求められる．

$$C_{11} = P_1 + P_4 - P_5 + P_7$$
$$C_{12} = P_3 + P_5$$
$$C_{21} = P_2 + P_4$$
$$C_{22} = P_1 + P_3 - P_2 + P_6$$

Strassen のアルゴリズムにより，部分行列の乗算が通常 8 回必要なのに対し，7 回で達成され
る．部分行列の次元数を揃わないといけない条件はあるが，再帰的に繰り返し利用することで
演算量を減らすことができるアルゴリズムである．

最近の PC は高速な CPU と数 GB のメモリを搭載しており，ある程度の大きさをもつ行列積計算でなければ並列計算の有効性が感じられないかもしれない．MPI や OpenMP などの並列処理プログラミングを学んだならば，ぜひ 10 万次元クラスの行列計算に挑戦してほしい．10 万次元の行列は 1 つ当たり 80 GB になるので，たいていの PC では行列を分割して各ノードに保持し，ノード間通信を行いながら計算せざるをえないだろう．並列処理は C/C++ などの基本的なプログラミング言語を習得したうえでさらに学ばなければならないため，かなり習得が大変であるが，正しくかつ高速に並列処理ができたときの達成感はひとしおである．

参考文献

[1] 片桐孝洋著，スパコンプログラミング入門――並列処理し MPI の学習，東京大学出版会，2013.

[2] V. Strassen, Gaussian Elimination is not Optimal, *Numerische Mathematik*, **13**, 354, 1969.

索引

[あ行]

空き Particle リスト　138
圧縮性流体　20
圧力ベクトル　46
アムダールの法則　12
位置座標　78
1 体ポテンシャル　79
イテレーション　→　反復単位
イテレータ（iterator）　→　反復子
イメージボックス　86
移流項行列　44
インスタントメッセンジャー　184
ウォーターフォール型の開発プロセス　172
運動エネルギー　78, 110
運動量座標　78
運動量保存則　19
エネルギー保存則　19

[か行]

概念モデル　167
　　——の Validation　168
開発環境の自動構築ツール　183
拡散項行列　46
加速度　78
課題 (issue)　179
　　——管理ツール　179
カットオフセル　91, 118
カットオフ半径　81, 87, 110, 126
カノニカルアンサンブル　105
管理可能なリスク　173
管理不可能なリスク　173
基本ボックス　86
キャッシュヒット率　66, 131
境界条件　61, 83
　　——定義ファイル　54, 55
共通化設計　185
組込みソフトウェア　171
計算結果ファイル　56

計算条件定義ファイル　54, 55
計算条件ファイル　126, 127
計算プロセス番号　65
計算モデル　168
形状関数　44
　　——ベクトル　23
形状定義ファイル　54, 65
継続的統合ツール（CI ツール）　182
結合長のポテンシャル　104
検算用のデータ　72
拘束型の方法　105
高速化率　10
コミュニケーションツール　184

[さ行]

サポート技術者　175
3 体ポテンシャル　79
3 体力　100
四角形要素　41, 43
時間刻み　81
システムアーキテクト　173
システムアナリスト　173
質量行列　44
質量保存則　18
指定節　214
シミュレーションソフトウェアの
　　——Validation　170
　　——Verification　169
　　——開発モデル　167
　　——実装　167
弱形式　21
周期境界条件 (Periodic Boundary Condition)
　　83, 84, 109, 115, 143
集中化行列　31
周辺セル　122, 123
終了処理　90
初期化処理　90
初期速度　89
振動状の運動　163

数値モデル　168
　　——の Verification　169
スプリントバックログ　182
スプリントレビューミーティング　182
セルリンクリスト　92
総エネルギーファイル　127, 128
速度 Verlet の差分方程式　82
速度 Verlet 法　109, 112
速度更新処理　153
外　79
ソフトウェア開発環境　177
ソフトウェア開発の知識　171
ソフトウェア技術者（プログラマ）　175
ソフトウェアモデル　169
　　——の Verification　169

[た行]

台数効果　10, 11
タグ番号　158
多体効果　100
単位系　125
短距離相互作用　81
力　78
　　——計算処理　154
チケット　179
　　——ベースのプロジェクト　179
デイリースクラム　182
テスト技術者（テスタ）　175
データ入力処理　90
データモデル　58
デッドロック　157
デバッグログファイル　56
等速直線運動　163
トラジェクトリー　109
　　——ファイル　120, 128

[な行]

2 体ポテンシャル　79
捻れの相互作用　105
ノンブロッキング通信　192

[は行]

配置演算子　88
バージョン管理システム　178
派生開発　184
反復型の開発プロセス　172
反復単位（イテレーション）　172
反復子（イテレータ）　135
判別式　47

非圧縮性流体　20
非圧縮流体　41
非共有結合項　105
ピーク性能　6, 7
表面セル　123
品質保証者　175
ブックキーピング法　91
プログラマ　→　ソフトウェア技術者
プロジェクト管理者　175
プロセッサセル　96
プロセッサ分割セル　118
プロダクトバックログ　182
ブロッキング通信　192
分散力 (London 力)　80
分子間力　110, 141
分子シミュレーション　2
分子種別番号　141
分子初期状態ファイル　126, 127
分子動力学　110
分子モデル　78
分子力場　79
並列化効率　11
並列化率　11
ポテンシャルエネルギー　78, 110

[ま行]

摩擦係数　106
マッハ数　19

[や・ら行]

役割（ロール）　174
有限要素法　21, 41
溶媒モデル　89
4 体ポテンシャル　79
リグレッションテスト　177
リスク　173
リダクション演算　202
流速圧力同時緩和法　26, 41, 49
領域分割　50, 96
隣接セル　123
ループ不変量　49, 113
レイノルズ数　56
ローカルセル　123
ロードバランシング　97

索引

[欧文]

ABMAC 法　41
AMBER　105
atomic 構文　215

barrier 構文　216
Berthelot 則　81, 100
B/F 値　40
Boundary　71
BoxXYZ　132
Brenner のポテンシャル　102

C++　111
CaseData　160
Cell　132, 161
CFD　2
CfdCommData　61, 63, 71
CfdCommPeerBuffer　71
CfdCommunicator　61, 72
CfdDriver　60, 70
CfdProcData　61, 71
CHARMM　105
Chef　184
CI ツール → 継続的統合ツール
Co-array Fortran　14
Coulomb ポテンシャル　99
CPU キャッシュ　59
CPU コア　118
critical 構文　215
CUDA　9

Debug 版　75, 165
dgemm　223

FLOPS　6, 8
flush 構文　216
for 構文　209

Git　178
Global Arrays　14
GNU make　42, 111
GPGPU　7
GridDirIterator3d　136
GridIterator3d　136
GridPeerIterator3d　136
GROMACS　105

HPC　1, 4

issue → 課題
iterator → イテレータ（反復子）

Jenkins　183
JIRA　179

Knudsen 数　18

Lennard-Jones ポテンシャル　79, 109, 111, 126
LINPACK　7, 223
Linux　42, 111
London 力 → 分散力
Lorentz 則　81, 100

Makefile　75, 164
master 構文　213
Maxwell 分布　89
MdCommData　145
MdCommPeerBuffer　162
MdCommPeerData　162
MdCommunicator　145, 162
MdDriver　145, 161
Md_ProcData　132
MdProcData　145, 161
MIC　7
Morse 型　102
　——ポテンシャル　100
MPI　12, 42, 109, 111, 127, 129, 157, 185, 189
MPI_Allgather　201
MPI_Allgatherv　201
MPI_Allreduce　202
MPI_ANY_SOURCE　194
MPI_ANY_TAG　194
MPI_Barrier　197
MPI_Bcast　197
MPI_Comm_rank　190
MPI_Comm_size　190
MPI_COMM_WORLD　192
MPI_Datatype　193, 203
MPI_DATATYPE_NULL　204
MPI_Finalize　190
MPI_Gather　198
MPI_Gatherv　199
MPI_Get_address　203
MPI_Init　190
MPI_Irecv　158, 196
MPI_Isend　158, 195
MPI_Recv　157, 191
MPI_Reduce　201

MPI_Request 195
MPI_REQUEST_NULL 196
MPI_Scatter 198
MPI_Scatterv 199
MPI_Send 157, 193
MPI_Status 195
MPI_SUCCESS 189
MPI_Type_commit 203
MPI_Type_create_struct 203
MPI_Type_free 204
MPI_Wait 195
MPI_Waitall 158

Navier-Stokes 方程式 43
Newton の運動方程式 78
Node 60, 71
Nosé の方法 105
NVE 109

OMP_NESTED 219
OMP_NUM_THREADS 219
OMP_SCHEDULE 219
OMP_STACKSIZE 220
OpenACC 9
OpenCL 9
OpenMP 9, 12, 185, 207
_OPENMP マクロ 216
ordered 構文 210

P2P 技術 184
PaaS 184
PAD 57
Params 61, 70
Para View 42
Particle 162
ParticleList 161, 162
PBC 143
PBC (Periodic Boundary Conditions) →
　周期境界条件
Periodic Boundary Condition 115
Pidgin 184
private 変数 209
Puppet 184

QuadElement 60, 71

rank 127
rank 番号 65
Redmine 179
Release 版 75, 165
Richardson の夢 3

Scrum 180
sections 構文 211
Serverspec 184
shared 変数 209
SIMD 8
single 構文 213
Skype 184
SMP 12
SPMD 191
State 62, 70
Strassen のアルゴリズム 224
STL 111
Subversion 178

taskwait 構文 214
task 構文 212
Tersoff のポテンシャル 100, 115
Trac 179

Unified Parallel 14
UTF-8 54, 127

Validation 185
van der Waals 力 105
vector 66
Verlet の差分方程式 81
VevtorXYZ 132
VMD 109, 111, 120

Wiki 184

XYZ 形式 120

Zhang の差分方程式 105

執筆者紹介 （執筆順）

佐藤文俊 ［序章］
東京大学生産技術研究所教授（理学博士）
1990 年　慶應義塾大学大学院理工学研究科物理学専攻博士課程修了
2004 年　東京大学生産技術研究所助教授
著書：『プログラムで実践する生体分子量子化学計算』（共著，森北出版，2008）など

平野敏行 ［第 1 章，付録］
東京大学生産技術研究所助教（博士（理学））
1998 年　上智大学 理工学部化学科卒業
2003 年　上智大学大学院理工学研究科博士後期課程修了
著書：『プログラムで実践する生体分子量子化学計算』（共著，森北出版，2008）など

西村勝彦 ［第 2 章］
東京大学生産技術研究所附属革新的シミュレーション研究センター助手
1988 年　金沢大学工学部機械工学科卒業
1993 年　東京大学大学院工学系研究科博士課程単位取得後退学

高橋英男 ［第 3，5 章］
日立製作所情報・通信システム社 IT プラットフォーム事業本部アーキテクチャセンタ主管技師
1991 年　東京大学工学部精密機械工学科卒業
1993 年　東京大学大学院工学系研究科精密機械工学専攻修士課程修了
著書：『Java/UML によるアプリケーション開発』（共著，2008 年，オーム社）

恒川直樹 ［第 4 章］
東京大学分子細胞生物学研究所特任研究員（博士（理学））
1994 年　東京理科大学第一部理学部物理学科卒業
2002 年　金沢大学大学院自然科学研究科物質科学専攻修了
著書：『プログラムで実践する生体分子量子化学計算』（共著，森北出版，2008）など

居駒幹夫 ［第 6 章］
日立製作所情報・通信システム社 IT プラットフォーム事業本部ソフトウェア生産技術部主管技師
1980 年　北海道大学工学部電子工学科卒業
静岡大学大学院自然科学系情報科学専攻博士課程修了情報学博士

編者紹介

佐藤文俊（さとう・ふみとし）
東京大学生産技術研究所教授（理学博士）
1962 年生まれ
著書：『タンパク質密度汎関数法』（共著，森北出版，2008），『ソフトウェア開発入門』（共編，東京大学出版会，2014）など

加藤千幸（かとう・ちさち）
東京大学生産技術研究所教授（博士（工学））
1959 年生まれ
著書：『ナノ・マイクロスケール機械工学』（共編，東京大学出版会，2014），『ソフトウェア開発入門』（共編，東京大学出版会，2014）など

ソフトウェア開発実践
科学技術シミュレーションソフトの設計
2015 年 11 月 25 日　初　版

［検印廃止］

編　者	佐藤文俊・加藤千幸
発行所	一般財団法人 東京大学出版会
代表者	古田元夫

153-0041 東京都目黒区駒場 4-5-29
電話 03-6407-1069　　Fax 03-6407-1991
振替 00160-6-59964

組　版	三美印刷株式会社
印刷所	大日本印刷株式会社
製本所	大日本印刷株式会社

ⓒ2015 Fumitoshi Sato *et al.*
ISBN 978-4-13-062455-8　　Printed in Japan

[JCOPY] ＜(社) 出版者著作権管理機構 委託出版物＞
本書の無断複写は著作権法上での例外を除き禁じられています．複写される場合は，そのつど事前に，(社) 出版者著作権管理機構（電話 03-3513-6969, FAX03-3513-6979, info@jcopy.or.jp）の許諾を得てください．

佐藤 文俊・加藤 千幸 編
ソフトウェア開発入門
シミュレーションソフト設計理論からプロジェクト管理まで

B5 判/226 頁/3,800 円

片桐 孝洋
スパコンプログラミング入門　並列処理と MPI の学習

A5 判/200 頁/3,200 円

片桐 孝洋
並列プログラミング入門
サンプルプログラムで学ぶ OpenMP と OpenACC

A5 判/216 頁/3,400 円

岩下 武史・片桐 孝洋・高橋 大介
スパコンを知る　その基礎から最新の動向まで

A5 判/176 頁/2,900 円

櫻井 鉄也
MATLAB/Scilab で理解する数値計算

A5 判/248 頁/2,900 円

川合 慧 編
情報

A5 判/288 頁/1,900 円

増原 英彦＋東京大学情報教育連絡会
情報科学入門　Ruby を使って学ぶ

A5 判/256 頁/2,500 円

ここに表示された価格は本体価格です．ご購入の
際には消費税が加算されますのでご了承ください．